国家社会科学基金教育学一般课题
"当代中国学校变革实践的正当性研究"（BHA160097）中期成果

当代教育的伦理视野
丛 书

丛书主编：程亮

The Moral Foundation of Education

教育的
道德基础

——教育伦理学引论

程亮 著

海峡出版发行集团 | 福建教育出版社
THE STRAITS PUBLISHING & DISTRIBUTING GROUP

图书在版编目（CIP）数据

教育的道德基础：教育伦理学引论／程亮著.
—福州：福建教育出版社，2016.10
（当代教育的伦理视野丛书／程亮主编）
ISBN 978-7-5334-7483-6

Ⅰ．①教… Ⅱ．①程… Ⅲ．①教育学－伦理学
Ⅳ．①G40-59.1

中国版本图书馆 CIP 数据核字（2016）第 241251 号

当代教育的伦理视野丛书
丛书主编　程亮

Jiaoyu De Daode Jichu

教育的道德基础
——教育伦理学引论

程亮　著

出版发行	海峡出版发行集团
	福建教育出版社
	（福州市梦山路 27 号　邮编：350001　网址：www.fep.com.cn
	编辑部电话：0591－83779615　83726908
	发行部电话：0591－83721876　87115073　010－62027445）
出 版 人	黄　旭
印　　刷	福州华彩印务有限公司
	（福州市福兴投资区后屿路 6 号　邮编：350014）
开　　本	720 毫米×1000 毫米　1/16
印　　张	17.25
字　　数	255 千字
版　　次	2016 年 10 月第 1 版　　2016 年 10 月第 1 次印刷
书　　号	ISBN 978-7-5334-7483-6
定　　价	37.00 元

如发现本书印装质量问题，请向本社出版科（电话：0591－83726019）调换。

序

　　在当代社会中，教育（特别是学校教育）是如此的重要，它不仅关涉到我们每个人发展的可能性，影响我们每个人未来的生活机会，而且关涉到国家、社会以及家庭的根本利益。教育也是如此的复杂，它差不多囊括了与人的发展有关的一切方面，以至于康德将它和政治并列为人类"发明"中最为困难的两件事。然而，面对如此重要而又如此复杂的事物，我们的考量常常容易陷入到技术性或有效性的层面。特别是在实证主义、行为主义的影响下，一些人将教育看作是工具化、操作化或技术化的过程，以"有效性"为直接目标，以"过程—结果"为分析模式，把教师看做是"教育技术员"或"教育技师"。这种"技术主义"的取向对教育采取了一种"非道德"的立场，忽视了教育所内含的道德或伦理维度。

　　严格来说，教育是一个与道德或伦理有着内在关联的领域。按照英国分析教育哲学家彼得斯的观点，任何可以称得上是教育的活动或过程，都意味着以道德上可以接受的方式向他人传递某种有价值的东西。由此，教育本身就是一个道德概念，在目的和方式上都内含着道德上的要求。实际上，这个要求不止是纯粹概念上的。在现实中，教育确实需要考虑它的道德目的——促进人的道德发展或实现人的道德社会化，而且需要审视它的实现途径或方式相对于目标的达成度，以及追问它们自身在道德上的合理性或正当性。比如，帮助一个孩子改正错误，或者获得一个好的成绩，在教育上是可欲的目标；但是，以严厉的体罚来达成这个目标，也许是"有效的"，在道德上却是不可以接受的。不仅仅如此，任何学校或教育上的决策和行动都不可避免地关涉到利益的分配或关系的调整，牵涉到相关利益人的福祉，因而都必然伴随着某种道德上的后果。这些似乎都意味着教育是一个需要在道德上审慎的事业。

对于这样一个道德的领域，伦理的立场或视角不仅是可能的，而且是必要的。这套"当代教育的伦理视野丛书"就是试图将这种立场或视角引入当代教育及其主要实践领域，探寻它们所内含的道德维度，所遭遇的道德问题，所需要的道德决策和行动。该丛书具体包括《教育的道德基础：教育伦理学引论》《课堂教学伦理：案例与分析》《班级管理伦理：案例与分析》《学生指导伦理：案例与分析》《学生评价伦理：案例与分析》《学校管理伦理：案例与分析》《教育政策伦理：案例与分析》《教师专业伦理：案例与分析》《当代西方教师伦理研究新进展》等。其中，既有对教育的道德基础的总体性和导引性的探讨，也有对西方教师伦理研究进展的概览性和前沿性的梳理，但主体部分是对教育实践领域的伦理问题进行具体而微的分析，涉及面向学生的课堂教学、管理、指导和评价，学校组织层面的领导和管理，以及更为宏观的教育政策等方面。由于教师是教育领域最为主要的实践者，这里专门对教师作为专业人员的伦理问题进行集中的讨论。

在具体的编撰上，各册都力求体现三个"结合"。一是理论分析与实践观照相结合。各册都尽量避免单一的理论陈述，而是适应当代中国教育公平正义的改革取向，针对当前中小学及其教师工作面临的伦理困境或问题，以学校改进和教师发展为指向，选择典型案例，展开理性分析，为学校及其教师提供伦理决策框架和实践改进建议。二是伦理立场与教育逻辑相结合。各册都侧重从伦理的立场或视角对教育问题进行审慎的分析，但也注意回归教育本身的逻辑，反省各种伦理学说或观点在具体议题上的适切性和妥当性，从而在"教育"与"伦理"之间形成一种反思性的均衡。三是本土思考与国际视野相结合。各册在分析教育伦理问题的过程中，一方面借鉴国外相关的理论成果和实践探索，另一方面也注意利用本土的伦理思想或资源，以期促进中外教育伦理思想的"合作式的对话"。

丛书是一项集体工作。各册作者都是近年来对教育伦理学有志趣、与学校变革实践有关联的专业研究者。尽管我们在具体的写作中未必都能在理论与实践之间、在伦理与教育之间建立内在的平衡，但我们确实在这条道路上一起尝试过和共同努力过。幸而，我们的尝试和努力，得到了福建教育出版社黄旭社长和成知辛主任的积极关注和鼎力支持。在此深致谢悃！

倘若我们的尝试和努力，能引起更多研究者对教育伦理问题的探究和争鸣，能为学校改进和教师发展提供些许理智上的参酌和方法上的指引，那必是我们击节而歌的！

程 亮

2016 年 10 月于华东师大

目　录

上编　教育的伦理视角

中编　教育的伦理维度

下编　教育中的伦理议题

上编　教育的伦理视角

　　作为一个相对独立的学科或领域，教育伦理学主要从伦理的视角或立场审视教育领域的相关问题。但是，教育为什么需要这个视角或立场？这个视角或立场本身的独特性和优越性又在哪里？切合教育本身的伦理辩护或思维应该是怎样的？这些前提问题都是本编尝试去回应或解答的。

第一章 教育伦理学：概念与历史

在现代社会中，无论我们在教育的性质或目的问题上存在多大的分歧，都会承认教育从根本上是关涉到他人（尤其是处在成长中或未成熟的儿童）的，深切地影响到他人现在和未来的生活机会；而且关涉国家、社会以及家庭的利益。从这种意义上说，教育本身就构成了一个道德的领域，就是一项道德的事业，因而也不可避免地构成了伦理追问和探究的对象。① 这便是教育伦理学（Educational Ethics 或 Ethics in Education）作为一门相对独立的学科或研究领域赖以存在的前提或基础。近年来，教育伦理学不仅成为我国教育研究的一个新的生长点②，成为教育学（或伦理学）家族的一个重要分支③，

---

① 这里涉及"道德"（moral）与"伦理"（ethics）两个重要概念。在现代的语境中，两者经常互用，但也略有区别：前者侧重主观的、个体的、内在的层面，后者侧重客观的、社会的、外在的层面。有关二者的详细比较，可参见：何怀宏：《伦理学是什么》，北京大学出版社 2002 年版，第 8—12 页；龚群：《社会伦理十讲》，中国人民大学出版社 2010 年版，第 1—10 页。本书在大多数情况下不作严格区分，但有时也根据语境考虑上述区分。

② 20 世纪八九十年代，出现了数本以"教育伦理学"为名称的教材，如王正平主编的《教育伦理学》（上海人民出版社，1988）、施修华和严缘华主编的《教育伦理学》（上海科学普及出版社，1989）、陈旭光主编的《教育伦理学》（天津教育出版社，1990）、李春秋主编的《教育伦理学概论》（北京师范大学出版社，1993）、王正平和郑百伟著《教育伦理学：理论与实践》（上海教育出版社，1998）等，也有不少关注教师职业道德的论著。跨入 21 世纪之后，有关教育伦理学的研究逐渐拓展到教学伦理、管理伦理、制度伦理、政策伦理、研究伦理等诸多主题，形成了数百项研究成果（包括学术专著或论文、硕博士论文等）。

③ 例如，瞿葆奎和唐莹在《教育科学分类：问题与框架》中，明确将"教育伦理学"作为与"教育逻辑学""教育美学"并列的教育学分支学科。见瞿葆奎编著：《教育学的探究》，人民教育出版社 2004 年版，第 23 页。

而且在大学的学术建制中占有一席之地。但从现实的情况来看，人们对教育伦理学的认识仍然纷纭不一，甚至存在一些"偏差"，如将教育伦理学"窄化"为对学生道德发展或教师职业道德的研究。在这里，我们将梳理有关教育伦理学的已有定位，追溯它的发生和发展，勾勒出教育伦理学作为一个学科或研究领域的基本面貌，以廓清它在探寻教育的道德基础方面的使命。

一、教育伦理学：何谓与何为

在很大程度上，教育是一个多学科的（multi-disciplinary）或跨学科的（interdisciplinary）研究领域。像哲学、社会学、经济学、政治学、心理学、历史学之类的学科，都从自身的学科立场或"学科之眼"分析和透视教育领域的相关问题，从而衍生出教育哲学、教育社会学、教育经济学、教育政治学、教育心理学、教育史学等分支分科。[①] 尽管这些学科都只是对整体而复杂的教育实践进行了适合自身的抽象，但是它们所建构的理论或知识，为人们全面而深入地理解教育实践提供了丰富而独特的智力资源。从这种意义上说，教育伦理学也是伦理学介入教育领域而形成的一门具有自身独特立场或视角的学科。为了弄清这一立场或视角的独特性，我们首先回顾并回应一下有关教育伦理学性质的既有认识，进而回到本书有关教育伦理学的定位和建构上来。

（一）教育伦理学的定位

在不同的国家或地区，教育伦理学作为一门学科或研究领域获得的认可度也是不尽相同的。这个概念比较早是在英语世界出现的，比如，1895 年杜

---

① 譬如，吴康宁认为，教育涉及诸多层面，而每个层面触及的核心问题是不同的。如价值层面的核心问题是意义的存在与守持，政治层面的核心问题是权力的形成与运作，经济层面的核心问题是利润的产生与分配，文化层面的核心问题是观念的影响与变迁，心理层面的核心问题是个体心理的特征及发展，而社会层面的问题是人群的差异及成因。这些不同的层面，通常对应的是不同的学科。吴康宁：《"社会理论"的兴起对教育社会学意味着什么》，载贺晓星主编：《教育与社会：学科·记忆·梦想》（2007—2012），南京师范大学出版社 2016 年版，第 4 页，注释①。

威（Dewey，J.）就发表了《教育伦理学六讲》（*Educational Ethics*：*Syllabus of Course of Six Lecture-Studies*），而 1918 年英国的诺曼（Normann，B.）和科尔默（Colmore，G.）也出版过一本《教育伦理学》（*Ethics of Education*）。但是，这个名称并没有在强调问题导向的英美教育学传统中得到更多的使用，相比较而言，倒是在以注重学科化传统的德国、苏俄、中国等国家获得了更多的关注。下面主要对聚合在"教育伦理学"名称下的若干代表性观点进行描述。

观点一：作为教育哲学分支

这是新康德主义者纳托普（Natrop，P.）开辟的道路。他继承了康德（Kant，I.）的余绪，认为教育的目的在于使人的意识最终达到真、善、美的境界，因而教育学就需要以分别阐述真、善、美的逻辑学、伦理学和美学为基础。1923 年，范寿康在《教育哲学大纲》中根据纳托普的哲学观，将教育哲学分为教育论理学（即逻辑学）、教育伦理学、教育美学三部。其中，教育伦理学关注的是伦理学对于教育目的和方法的影响。他依托西方伦理学史，分析了自苏格拉底（Socrates）至海培林（Haeberlin，P.）的伦理思想及其对教育的影响，并认为作为教育目的的基础的伦理学应该是自然主义的和社会主义的，教育的目的应该是个人的完成和他人的福利。其中，"个人的完成是指身体的各种能力的养成和知情意的陶冶。他人的福利是指谋社会的幸福，这是根据于我们的良心，尤其是根据于我们的社会的本能的"。①

这里的"教育伦理学"，其实并不是独立的学科，而是作为教育哲学的分支领域出现的，就像伦理学作为哲学的分支领域一样；如果从教育学的意义上说，它所关注的是教育学的伦理学基础；从内容上来说，它所关注的主要是人生观和价值观对于教育目的的制定的意义，所以又是教育目的的伦理根据。因此，范寿康在为《教育大辞书》撰写的词条中，直接将教育伦理学定位为："教育哲学之一部，以伦理学为根据，研究教育之根本原理。"②

---

① 范寿康：《教育哲学大纲》，福建教育出版社 2007 年版，第 52 页。
② 唐钺、朱经农、高觉敷主编：《教育大辞书》，商务印书馆 1930 年版，第 1049 页。

观点二：作为道德教育论

我国第一本《教育伦理学》（世界书局，1932）的作者丘景尼，就持此论。他认为，教育伦理学不是一般伦理学，因为其重心不在道德的本质、理想或一般方面，而在"道德人格的养成和各种实际道德事实的研究"；但是，教育伦理学也不是实践伦理学，因为它的目的不在"自己修养"，而在"训练他人"，并且它的范围也较广泛，需要将与道德、教育有关的一切事项都考虑在内。在丘景尼看来，教育伦理学相当于道德教育（论）："此二者之涵义，大体相同，初无严密之区分。……盖斯学在近代尚未有若何专门之研究而成为一种独立之科目，或在教育学中讨论到此种问题，或在伦理学中讨论到此种问题，均为附带研究之性质……尤其是关于道德的各种材料问题，不论是伦理学者或是教育学者，向来于此都未十分注意。"① 因此，建立一门独立的教育伦理学实有必要。如果从字面上来说，二者之间"亦不无区别，即教育伦理学所探讨的，大半属于原理的问题，而道德教育所包含的，则大部分为实际的问题。"②

质实说来，丘氏的《教育伦理学》集中探讨的是道德教育问题，兼及与其有关的社会教育、性教育、感化教育等诸多方面（见附件一）。当代教育学者贾馥茗的《教育伦理学》从根本上也是这样来定位教育伦理学的，关注伦理或道德的概念尽管也提到"师生伦理"问题，但是这一议题是放在伦理或道德教育的"实质"或内容层面，与家庭伦理、政治与社会伦理、国际伦理并置。③

观点三：作为职业伦理学

还有一种观点将教育伦理学纳入职业伦理学或专业伦理学（professional ethics）的范围，认为它与医学伦理学、军人伦理学、律师伦理学等相当，是一门探讨"教师职业道德"或"教师道德现象"的学问。例如，严缘华认为："教育伦理学是研究教师道德的起源、本质、发展变化及其社会作用的科学，

---

① 丘景尼：《教育伦理学》，世界书局 1932 年版，第 5—6 页。
② 丘景尼：《教育伦理学》，世界书局 1932 年版，第 6 页。
③ 贾馥茗：《教育伦理学》，江苏教育出版社 2008 年版。

换言之，它是一门探讨教师道德发展规律性的科学。"① 王正平认为："教育伦理学是研究教师职业劳动领域内道德意识、道德关系和道德活动的科学。它是研究教师职业道德的学问，是教师道德理论学说、教师道德规范学说和教师道德实践学说的有机统一。"② 詹栋梁更直接地提出："教育伦理学是探讨教师的职业道德的学问，教师站在自己的工作岗位上，必须有职业道德，就是专业道德，或称'职业伦理'。"③ 从这种意义上说，教育伦理学不过是"教师伦理学"的别称。

观点四：作为应用伦理学

应用伦理学又称实践伦理学，是与理论伦理学（或规范伦理学）相对的。它重在运用理论伦理学的观点和方法去分析人类特定生活领域的实践问题。从教育作为一个特殊的生活领域来说，教育伦理学与法律伦理学、环境伦理学、经济伦理学、网络伦理学等等，都应该纳入应用伦理学的范围。④ 例如，钱焕琦主张，教育伦理学"是研究包括学校教育、家庭教育和社会教育在内的教育教学过程中的道德关系现象，从伦理哲学的视角对教育活动进行价值分析和行为导向的新兴学科，是教育科学与伦理科学相结合的一门交叉学科"，既是应用伦理学也是教育科学的分支学科。⑤ 王本陆提出，教育伦理学是"探讨教育领域善恶矛盾的科学"⑥；冯契主编《哲学大辞典》的"教育伦理学"词条也认为，它是"研究教育过程中的道德问题及其发展规律的学科，主要包括教育过程道德问题、教育的道德价值和道德功能"。⑦

这些观点将教育伦理学的对象域设定在教育中的"道德关系""善恶矛盾""道德问题"等更为宽泛或一般的方面，除了教师的职业伦理之外，还有涉及管理者、辅助者、学生等主体的伦理责任，以及其他制度安排的伦理要

---

① 施修华、严缘华主编：《教育伦理学》，上海科学普及出版社1989年版，第1页。

② 王正平主编：《教育伦理学》，上海人民出版社1988年版，第10页。

③ 詹栋梁：《教育伦理学导论》，五南图书出版公司1997年版，第1页。

④ 周中之：《伦理学》，人民出版社2004年版，第621页。

⑤ 钱焕琦主编：《教育伦理学》，南京师范大学出版社2009年版，前言。

⑥ 王本陆：《关于教育伦理学研究对象的思考》，载《教育研究》，1995年第3期。

⑦ 冯契主编：《哲学大辞典》，上海辞书出版社1992年版，第1421页。

求。在这种意义上的教育伦理学，涵盖了职业伦理学以外的其他更为广泛的应用伦理问题。就其关涉的问题、目的和内容，钱焕琦在其主编的《教育伦理学》中进行了细致的概括和区分（见表1.1）。

表1.1　教育伦理学的研究类型①

类型	对象	目的	内容
教师职业伦理学	教师职业道德问题	制定规范、提高修养	教师道德原则、规范
部门—活动的教育伦理学	具体的教育道德矛盾与关系	了解现状、制定规范、指导实践	具体教育的道德状况、规范及行动策略
政治—社会的教育伦理学	教育基本的政治—伦理矛盾	了解现实、指导实践	政治—伦理矛盾的现状与改善的策略
理论的教育伦理学	教育总体的道德问题	建构理论、提供价值依据	教育基本的道德规律与理念

总体来说，前述四种观点都有一定的代表性与合理性，体现了一定时期人们有关教育伦理学性质的认识，但同时也存在一定的"偏狭性"。第一种观点是将教育伦理学置于教育哲学的框架下，强调对教育（特别是教育目的）的形而上分析或价值分析，而没有注意到现代伦理学同样存在形而下的或事实的分析。第二种和第三种观点分别侧重于教育领域中两大主体所面临的道德现象：学生的道德发展和教师的职业道德，显然都缩小或窄化了教育伦理学的对象范围。在教育领域中，除了教师和学生作为道德主体之外，还有各种涉及资源分配的制度安排（包括政策、管理、学制等）也存在伦理的问题，也需要接受伦理的拷问。第四种观点关注的是教育领域中道德问题和现象的特殊性，一方面忽略了学生作为道德主体或道德教育哲学的相关问题，另一方面偏重于理论伦理学在教育领域中的应用，未能充分意识到教育伦理学对理论伦理学本身产生的可能的贡献，这种关系应该是一种双向的关系，而不是单向的关系。

---

① 钱焕琦主编：《教育伦理学》，南京师范大学出版社2009年版，第52页。

就此而言，我们认为，教育伦理学应该定位在"教育的伦理探究"上，即从伦理的视角分析教育领域中各种具有伦理性质（或道德维度）的观念、行为、制度安排等。在研究对象上，涵盖了两大道德主体（教师与学生），关注教育领域中与个体有关的道德行动和与群体有关的制度安排。严格来说，这里的伦理探究可以有两条理路：一是对教育伦理问题进行经验（或事实）的分析；二是对教育伦理问题进行哲学（或价值）的辩护。当然，两条理路并不是并行不遇的，相反应该是相互增益的：经验的分析有助于教育伦理问题的诊断；哲学的辩护有助于教育伦理问题的批判。从已有的相关研究来看，人们更多选择的是第二条理路，侧重对教育领域中与道德或伦理有关的现象或问题进行哲学的辩护或规范性的探究。事实上，这是本书在架构教育伦理学、探讨教育伦理问题时因循的理路。

（二）教育伦理学的任务

如果我们从第二条理路来建构"教育伦理学"，那么它就是"教育的规范哲学"，或者更准确地说，就是"教育的道德哲学"（moral philosophy for education）。为了推进这种规范性的探究，教育伦理学需要关注四个方面的任务：

一是选择和发展适合教育问题探讨的伦理概念和理论。对教育的伦理探究，自然离不开伦理学的资源，需要倚重伦理学的理论与方法，因为伦理学关涉的是包括教育在内的人的整个实践领域，形成的是有关实践的一般伦理原则。但是，教育伦理学除了要关注道德的一般方面之外，还必须将着力点放在教育作为一种实践的特殊性上。丘景尼就说："一般伦理学上所讲的，无非都是道德的理论问题，都是抽象的东西。要想将这种原理应用到教育上来，其间尚有若干的距离。即我们若不设法将那种具体的材料加以分析研究，差不多就是等于一篇空论。充其量亦只能使人在其道德意义上得有若干的观念，此种观念能否具有实践上的效力，在今日的教育者谁也不敢一口断定。"[1] 譬如，教师作为道德主体，除了要承担一般社会成员所应承担的道德义务之外，

---

① 丘景尼：《教育伦理学》，世界书局 1932 年版，第 6 页。

还必须遵循他作为教育从业者所应遵循的专业伦理。这种特殊性意味着，教育伦理学必须立足教育本身，选择和发展适合教育问题探讨的伦理概念和理论，而不是不加批判或转化地移用伦理学的有关概念和理论。

二是选择和发展适合教育问题探讨的伦理思维或方法。怎样从伦理的角度探讨教育问题？简单来说，就是从善恶正邪的角度，对教育的正当性进行分析和评判。在伦理学史上，有关道德正当性的辩护（或确证），主要有"目的论"（teleological theories）、"义务论"（deontological theories）两种典型观点和思维方式：前者依据行为的结果来判断行为的对错，认为合乎道德的行为应该是给个人或社会带来最大"功利"的行为；后者依据行为的动机判断行为的对错，认为合乎道德的行为应该是平等尊重每个人价值的行为。斯特赖克（Strike, K. A.）和索尔蒂斯（Soltis, J.）在《教学伦理》（*The Ethics of Teaching*）中，就运用这两种伦理思维，依托具体的教育案例，针对教育中的惩罚、自由、平等、尊重、民主等问题，进行了深入的比较和分析，最后他们认为，这种伦理辩护方式都有其合理性，但都不够充分，进而提出了一种整合两种伦理思维的路径（见第二章）。

三是厘定和分析教育伦理学的基本范畴和问题。倘若我们承认将教育伦理学发展为一个相对独立的学科或领域，那么我们就需要明确在这个学科或领域中，有哪些基本的伦理范畴或问题。杜威在《教育中的道德原理》（*Moral Principles in Education*，1909）中分别从学校、教学、课程三个层面提出了教育伦理的社会标准和心理标准；彼得斯（Peters, R. S.）在《伦理学与教育》（*Ethics and Education*，1966）中分析了教育中的平等、自由、尊重、权威、惩罚与纪律等问题；斯特赖克和索尔蒂斯关注了惩罚、自由、平等、尊重、民主等问题；巴罗（Barrow, R.）在《教育道德哲学》（*Moral Philosophy for Education*，1975）中提出自由、平等、尊重、灌输、自由、自主、权利、分配等问题。从这些探讨中，也许可以窥见在教育伦理学中特别值得关注的一些基本范畴或问题。

四是架构和完善教育伦理学的基本框架和体系。这是以前述工作为基础而提出的新任务。随着教育伦理学的发展，各种理论和概念不断丰富，各种思维和方法不断完善，基本范畴和问题不断明确，如何将这些理论和概念、思维和方法、范畴和问题组成一个有内在逻辑的框架和体系，就成为推进教育伦理学发展亟待解决的新问题。之所以需要这种框架和体系，决非出于"体系癖"，而是因为：这种框架和体系不仅可以将教育伦理领域积累起来的各种知识有效地组织起来，而且可以帮助人们准确定位有关教育的伦理问题、概念和理论在教育伦理知识网络中的位置，寻找解决教育伦理问题的整体视野，探明教育伦理研究的未来路向。

二、教育伦理学的形成

无论我们如何定位教育伦理学的性质，它在很大程度上都体现为伦理学与教育学的联姻或交叉。从历史上来看，教育伦理学作为一门相对独立的学科或研究领域的出现，一方面与伦理学有意识地向教育领域拓展、关注个体的道德成长或社会的道德教化有关，另一方面也与教育学主动向伦理学寻求教育知识的基础和教育行动的依据有关。下面简要梳理一下早期教育与伦理的关联方式——这种关联尽管未能直接引发教育伦理学的发生，却也为后者提供了历史的资源和思想的基础，然后再介绍对教育伦理学的形成产生重要影响的三个人物——美国的杜威、英国的彼得斯和德国的布雷岑卡（Brezinka，W.）及其贡献。

（一）教育与伦理的原初关联

单从教育伦理学这个名称上，人们甚至可以直观地判断它不外是处理教育与伦理（或道德）关系的学问。如果我们接受这种观点，那么教育伦理学的源头在西方就可以上溯到智者派，他们宣称可以教人道德；在中国可以返回到先秦诸家，他们把道德君子作为教育的鹄的。但是，这些论断的合理性仿佛是不言自明的，或多或少带有一点"独断"的色彩。

从理性的角度对教育完成道德使命的可能性进行反思，最早是从苏格拉底和柏拉图（Plato）那里开始的。在《美诺》（Meno）中，柏拉图借美诺之口，向苏格拉底提出了一个对欧洲哲学产生深远影响的教育问题："美德可教吗？或者说，美德是通过实践得来的吗？或者说，美德既不是通过教诲也不是通过实践得来的，而是一种天性或别的什么东西？"① 这也许是第一个带有教育伦理学意味的问题，因为不管答案是什么，都意味着一种理解教育与道德关系的原初方式。要回答这个教育问题，就必须回到伦理学的层面探讨"什么是美德"的问题。对于这个经典问题，柏拉图以后的讨论仍在继续，如亚里士多德（Aristotle）在《尼各马可伦理学》（*Nicomachean Ethics*）中就对美德可教性的条件进行了细致的分析，即认为美德的获得离不开公共制度或懂得立法学的个人。②

即便这是一个教育问题，但是他们提出这些问题的出发点仍是出于哲学的考虑，也就是说是从道德的方面考察它的可教性。不过，后来的思路发生了重要的变化：人们不再关注道德是否可教的前提问题，而是直接将道德作为教育的目的或内容提出来。例如，昆体良（Quintilianus，M. F.）要培养的雄辩家，首先应当使他成为一个善良的人，他不仅要有演说的天才，而且要具备一切优异的品格；夸美纽斯（Comenius，J. A.）和洛克（Locke，J.）都将德行作为教育的重要目的；卢梭（Rousseau，J.-J.）将道德作为青春期少年受教育的重要内容；康德也强调教育的道德陶冶功能，提出要培养儿童的"善良意志"。

到18世纪末19世纪初，特别是教育学作为相对独立的学科出现之后，以往有关道德作为教育目的或内容的强调，逐渐使人们意识到伦理学作为教育学理论基础的必要性，因为讨论道德问题，没有什么会比伦理学更能胜任。例如，赫尔巴特（Herbart，J.F.）从教育的"目的—手段"结构出发，不仅确定了道德之于教育的最高目的，而且奠定了伦理学作为教育学基础的必要性；前面提到的纳托普从教育内含的真、善、美目的出发，要求教育学建基在逻辑学、伦理学、美学之上；此外，还有贝内克（Beneke，F.）、施莱尔马赫（Schleiermacher，F.）、罗森克兰茨（Rosenkranz，K.）、拉伊（Lay，

---

① 柏拉图著，王晓朝译：《柏拉图全集》（第一卷），人民出版社2002年版，第491页。
② 亚里士多德著，廖申白译：《尼各马可伦理学》，商务印书馆2003年版，第313—315页。

W.）等都将伦理学作为教育学的知识来源。由此，教育与道德的关系，逐渐摆脱了纯粹经验的直觉或感悟，进而获得了伦理理论的理性辩护。

表 1.2　教育学的学科基础

代表人物	教育学的学科基础
尼迈尔（Niemeyer，A. H.）	伦理学、人类学、心理学、生理学
赫尔巴特、贝内克	实践哲学（伦理学）、心理学
施莱尔马赫、罗森克兰茨	实践哲学（伦理学）
纳托普	逻辑学、伦理学、美学
拉伊	生物学、解剖学、生理学、卫生学、心理学、精神病学、知识论（认识论）、政治经济学、伦理学、美学和宗教哲学

（二）教育伦理学的开端：杜威的贡献

教育伦理学的相对独立，是与杜威在 19 世纪末 20 世纪初的工作密不可分的。1894 年，杜威从明尼苏达大学来到芝加哥大学，担任哲学与教育学首席教授，即开设了一门题为"教育伦理学"的课程。这门课程的授课提纲内容详尽，结构完整，翌年即由芝加哥大学出版社出版，题为《教育伦理学六讲》。三年后，杜威又发表了《构成教育基础的伦理原则》（*Ethical Principles Underlying Education*）。这篇论文既是前述六讲的进一步完善和发展，又是 1909 年发表的《教育中的道德原理》的雏形。在这些著作中，杜威关于教育伦理学的构架尽管前后略有调整，但是主体内容和基本逻辑仍未有多大变化（表 1.3）。

事实上，杜威的出发点与他之前的思想家或教育家并无实质性的差异，都是在关注如何在受教育者身上培育道德的观点或品格，但是杜威在理解学校的道德目的及其实现方式上却开辟了一条新路。首先，杜威对"道德观念"与"关于道德的观念"进行了区分。"道德的"（moral）一般具有两个方面的含义：一是与"不道德的"（immoral）相对，是用来对人的品质和行为所具有的道德性质本身进行判断的评价词，因而是发生在道德领域之内的；二是与"非道德的"（non-moral）相对，是用来划分道德领域和其他生活领域的描述词，因而是发生在整个生活领域。换句话说，人的行为领域，有些可以从道德意义上进行评价，但还有很多是难以从道德意义上进行评价的，比如日常生活的饮食起居、交往礼仪、违纪违法、心理问题等。根据这两种含义，杜威从实验主义出发，对道德的观念、不道德的观念和非道德的（或与道德无关的）观念进行具体的界定（见表1.4）。

表1.3　《教育伦理学六讲》与《教育中的道德原理》之比较

教育伦理学六讲（1895）	教育中的道德原理（1909）
一、学校的伦理问题	一、学校的道德目的
二、教学方法伦理	二、学校共同体给予的道德训练
三、课程或科目的伦理	三、来自教学方法的道德训练
四、赫尔巴特学派的统合说	四、科目的社会性质
五、儿童发展的分期	五、道德教育的心理学方面
六、学校与道德进步	

表1.4　道德的观念、不道德的观念和非道德的观念

道德的	道德的观念	凡是使行为有所改进和改善的观念就是道德的
	不道德的观念	凡是使行为变得更坏的观念就是不道德的
非道德的	与道德无关的观念	凡是不使行为变得更好或更坏的观念就是非道德的

在杜威看来，"关于道德的观念"就是一种"非道德的"或"与道德无关的观念"，尽管它的内容是诸如诚实、纯洁或仁慈一类的知识，但是由于这类知识没有转化为人的品格或行为，因而无法从道德上进行评判，也就不是"道德观念"。凡是"道德观念"都已经成为个体品格的一部分，成为对个体行为起作用的动机的一部分。因此，他认为，教育者（教师或家长）重要的不是灌输给儿童和青少年各种"关于道德的观念"，而是要使儿童和青少年以

充满活力的方式最大限度地获得指导行动的"活动的"观念。如果说学校承担着道德目的，或者将道德目的（形成性格）作为一切教育的最高目的，那么这种目的就应该在一切教学中普遍存在并居于主导地位；如果不能做到这一点，那么学校的道德目的就不可能得到实现，因为在学校中，教师和学生大部分时间关注的是智力问题。但是，道德目的和理智目的之间并不是完全冲突的，因为按照杜威的理解，凡是使行为有改进和改善的教学方法和学习方法本身就是道德的，就是在实现学校的道德目的。

但是，学校的道德目的不能仅仅通过直接的道德教学来实现，而必须依托一种更加广泛、间接、生动的方式，即将学校自身、教学方法、课程建立在伦理的基础上。这种伦理的标准，在杜威看来，是学校作为微型的共同体必须在目的、内容和方法上都体现出社会性。严格来说，这种社会性不外是共同体生活的特征。基于这种社会性的学校共同体不仅是有教育性的，而且是具有道德性的。

首先，学校是由社会建立并为了社会的机构，它在道德上的责任就是对社会的责任，因此它的道德价值必须从其所具有的社会价值来加以衡量。要实现学校的道德目的或道德教育，就必须使学校本身成为一种有社会生活的社会机构，必须使校内生活和校外生活联系起来，让儿童在参与社会生活的过程中获得发展。否则，学校的道德训练就必然与理智训练分割开来，从而呈现出"病态的"和"形式化的"特征。

其次，教学方法也需要体现出社会性质。自私的吸收和单纯的学习之类的教学方法在道德上主要有四个方面的缺失：缺乏社会精神，受制于外在动机，陷入个人主义的竞争，追求遥远的未来。因此，杜威主张采用对儿童的活动能力有作用的教学方法，进而使儿童从自私的吸收转移到社会性的服务上来。

再次，从学科在学校生活中的重要地位出发，杜威提出学科的伦理价值是它成为儿童认识社会生活或关系的工具的程度。无论是其知识价值、训练价值还是文化修养的价值，都必须要在社会情境中才能加以理解。杜威不仅从根源上说明了各门学科的社会性，而且以地理、历史、数学为例进一步说明学科作为儿童认识社会生活或关系的工具的重要性。

在这些分析的基础上，杜威提出了实现学校教育的三位一体："只要学校本身在精神上能代表真正的社会生活；只要我们所称的学校纪律、管理、秩序等等是这种固有的社会精神的表现；只要所用的方法对积极的建造能力有吸引力，允许儿童发表，因而允许他服务；只要课程的选择与组织能提供材料使儿童认识他必然在其中起一份作用的世界，认识他必须满足的需要：只要这些目的都达到了，学校就是组织在伦理的基础上。"① 这种观点已经开始将伦理的视角从教育目的或内容的层面转向教育的形式或程序层面。

倘若从判断学科的实践标准来看，杜威堪称是教育伦理学的开创者：他不仅明确使用了教育伦理学的称谓，发表了教育伦理学的论著，在大学开设教育伦理学的课程，更为重要的是开创了从教育形式或程序层面关注伦理的路径——后来彼得斯、索尔蒂斯、斯特赖克等人的教育伦理探究也基本上走在这条道路上。

（三）彼得斯：教育的伦理基础

与杜威不同，英国分析教育哲学家彼得斯突破了教育的道德目的或道德教育的框架，通过审慎的日常语言分析，让我们将伦理学的视角直接带回到教育的概念本身。他不仅自己长期致力于"教育"及相关概念的语言分析，而且积极推动当时英国知名的哲学家，如哈姆林（Hamlyn，D.）、奥克肖特（Oakeshott，M.）、昆顿（Quinton，A.）、赖尔（Ryle，G.）等，参与到教育问题的探究中，从而改造和提升教育哲学作为哲学一个分支学科的品质和地位。② 然而，彼得斯在教育哲学领域的工作表现出一定的张力：一方面，他试图将当时主流的分析哲学技术应用在教育概念的分析上，带有客观的、经验的色彩；另一方面，他在分析这些概念的过程中又隐含着某些规范的甚至先验的特征。这一特征直接体现在他的扛鼎之作《伦理学与教育》（1966）

---

① 杜威著，赵祥麟、任钟印、吴志宏译：《学校与社会·明日之学校》，人民教育出版社 2005 年版，"教育中的道德原理"。

② 帕尔默著，任钟印、诸惠芳译：《教育究竟是什么》，北京大学出版社 2008 年版，第 468—469 页。

中。这本书主要分为"教育"的概念、教育的伦理基础、教育与社会控制三个部分，稍后巴罗的《教育的道德哲学》与该书在旨趣、内容和分析方法上有很大的相关（见表 1.5）。

表 1.5　彼得斯的《伦理学与教育》与巴罗的《教育的道德哲学》

彼得斯：《伦理学与教育》	巴罗：《教育的道德哲学》
第一部分　"教育"的概念	第一部分
1. "教育"的标准	1. 哲学与教育
2. 教育即启导	2. 道德哲学
附录：当代英国教育机构中使用的"教育"概念	第二部分
	3. 合理的和不合理的论证
第二部分　教育的伦理基础	4. 自由
3. 经典的辩护理论	5. 平等
4. 平等	6. 功利主义
5. 有价值的活动	第三部分
6. 利益的考量	7. 康德与尊重人
7. 自由	8. 自主性
8. 尊重人、博爱与人的概念	9. 权利
第三部分　教育与社会控制	10. 创造性
9. 权威与教育	11. 何为有价值之物
10. 惩罚与纪律	12. 自由的学校
11. 民主与教育	13. 教育分配
	14. 灌输与道德价值观

　　彼得斯的这本书堪称当代教育伦理学的典范，为教育伦理学的发展提供了新的视角和新的路径。首先，彼得斯通过对"教育"的语言分析，离析出教育本身所内涵的价值维度或道德维度。彼得斯并没有像苏格拉底以来的许多哲学家那样为教育概念寻找唯一的或确定的定义，而是顺应 20 世纪初以来的"哲学革命"（即分析哲学运动），通过日常语言分析澄清"教育"概念的意义。他认为，"教育"这个词并不是指任何具体的活动或过程，而是规定种

种活动或过程必须遵循的标准。① 具体来说，它内含着三个标准，即"教育"意味着把有价值的东西传递给那些有志于此的人（即规范标准），包含着知识和理解力以及某种具有活力的认知洞见（即认知标准），而且在传递程序上体现出学习者自知和自愿的尊重（即过程标准）。② （有关这些标准的进一步分析，可见第三章。）尽管在这些标准中，价值或规范的标准并不是唯一的，甚至彼得斯在后来强调了认知标准之于价值标准的优先性，但是这一分析具有本体论的意义，也就是说任何可以称得上是教育的活动或过程都内在地包含着价值和道德的要求。这意味着对教育问题的探讨必然涉及伦理问题。

其次，彼得斯发展了伦理辩护的新路径。彼得斯注意到，"教育必定内含某种在伦理上有价值的东西，这是逻辑上的必然。但是，在具体的社会中将某些特定的价值观赋予'有价值的东西'这个变量，并不是逻辑上必然的。因此，对这些价值观的辩护也必须从概念分析的领域转向伦理理论的领域"。③ 彼得斯认为，很多人只是在宣称教育的目的就是为了个体的自我实现，然而他们却很少为这种价值观进行合理的辩护，很少在伦理理论中为自己的论证寻找坚实的基础。就教育而言，无论是它的内容（matter）还是它的方式（manner），都需要考虑这种伦理的基础，都需要这种伦理的辩护。"一方面我们必须证明启导（initiating）儿童学习诸如科学、诗歌之类的意识活动和形式，而不是宾果游戏和恐怖电影，另一方面我们也必须为某些启导程序而非其他程序提供辩护。"④ 然而，彼得斯并不满足于简单地陈述诸如公平、自由之类对待儿童的伦理原则，而是要为这些原则寻找可靠的基础。为此，他考察和批判了自然主义、直觉主义和情感主义等几种经典的伦理辩护理论，并在康德的道德哲学中汲取了思想的资源，发展出了一种积极的辩护理论，即一种将伦理原则建立在理性基础上的超验辩护。这种辩护试图对各种道德怀

---

① Peters, R. S., *Ethics and Education*. George Allen & Unvin Ltd., 1966, pp. 23—25.

② Peters, R. S., *Ethics and Education*. George Allen & Unvin Ltd., 1966, p. 45.

③ Peters, R. S., *Ethics and Education*. George Allen & Unvin Ltd., 1966, p. 91.

④ Peters, R. S., *Ethics and Education*. George Allen & Unvin Ltd., 1966, p. 92.

疑论和主观主义做出回应。这种尝试，实际上让彼得斯不只是走向教育的道路，而且真正回到了规范伦理学的层面。

再次，彼得斯运用这种辩护对教育的内容与方式所涉及的重要伦理原则进行深入的讨论。从前述目录中可以看到，彼得斯在内容层面着重探讨的是"有价值的活动"（worth-while activities），其中涉及需求、快乐与痛苦等；在方式层面涉及的程序原则，包括了平等、利益的考量、自由、尊重人，以及与社会控制有关的权威、惩罚与纪律、民主等问题。

（四）布雷岑卡：规范教育哲学

如果彼得斯是在分析哲学的框架下对教育的道德意涵和伦理基础进行探讨的话，那么德国教育学家布雷岑卡则是直接从规范哲学出发对教育的基础进行了系统的架构。这种架构主要体现在他 1978 年出版的《元教育理论》（*Metatheorie der Erziehung*）① 一书中。在这本元教育学的奠基之作中，布雷岑卡对传统的单一教育知识观做出了回应，以对各种教育问题的思考方式为依据，将各种教育知识区分为三种类型：（1）"教育科学"：以"事实—规律"的探索为任务，指向科学知识的获取；（2）"教育哲学"：以"价值—规范"的辩护为核心，指向价值规范的确立；（3）"实践教育学"：以"规范—行动"的建立为旨趣，指向行动的理性选择。三者之间彼此独立、各负其责而又相互关联。

对于"教育哲学"，布雷岑卡认为根据涉及的问题，又可以区分为分析—批判认识论的哲学、阐明世界观（形而上学）的哲学和规范哲学。其中，规范的教育哲学（Normative Philosophie der Erziehung）作为教育科学的补充，主要是"回答在制定教育计划和采取教育行动时出现的价值问题和规范问题"。他认为，这里的规范问题在狭义上涉及"我应当做什么"的问题，在广义上需要回到"我应当如何评价"的价值问题，因而也包括最高目的（理想、价值、善）的确定问题。在这里，价值判断优先于规范制定，而在制定规范

---

① Brezinka，W.，*Philosophy of Educational Knowledge*：*An Introduction to the Foundations of Science of Education*，*Philosophy of Education and Practical Pedagogics*. Trans. by Brice，J. S. &R. Eshelman. Kluwer Academic Publishers，1992.

时，也需要区分应当是什么的规范（即理想）和应当做什么的规范（即行为规范）。从这种意义上说，布雷岑卡所谓的"规范哲学"涉及广义的价值哲学，但主要是伦理学。

根据教育的目的—手段模式，规范教育哲学因此又可以分为教育目的的规范哲学和教育手段的规范哲学——其中手段又包括教育者及其行为和实物手段两个方面。在他看来，"教育者的规范道德构成了第一个课题范围。教育者的规范道德包括教育者德行的规范学说〔道德学说（Tugendlehre）〕和教育者教育行为的伦理学〔义务学说（Pfilchtenlehre）〕。第二个课题范围，实物手段的价值学说包括教学内容的价值论〔规范教学论（Normative Didaktik）〕和教育组织的规范哲学（Normative Philosophie der Erziehungsorganisation）"。① 当然，这里涉及的也不仅仅是与教育有关的道德价值或规范层面，实际上也包括审美、宗教、经济、法律等方面的价值或规范。

对这些领域的具体讨论，后来也体现在布雷岑卡 1992 年出版的《信仰、道德与教育：规范哲学的考察》（*Glaube，Moral und Erziehung*）一书中。② 面对日益多元的社会，布雷岑卡越来越感受到精神或道德教育的困难，同时越发认识到坚定的信仰、价值认同和道德行动的重要性。在克服这些困难、维系这些信仰、促进认同和行动方面，教育者无疑具有无可替代的作用。试想，"如果教育者自己都对重要的宗教的、世界观的或道德的问题感到不确定，那么，他们如何完成自己这方面的教育职责？如果他们自己对为其提供支持的信仰内容都持怀疑态度，如果教师自己都对传承的理想感到疏离，同时又缺乏可信的其他理想，那么，他们是否还能够帮助儿童和青少年寻求他们的精神和道德的支持？难道不可知主义、主观主义、悲观主义和虚无主义就是我们这个多元文化不可避免的后果，抑或是可以或应该通过教育手段以

---

① 布雷岑卡著，李其龙译：《教育学知识的哲学：分析、批判、建议》（特约稿），载《华东师范大学学报》（教育科学版），1995 年第 4 期。

② Cf. Berzinka, W., *Belief，Morals and Education：Collected Essays on the Philosophy of Education*. Trans. by J. S. Brice. Avebury, 1994.

　　　　教育的道德基础——教育伦理学引论

帮助青少年远离的、可以避免的恶?"① 布雷岑卡认为，对于人类来说，这些问题比教育科学领域的经验性或技术性问题更为紧迫，它们的解决也不能仅仅诉诸科学的手段，而需要规范哲学的指引。因此，在这本书中，他主要是从规范哲学的角度对宗教教育、世界观教育、道德教育的基础进行了深入的探讨。末了，布雷岑卡辟出专章，讨论教师职业道德的问题。其中，对什么是职业道德、教师为什么需要职业道德以及教师职业道德领域的核心领域进行了具体的讨论。

其实，在德语世界也出现了直接以"教育伦理学"或"教育学与伦理学"为名称的著作。如，本宁（Benning，A.）的《教育的伦理：教育伦理学的基础与规范》（Ethik der Erziehung：Grundlegung und Konkretisierungen einer padagogischen Ethik，1980）、嘉姆（Gamm，H.-J.）的《教育伦理学——分析教育关系的尝试》（Pädagogische Ethik：Versuche zur Analyse der erzieherischen Verhältnisse，1988）、欧克斯（Oelkers，J.）的《教育伦理学引论：问题、悖论与展望》（Pädagogische Ethik：Eine Einführung in Probleme，Paradoxien und Perspektiven，1992）、Dieter-Jürgen Löwisch 的《教育伦理学导论》（Einführung in pädagogische Ethik，1995）、普朗格（Prange，K.）的《教育伦理学：走向规范性的教育行动》（Die Ethik der Pädagogik. Zur Normativität erzieherischen Handelns，2010），以及博伊特勒（Beutler，K.）和霍斯特（Horster，D.）的《教育学与伦理学》（Pädagogik und Ethik，1995）等等。这些著作在很大程度上沿袭了德国教育学的传统，侧重从规范伦理学（特别是康德伦理学）的角度出发探讨广义教育的伦理基础以及教育中的伦理关系。兹举其中两本教育伦理学著作的框架以为管窥（见表1.6）。

---

① Wolfgang Brezinka 著，彭正梅、张坤译：《信仰、道德和教育：规范哲学的考察》，华东师范大学出版社 2008 年版，前言，第 1 页。

表 1.6　嘉姆的《教育伦理学》与欧克斯的《教育伦理学引论》①

嘉姆：《教育伦理学》	欧克斯：《教育伦理学引论》
导言	1. 教育伦理学：问题、悖论与视角
第一部分　教育伦理学的设定与结构	2. 经典教育学的方案
1. 教育伦理学的基本问题	2.1　自然与道德
2. 起源和道德视野中的公民主体	2.2　理性与利益
3. 价值的冲突	2.3　至善与实践理念
第二部分　作为教育伦理学对象的个人与机构	3. 现代的刺激
1. 儿童作为教育的受众	3.1　多元主义作为教育学的悖论
2. 家长的形象与兄弟姐妹的总体关系	3.2　后道德的主体性
3. 社会的教育因素	3.3　作为协商的教育
4. 作为职业的教育	4. 问题的新论证
第三部分　教育行动的价值与规范	4.1　道德经验与道德学习
1. 教育学视角下的美德	4.2　道德的要求与有效性
2. 自由与强制	4.3　开拓与兴起
3. 家庭在教育中的作用	5. 关于教育的其他要求
4. 工作：负担和尊严	
第四部分　社会冲突、个人主张与伦理的重要性	
1. 自然与精神	
2. 认识与行动	
3. 断言与和解	
4. 观点	

三、教育伦理学的多元化

尽管"教育伦理学"这个名称在 19 世纪末就开始出现了，但是它在很大

---

① 　此处的德文翻译，得到了华东师范大学教育学部国际与比较教育研究所彭正梅教授及其研究生彭韬的帮助。

程度上仍然是教育哲学的一部分。实际上，彼得斯就明确说他的《伦理学与教育》一书是供教师和哲学专业学生使用的教育哲学教材，而布雷岑卡只是将道德或伦理作为一部分纳入了规范教育哲学的框架，而且其《信仰、道德与教育》的副标题也就是"规范哲学的考察"。1967年，美国教育哲学家布劳迪（Broudy，H. S.）等人曾对英语世界的教育哲学研究成果进行过整理，发现伦理学和价值论构成了这些研究中至为重要的部分，它们不仅出现在有关哲学的背景介绍中，而且在"教育的性质与目的""课程的设计与论证""组织与政策"以及"教与学"的层面都有体现。① 这种状况一方面反映出"教育伦理学"这个名称并未得到广泛的使用和获得广泛的认可，但从另一角度也可能会发现，伦理学正在成为教育哲学领域中不可或缺的部分。

直到20世纪80年代，教育伦理学才逐渐进入到一个日渐丰富和多元的发展期。在研究领域上不断分化，从教育专业伦理逐渐扩展到课程、教学、管理、评价、政策等层面；在伦理议题上不断深化，涵盖了与教育有密切关系的自由、平等、正义、民主、权威、惩罚等价值或原则；在伦理学说上不断丰富，从经典的伦理理论（功利主义、义务论和德性伦理学）拓展到女性主义、实用主义及后现代主义伦理学，为教育问题的伦理分析提供了坚实的理智资源；在研究方式上越来越多样，呈现出规范的、分析的、经验的与案例的研究并存的格局；在研究形式上也呈现出"专题化""系列化"和"体制化"的趋向。教育伦理学俨然成为教育学（或伦理学）园地中的璀璨一枝。

（一）基于教育领域的分化：教育专业伦理及其扩展

经历了20世纪中期的教师专业化运动，同时伴随着规范哲学的复兴，到20世纪八九十年代，有关教师专业伦理的研究不断涌现，一时间成为教育伦理学中炙手可热的话题。其中涉及的议题主要包括：一是教师专业伦理的性质分析，包括专业伦理之于教师作为专业人员的必要性，教师专业伦理相对

---

① Broudy, H. S., Parsons, M. J., Snook, I. A. and Szoke, R. D. (Eds.), *Philosophy of Education: An Organization of Topics and Selected Sources*. University of Illinois Press, 1967. 参见黄向阳：《"教育伦理学"问题研究》，载陈桂生、范国睿、丁静主编：《教育理论的性质与研究取向》，华东师范大学出版社2006年版，第338页。

于其他专业伦理的特殊性或独特性，以及专业精神（Professionalism）的相关问题；二是有关既有教师专业伦理准则或规范（主要是政府或教师专业团体制定的）的内容、层次和结构的批判性分析；三是从实践上分析已有教师专业伦理准则在教学或管理过程中的应用及其面临的冲突或困境；四是有关教师专业伦理培训和实践的转化分析。其中较有代表性的著作主要有：里奇（Rich，J. M.）的《教育专业伦理》（*Professional Ethics in Education*，1984），古德莱德（Goodlad，J.）、索德（Soder，R.）和斯特罗尼克（Sirotnik，K. A.）主编的《教学的伦理维度》（*The Moral Dimensions of Teaching*，1991）①，卡尔（Carr，D.）的《专业精神与教学伦理》（*Professionalism and Ethics in Teaching*，2000），坎贝尔（Campbell，E.）的《伦理型教师》（*The Ethical Teacher*，2003）②。在这里，特别值得一提的是，美国教育哲学家斯特赖克主编了一套《教育专业伦理丛书》（Professional Ethics in Education Series），由哥伦比亚大学师范学院出版社出版。具体如下：

表 1.7　斯特赖克主编的《教育专业伦理丛书》

书　名	编著者	时间
学校管理伦理（The Ethics of School Administration）	斯特赖克、哈勒（Haller, E. J.）、索尔蒂斯	1988；2005
特殊教育伦理（The Ethics of Special Education）	豪（Howe, K.）、米拉蒙特斯（Miramontes, O. B.）	1992
"真实世界"的伦理（Real World Ethics：Frameworks for Educators and Human Service Professionals）	纳什（Nash, R. J.）	2002

---

① 中译见古德莱德、索德、斯特罗尼克主编，汪菊译：《提升教师的教育境界：教学的道德尺度》，教育科学出版社 2012 年版。
② 中译见坎普贝尔著，王凯、杜芳芳译：《伦理型教师》，华东师范大学出版社 2011 年版。

公正与关怀：探寻教育的共同根基（*Justice and Caring：The Search For Common Ground in Education*）	卡茨（Katz，M. S.）、诺丁斯（Noddings，N.）、斯特赖克	1999
学校咨询伦理（*Ethics in School Counseling*）	舒尔特（Schulte，J. M.）、科克伦（Cochrane，D. B.）	1995
教师专业精神的道德基础（*The Moral Base for Teacher Professionalism*）	索克特（Sockett，H.）	1993
教育专业人员的伦理：专业准备与实践的视角（*Ethics for Professionals in Education：Perspectives for Preparation and Practice*）	斯特赖克、特纳斯基（Ternasky，P. L.）	1993
作为公民教育的课堂生活：学校中的个体成就与学生合作（*Classroom Life as Civic Education：Individual Achievement and Student Cooperation in Schools*）	布里克（Bricker，D. C.）	1989
多元文化教育与双语教育的伦理（*The Ethics of Multicultural and Bilingual Education*）	布尔（Bull，B. L.）、弗罗林（Freuhling，R. T.）、查特基（Chattergy，V.）	1992

在这一时期，我国教育伦理学的重心也是在教师专业伦理层面。一方面像王正平主编的《教育伦理学》（1988）、施修华等人主编的《教育伦理学》（1989）、李春秋主编的《教育伦理学概论》（1993）、詹栋梁主编的《教育伦理学导论》（1997）等教材（见附录），主体内容仍然是教师职业道德的内容；另外也出现了一些专论性的著作，比如檀传宝的《教师伦理学专题——教育伦理范畴研究》（2010）、冯婉桢的《教师专业伦理的边界：以权利为基础》（2012）等等。

除了关注教师的专业伦理及其实践以外，仍然不少研究延续了早期教育伦理学的研究传统，关注学校教育的道德目的及其实现，探寻道德教育的哲学或伦理学基础。这些研究可以称之为道德教育哲学（Philosophy for Moral Education）。其中，比较典型的是瑞格（Wringe，C.）的《道德教育：超越对错的教学》（*Moral Education：Beyond the Teaching of Right and Wrong*，2006）一书。其中，既对道德领域、道德判断、道德推理等前提问题进行了厘清，对功利主义、义务论、德性伦理学、社群主义、关怀伦理学等的核心观念及其道德教育意义进行辨析，又对现代生活中道德教育的实践问题（如性道德、家庭生活、公民身份、全球公民等）进行探讨。另一本颇具代表性的著作是巴罗的《道德哲学与道德教育导论》（*An Introduction to Moral Philosophy and Moral Education*，2007）。《劳特利奇国际教育哲学研究丛书》（*Routledge International Studies in the Philosophy of Education*）中，就包括了卡尔和斯图特尔（Steutel，J.）的《美德伦理与道德教育》（*Virtue Ethics and Moral Education*，1999）、斯普罗德（Sprod，T.）的《道德教育的哲学讨论：伦理探究的共同体》（*Philosophical Discussion in Moral Education：The Community of Ethical Inquiry*，2001）、哈尔斯特德（Halstead，J. M.）和麦克劳林（McLaughlin，T. H.）的《道德的教育》（*Education in Morality*，1999）。此外，纳西（Nucci，L. P.）的《道德领域的教育》（*Education in Moral Domain*，2001）探讨道德的性质与社会价值观的发展，提出了道德品格的新框架，并试图在课堂中营造道德氛围，将价值观教育整合进课程，从而培育学生的道德自我。希斯（Hess，D. E.）和麦卡沃伊（Mcavoy，P.）的《政治课堂：民主教育中的证据与伦理》（*The Political Classroom：Evidence and Ethics in Democratic Education*，2015）侧重关注的是培养公民的民主品格。

在教师专业伦理和道德教育哲学这两个经典的领域之外，还有大量的研究涉及学校领导与管理、课程与教学、组织与政策等更为广泛的领域。比如，在学校领导与管理领域，有萨乔万尼（Sergiovanni，T. J.）的《道德领导——抵及学校改善的核心》（*Moral Leadership：Getting to the Heart of*

School Improvement，1992)①；夏皮罗（Shapiro，J. P.）和斯特夫科维奇（Stefkovich，J. A.）的《教育中的伦理领导与决策：将理论的视角应用于复杂的困境》（*Ethical Leadership and Decision Making in Education*：*Applying Theoretical Perspectives to Complex Dilemas*，2016，第 4 版）、邓利维（Donlevy，J. K.）和沃尔克（Walker，K. D.）的《教育和领导中的伦理工作》（*Working Through Ethics in Education and Leadership*，2011)。其中，斯特赖克等人主编的《学校管理伦理》② 通过案例的方式，运用伦理思维对学校管理中涉及的思想自由、个人自由与公立利益、教育机会均等、教育评价、教育权威、差异等问题进行了讨论。此外，也有学校领导的层面，从整体上探讨伦理型学校的理论与实践研究，如斯塔拉特（Starratt，R. J.）的《建构伦理型学校》（*Building an Ethical School*）及其扩展而成的《伦理型学校的培育》（*Cultivating an Ethical School*，2012），强调学校不是一个道德上中立的机构，它所致力于培育年轻一代的工作从根本上说既是理智的事业也是道德的事业，因此教育者要积极建构一个整体上符合伦理要求的教育环境，其中教与学构成了建构这种伦理型学校的核心。在这方面，国内学者的著作有黄兆龙编著的《现代教育管理伦理学》（1996）、郅庭瑾的《教育管理伦理研究》（2008）、《当代学校组织的伦理基础》（2010）、金保华的《教育管理的伦理基础》（2012）等。

在课程领域，较早的代表性著作是 1961 年菲尼克斯（Phenix，P. H.）的《教育与共同善：课程的道德哲学》（*Education and the Common Good*：*A Moral Philosophy of the Curriculum*）。在这本书中，菲尼克斯提出以智慧、创造性、良心与敬畏为核心的新课程，他区分了两种生活：以自我满足为特性的欲求的生活（life of desire）和以善好和卓越为特征的有价值的生活（life of worth），后者通常意味着一种道德的承诺。另外，索克特为《课程研究手

---

① 中译见萨乔万尼著，冯大鸣译：《道德领导：抵及学校改善的核心》，上海教育出版社 2002 年版。

② 中译见 Strike 著，谢文全等译：《学校行政伦理》，台湾学富文化有限公司 2003 年版。

册》（*Handbook of Research on Curriculum*）撰写了一个词条"课程的道德维度"（The Moral Aspects of Curriculum），其主要是对课程中的道德内容进行了分析。国内有岳刚德的《学校课程发展的伦理审视》（2011）。相比较而言，由于教师工作与教学的直接关联，有关教学的伦理分析也十分丰富。比如，奥泽（Oser，F. K.）主编的《有效而负责任的教学》（*Effective and Responsible Teaching*，1992）、斯特赖克和索尔蒂斯的《教学伦理》（*The Ethics of Teaching*，2009，第五版）、汉森（Hansen，D. T.）的《探寻教学的道德核心》（*Exploring the Moral Heart of Teaching*，2001）。近年来，国内也出现了不少以教学伦理为名的著作，如胡斌武的《教学伦理探究》（2005）、吴明隆的《教学伦理》（2009）等等。

此外，在教育政策领域，也有斯特赖克和埃根（Egan，K.）主编的《伦理与教育政策》（*Ethics and Educational Policy*，1988）、温奇（Winch，C.）和金杰尔（Gingell，J.）的《哲学与教育政策：批判性的导论》（*Philosophy and Educational Policy：A Critical Introduction*，2004）等。国内有刘世清的《教育政策伦理》（2010）等。

（二）基于伦理议题的深化：关注教育的社会/政治维度

从上面的梳理可以看到，教育伦理学的研究范围已经不限于教师专业伦理和学生道德发展，而是拓展到了国家或区域层面的教育政策、学校层面的组织和领导，以及面向学生的课程、教学、管理和评价等诸多领域。这种扩展实际上意味着当代教育伦理学正在趋向于将学校看作是一个社会或政治机构，或者说将教育作为一项社会或政治安排，它必然涉及学生、教师、家长及其他相关道德主体的权利和利益，也必然要求对这些教育政策、学校安排和教师行动在道德上的合理性或正当性进行说明和辩护。因此，在社会政治生活中涉及的各种伦理议题，也逐渐进入了教育领域，构成了人们思考教育正当性的重要内容，包括自由或自主、权利、平等与公正、权威与民主、多样性、公共性等。

当代一些道德哲学家或政治哲学家在发展自己的哲学体系或理论的过程中，对学校教育本身的正当性基础及其分配问题也有独特的见解。在这里，特别值得一提的是美国政治哲学家沃尔泽（Walzer，M.）和古特曼（Gut-mann，A.）。沃尔泽认为教育作为一种社会善物具有独特的重要性，构成了一个具有自身分配原则的正义领域，并对基础性的学校教育与专门化的职业教育的分配问题进行了深入的分析①（详见本书第八章）。至于古特曼则从民主社会出发，强调基础教育应该致力于培养公民的民主品格，由此发展出了分配教育机会的民主原则，包括基准原则和权威原则两个部分②。

当然，更多的是教育哲学领域的学者对上述议题或原则的应用性或批判性的探讨。比如，托兹（Terzi，L）的《教育中的公正与平等：能力视野中的障碍与特殊教育需求》（*Justice and Equality in Education：A Capability Perspective on Disability and Special Education Needs*，2010）、海登（Haydon，G.）主编的《教育平等》（*Educational Equality*，2010）、布尔的《教育中的社会正义》（*Social Justice in Education*，2008）；豪的《理解教育机会均等：社会正义、民主与学校教育》（*Understanding Equal Educational Opportunities：Social Justice，Democracy and Schooling*，1997）；卡茨等人主编的《公正与关怀：探寻教育的共同基础》；卡伦（Callan，E.）的《公民的缔造：政治教育与自由民主》（*Creating Citizen：Political Education and Liberal Democracy*，2004）；克里滕登（Crittenden，B.）的《父母、国家与教育权》（*Parents，the State and the Right to Education*）③；如此等等，都在运用相关的道德哲学或政治哲学的理论厘清它们在教育领域的具体内涵和呈现方式，另一方面试图通过对教育领域相关问题的分析确证或修正道德哲学或政治哲学的一般理论或原理。特别是将这些议题或原则置于学校的语境，应用在作为未成年的儿童身上，就会对一般的伦理理论或原理提出挑战和限制。比如，如何在学校生活中考虑儿童的自由或自主性、惩罚的程序、灌输

---

① 沃尔泽著，褚松燕译：《正义诸领域》，译林出版社 2002 年版，第八章"教育"。

② 古特曼著，杨伟清译：《民主教育》，译林出版社 2010 年版，第五章"基础教育之分配"。

③ 中译见克里滕登著，秦惠民、张东辉、张卫国译：《国家、父母与教育权》，教育科学出版社 2009 年版。

的价值？这些都需要将既有的伦理理论或原理与学校教育的特性结合起来，从而建立符合学校的教育目的和学生的发展特征的教育伦理理论。其实，关于这类问题，彼得斯在《伦理学与教育》、威尔逊（Wilson，J.）在《教育哲学引论》（*Preface to the Philosophy of Education*）、斯特赖克等人在《教学伦理》、斯普林格（Spring，J.）在《脑中之轮：权威、自由与文化的教育哲学（从苏格拉底到人权）》（*Wheels in Head：Educational Philosophies of Authority，Freedom，and Culture from Socrates to Human Rights*）① 等书中都进行了直接的探讨。国内有关这些伦理议题的讨论也不在少数，比如金生鈜主编的"当代教育哲学的新进展"丛书，包括《教育与正义》《教育与权利》《教育与强制》《教育与公共性》《自然与自由：卢梭与现代性教育困境》等。

（三）基于伦理学说的深化：走向多元的理论对话

有关教育问题的伦理探究，都离不开伦理理论或学说的支撑。实际上，上述各个领域、各个议题的研究，要么是阐发这些学说所内含的教育意义，要么是将它们应用于教育问题的分析，要么是将它们作为教育批判和重建的对象。无论我们对这些伦理理论或学说持何种立场、取何种方法，它们在很大程度上都是难以绕过去的基础——只要我们仍然在教育伦理学的框架中探讨教育问题。

其实，各种既有的伦理理论或学说都可以在教育领域找到它们的位置，但主流的仍然是以亚里士多德为代表的德性伦理学，以康德为代表的义务论或道义论，以边沁（Bentham，J.）和密尔（Mill，J. S.）为代表的功利主义，以吉利根（Gilligan，C.）和诺丁斯为代表的女性主义伦理学等等。比如，彼得斯的《伦理学与教育》在伦理辩护方式上可以说是康德伦理学的承续和拓展，巴罗的《柏拉图、功利主义与教育》（*Plato，Utilitarianism and Education*）直接分析了柏拉图与功利主义的关联及其教育意义，而斯特赖克

---

① 中译见斯普林格著，贾晨阳译：《脑中之轮：教育哲学导论》，北京大学出版社2005年版。

在《教学伦理》中则试图对以功利主义为代表的目的论或后果论和以康德义务论为代表的非后果论进行批判性的综合。

不过，很多研究者在这两种以行动或行为为指向的古典规范伦理学之外，试图从更为久远的德性伦理学那里寻找思想的智慧。比如，前面提到的卡尔就试图从美德伦理的角度探讨道德教育的目的和路径，而且试图通过文学作品、历史故事等各种叙事方式，形成和培育儿童的美德。[①] 还有人从美德伦理的角度审视教师专业实践。比如，希金斯（Higgins，C.）在《教师的美好生活：一种专业实践伦理》（*The Good Life of Teaching：An Ethics of Professional Practice*）一书中，主要是探讨教师怎样通过自身的工作寻求一种丰富的、有意义的、卓越的生活。除了导论，全书共分两大部分：第一部分是"职业的美德：从道德专业主义到实践伦理学"，评析了威廉斯（Williams，B.）、泰勒（Taylor，C.）、麦金太尔（MacIntyre，A.）、阿伦特（Arendt，H.）、杜威和伽达默尔（Gadamer，H.-G.）等人有关专业伦理的观点；第二部分是"教师的美德伦理：问题与展望"，基于幸福主义的专业伦理观，分析了教师工作的性质、教师动机、教师教育等领域的问题。

相比较前面三种古典伦理学，关怀伦理学无疑是当代伦理学的新兴力量。以关怀伦理学为视角透视教育问题，最有影响者当是诺丁斯了。她的代表作有：《学会关怀》（*The Challenge to Care in Schools：An Alternative Approach to Education*）、《关怀：伦理学与道德教育的关系取向》（*Caring：A Relational Approach to Ethics and Moral Education*，2013）、《培育道德的人：品格教育的关怀路径》（*Educating Moral People：A Caring Alternative to Character Education*，2002）。在诺丁斯看来，关怀伦理与美德伦理一样，反对功利主义的后果论和康德的义务论；但是与美德伦理不同，关怀伦理从根本上是关系性的（relational），而不是以个体化的主体为基础的（individual-agent-based）。不仅如此，诺丁斯认为，在品格教育方面，关怀伦理提供的课

---

① Carr，D. & Steutel，J. （Eds.），*Virtue Ethics and Moral Education*. Routledge，1999；Carr，D. & Harrison，T.，*Educating Character Through Stories*. Imprint Academic，2015.

程和教学方案更为直接也更具说服力，因为它更为强调支持道德生活的条件和关系的建立，而不是简单地向个体灌输美德。①

（四）基于研究方式的拓展：走向方法论上的实用主义

在研究方式上，当代教育伦理学也呈现出多元化的趋势。根据研究目的和研究问题的不同，往往会选择不同取向的研究方式，从而呈现出方法论上的实用主义特征。总体来说，主要有以下几种研究方式：

第一类是规范性的（normative）研究。教育伦理学作为实践伦理学，总体上是一门规范性的学科。因此在这个领域中多数的研究都属于规范性的研究，侧重对教育的伦理基础和伦理原则进行反省和辩护。

第二类是分析性的（analytical）研究。这里的分析性主要是在分析哲学传统上的。前述彼得斯在《伦理学与教育》中采取的即是日常语言分析的方式。但是，随着规范哲学的复兴（特别是罗尔斯（Rawls，J.）《正义论》发表以后），这种语言分析的方式日渐式微。

第三类是经验性的（empirical）研究。与此同时，在教育伦理学领域，也出现了经验研究（empirical research）。其中，代表性的研究是杰克逊（Jackson，P.）等人的《学校的道德生活》（*The Moral Life of Schools*）。这本书采取了民族志的方式对中小学课堂中的人际互动过程进行了描述，揭示了其中所发生的一切所具有的道德意义。这是一项为期两年半的研究项目，作者考察了各种道德考量在日常课堂生活中的渗透或体现方式。这项研究为我们审视和思考学校教育过程的道德维度提供了新的框架，同时也为如何透视课堂提供了具体的建议。②

第四类是案例性的（case-based）研究。这种研究直接指向教师培养和培训，让教师在获得最为基本的伦理知识和把握专业伦理准则的基础上，结合真实发生或精心设计的实践情境，进行审慎的伦理思考和决策。这与培养医

---

① Noddings，N.，*Educating Moral People：A Caring Alternative to Character Education*. Teachers College Press，2002，p. xiii.

② Jackson，P.W.，Boostrom，R.E.，and Hansen，D.T.，*The Moral Life of Schools*. Jossey-Bass，1993，1998.

生、律师、企业管理者等专业人员的方式类似，借助内含问题的代表性或典型性案例。斯特赖克等人在《教学伦理》《学校管理伦理》《伦理与大学生生活》（*Ethics and College Student Life*）等著作中采取的就是这种以案例为引导进行伦理分析的方式。此外，也有一些人为此专门开发了系列的案例集。比如，基思-斯皮格尔（Keith-Spiegel，P.）等人编写的《教学伦理案例集》（*The Ethics of Teaching：A Casebook*）聚焦在高等教育阶段，分为六个部分22 个问题（见表 1.8）。

表 1.8　《教学伦理案例集》的主题

部　分	主　题
课堂失衡（The classroom ambiance）	教师的课堂政策；课堂中的学生礼仪
课堂学习经验（The classroom learning experience）	教师的讲授风格和内容；必要的课上学习活动
学生评定（Assessment of students）	测试与其他学术性评价；评分方法；给予学生的反馈；给学生写推荐信；对学生的不公对待；学术上的不诚信
课堂之外（Outside the classroom）	便于学生的时间安排；学生与教师的互动
学术关系（Relationships in academia）	多重角色关系与利益冲突；专业之间的关系；对学生的剥削；歧视；操纵性的学生与教师；监督、指导及与学生的合作
对学生和大学的责任（Responsibilities to Students and Colleges）	教师的胜任力；保密问题；政治与公共声明；对组织的责任

又如，查贝（Zubay，B.）和索尔蒂斯编写的《创建伦理型学校：案例研究集》（*Creating the Ethical School：A Book of Case Studies*），主要是以学校生活中存在的各种伦理关系为依据，将案例分成了教师—学生案例、教师—管理者案例、教师—家长案例、教师—教师案例、家长—管理者案例、校长—委托人—学校案例，共计 52 个案例。该书还提供了两个附录：一个涉及学生对对错的理解，另一个是贝克莱·卡罗尔学校伦理标准，包括针对管理

者、家长、教职工以及不同水平学生的伦理标准。①

（五）教育伦理学的制度化

通常来说，一门学科的发展既需要知识的积累，也需要制度的支持。同样，教育伦理学的兴起与发展一方面与众多教育研究者本身的学术转向有关，另一方面与这一学科或领域的学术制度化有关。这种制度化主要包括在大学设置系科、专业、课程、讲座，拥有专业团体和专门期刊。在过去几十年中，教育伦理学也开始在制度化方面有所进展。

在一些国家的大学里，教育伦理学开始作为课程甚至专业出现了。这可能与大学研究者的学术兴趣有关，但更为重要的是受到当前教育领域伦理问题突出以及教师教育的实际需要的驱动——这典型地体现在面向教师教育的教材的编写上。比如，德国的哥廷根大学、柏林自由大学、科隆大学、慕尼黑大学以及瑞士的伯恩大学等都开设了与教育伦理学有关的课程。② 同时，也有大学成立了专门的研究机构，如威斯康星大学麦迪逊分校就建立了伦理学与教育研究中心（Center for Ethics and Education）。该中心强调运用当代道德哲学和政治哲学的视角和工具分析教育政策和实践中出现的各种具体问题，如教育资源分配的效率与公平问题、全纳课堂中的教学组织问题。此外，还有专门的学术期刊《伦理学与教育》（*Ethics and Education*）。该杂志是国际教育哲学家联盟（International Network of Philosophers of Education）的官方刊物。其宗旨是"促进对教育的伦理维度进行讨论和论辩"，涉及的问题既可以是正规教育也可以是非正规教育，及其与应用伦理学（如生物伦理学、医学伦理学、管理伦理学、性教育、治疗和咨询的伦理和专业伦理学）相关的内容。

比较而言，我国在推进教育伦理学的制度化方面更为广泛和深入。近年来，在一些师范大学（如北京师范大学、华东师范大学、南京师范大学）中，开设了面向本科生、硕士生甚至博士生的教育伦理学课程。其中，华东师范

---

① Zubay, B. & Soltis, J. F., *Creating the Ethical School：A Book of Case Studies*. Teachers College Press，2004.

② 詹栋梁：《教育伦理学导论》，五南图书出版公司 1997 年版，第 19—20 页。

大学在 2005 年自主设置了教育伦理学二级学科硕、博士点并于次年开始招生；尽管到 2011 年在学科调整中暂停招生，但教育伦理学仍是教育学原理这个二级学科下的专业方向。除了这种专业设置，2013 年 10 月，我国在上海师范大学正式成立了教育伦理学的专业组织——中国伦理学会教育伦理专业委员会（简称中国教育伦理学会），钱焕琦为首任理事长。同时，由王正平主编的专业辑刊《教育伦理研究》也开始出版。这些制度化的努力，在一定程度上推进了我国教育伦理学的学科建设和人才培养，构建了教育伦理学的学术共同体。

四、当代教育伦理学的发展趋向

作为一种分析教育与道德关系的"知识体"，教育伦理学是在伦理学与教育学的相互激荡中逐渐形成的，沿着杜威、纳托普等人开创的路线，不断丰富论域、拓宽视角、更新范式，逐渐成为教育学（或伦理学）家族中的重要分支。综合前述梳理，可以看到，当代教育伦理学已经而且正在经历诸多的发展转向，呈现出一定的趋势性特征。

（一）研究问题：从"教以道德"走向"道德地教"

纵观教育伦理学的发展历程，可以发现，它在论域上逐渐有了新的拓展，即从"教以道德"到"道德地教"。如前所述，这种拓展与杜威的开创性工作和彼得斯在《伦理学与教育》中对"教育"的概念分析分不开。彼得斯提出"教育"本身就意味着"道德"，旨在以道德上可以接受的方式向学生传递某种有价值的内容。这一观点在一定程度上承接了杜威的余绪，直接将"道德"纳入教育的"标准"，即一种能称得上"教育"的活动至少应该满足两个道德上的标准：一是传递的内容应该是"有价值的"；二是传递的方式应该是"道德上可以接受的"。到 20 世纪 80 年代以后，特别是在索尔蒂斯、斯特赖克、古德莱德等一批学者的推动下，有关"道德地教"的分析在主题上更加丰富，有的探讨教育（或教学）作为一项事业或实践的道德性质，有的分析教育（或教学）作为一门专业的伦理要求（主要是"教师专业伦理"），还有的关注教师在教育实践中承担的道德角色、遭遇的伦理困境、采取的伦理反思等。①显然，这些分析直接指向的不是学生的道德发展，而是教师及其实践的道德维度，乃至作为教育（或教学）外部条件的政策或制度的合法性问题。如果说"教以道德"重在"道德的教育"，那么"道德地教"则偏向"教育的道德"，关涉的是教育的"正当性"问题。就此而言，当代教育伦理学不仅与道德教育理论殊异，而且不限于教师伦理问题的分析。

（二）研究动力：从"专业主义"走向"实践主义"

随着 20 世纪中期以来"教师专业化"运动的推进，教育作为专业实践、教师作为专业人员，逐渐在制度层面得到一些国家或国际组织的确认。在"专业化"的诉求下，"教育专业伦理"或"教师专业伦理"概念逐渐成为教育伦理学关注的"中心"。这些研究主要沿着两条路径展开：一条路径是"社会学式的"，即从专业社会学的立场出发，以社会中相对成熟的专业（如医生或律师的工作）为参照，认为教育（或教学）要想成为一门专业，不仅要以坚实的知识或技能作为基础，而且要履行某种特殊的社会职能，提供独特的社会服务。另一条路径是"教育学式的"，即以教育（或教学）专业中专业人员（教师）与服务对象（学生）之间的具体关系为基点，分析教师伦理的专业特性。不管采取哪条路径，这些研究的动力或动因在很大程度上来自"专业化"及其"专业主义"的诉求，其目的都在提高教师职业的专业品质和专业地位。然而，这种诉求不仅在理论上容易遭到前提的诘难（特别是"教育或教学作为一门专业"的预设），而且在实践上容易滑向"技术主义"，将教育（或教学）看作是一个工具化、操作化或技术化的过程。

然而，"实践的"问题毕竟不是"技术的"问题。教育（或教学）从"技术"的桎梏中解放出来，重新诠释为"实践"，进而凸显其"规范"或"道德"的维度。这里也有两条路线：一是直接回归亚里士多德的实践哲学传统，运用"实践智慧"（Phronesis）概念，否认有关教育（或教学）的工具化、操

① Campbell, E., The Ethics of Teaching as a Moral Profession. *Curriculum Inquiry*, 2008, 38 (4); Colnerud, G., Teacher Ethics as a Research Problem: Syntheses Achieved and New Issues. *Teachers and Teaching: Theory and Practice*, 2006, 12 (3).

　　　　　教育的道德基础——教育伦理学引论

作化或技术化理解，强调教育（或教学）在道德上的复杂性。① 二是从麦金太尔的"实践"（Practice）概念出发，认为教育（或教学）作为一种特殊的社会协作活动，是一种具有自身"内在利益"或"卓越标准"的实践，而这种"内在利益"或"卓越标准"就是满足或促进他人的学习；要实现这种"内在利益"，就需要教师拥有某种德性。② 总体说来，这些研究试图超越"技术主义"的限制，恢复教育（或教学）作为实践的内在品性，重建教师作为实践者的主体价值。

（三）研究重心：从"道德规约"走向"实践反思"

不管人们如何定位，教育伦理学都是以"伦理学"为理论渊源的。伦理学的传统甚至分歧，也常常会在教育伦理学的架构中进一步具体化。长期以来，现代伦理学关注的是社会的"道德""规范"和"行为"。在这一传统的影响下，教育伦理学最初也将研究的重心放在教育（或教学）的"道德规约"上，或针对教育（或教学）实践中所面临的现实的道德问题或困境，或从教育（或教学）所内含的道德品性、所追求的基本价值出发，着力探讨特定社会—历史语境中教育（或教学）应该遵循的道德理想、道德原则或道德规则，以及将这些理想、原则或规则内化为教师个人修养、制度内在品性的可能条件。因此，制定规约教育的优良道德规范，就构成了教育伦理学的首要任务。

---

① Reid, W. A., Practical Reasoning and Curriculum Theory: In Search of a New Paradigm. *Curriculum Inquiry*, 15 (1), 1979; Gallagher, S., *Hermeneutics and Education*. State University of New York Press, 1992, p. 191; Villar, L. M., Reflective Teaching. In T. Husén et al. (Eds.), *The International Encyclopedia of Education*, 2nd ed., Vol. 10. Pergamon, 1994, p. 6215. Birmingham, C., Phronesis: A Model for Pedagogical Reflection. *Journal of Teacher Education*, 55 (4), 2004.

② 索尔蒂斯著，吴棠译：《论教学的品德和实践》，载《华东师范大学学报》（教育科学版），1986 年第 3 期；Pearson, A. T., *The Teacher: Theory and Practice in Teacher Education*. Routledge, 1989, p. 88; Van Manen, M., Pedagogy, Virtue, and Narrative Identity in Teaching. Curriculum Inquiry, 24 (2), 1994; Dunne, J., Arguing for Teaching as a Practice: A Reply to Alasdair MacIntyre. *Journal of Philosophy of Education*, 37 (2), 2003; Hansen, D., Teaching as a Moral Activity. In Richardson, V. (Ed.), *Handbook of Research on Teaching* (4th ed.). Macmillan, 2001; etc.

然而，这种"规范"的立场常常遭到来自各方面的挑战和批评。除了一些激进的怀疑甚至否认道德规范普遍性的观点之外，更多的批评聚焦在道德规范的实践层面：即便是最优良、最完备的道德规范也不足以提高个体在教育情境中的道德判断，不足以应对教育情境中的道德困境或冲突，不足以保证个体在教育情境中的合理选择；相反，教条化地恪守某些道德规范，可能会阻碍个体在实践中的道德成熟，甚至可能造成某种"反道德的"结果，如以忠诚的名义滥用职权。① 索尔蒂斯也警告说，教育伦理准则（code of eth-ics）并不能为其蕴含的基本伦理原则提供辩护；如果这些规范在实践中相互冲突，或者需要为一个人行动的理由进行辩护，那么教育者只是了解准则，就可能对情境做出不当的处理。②

　　因此，在很多研究者看来，伦理的实践最终还有赖于实践者个人的"德性"或"实践智慧"，而要获得这种"德性"或"实践智慧"，又有赖于实践者的"实践反思"。但是，这是否意味着道德规范在教育实践中就没有意义了呢？显然不是。仅有"规范"不足以产生"道德的实践"，但是失去"规范"，就无从确认"实践的道德"。因此，关键的问题不是"要不要规范"，而是"在实践中如何应用规范"。一般而言，"应用"有两种形式：一种是"技术"意义上的应用，将道德规范看作是普遍的、自足的、超越情境的，关注个体对这些规范的严格遵循；一种是"实践"意义上的应用，认为道德规范本身并不是自足的，它的合理性取决于实践的情境，有赖于个体的实践智慧，即将一般性的规范与具体化的情境结合起来的能力，因此规范不是用来"照搬"或"套用"的，而是为个体实践提供了分析的工具，为个体判断提供了参照的基点。当代教育伦理学尽管也在不断提出或完善教育的伦理原则，但是也

---

① Colnerud, G., Teacher Ethics as a Research Problem: Syntheses Achieved and New Issues. *Teachers and Teaching: Theory and Practice*, 12 (3), 2006; Campbell, E., Professional Ethics in Teaching: Towards the Development of a Code of Practice. *Cambridge Journal of Education*, 30 (2), 2000.

② Soltis, J.F., Teaching Professional Ethics. *Journal of Teacher Education*, 37 (3), 1986.

充分意识到这些原则的实践意义在很大程度上取决于教育从业者的实践反思或实践智慧。

（四）研究路径：从"伦理应用"走向"教育返观"

这里的"研究路径"，主要涉及"立场"（standpoint）和"方式"（approach）两个维度。就研究立场而言，教育伦理学也从"伦理学的教育应用"走向"教育的伦理返观"。教育伦理学显然离不开伦理学，需要伦理学提供的概念和命题、理论和方法，但是这种"需要"并不意味着教育伦理学只是伦理学的简单应用或逻辑推演，或者说教育伦理学只存在与伦理学的单向关系。事实上，从杜威、彼得斯以至当今的诸多教育学者，都在不同程度上注意到教育作为一个实践领域的独特性，以及由这种独特性所引发的教育伦理学之于伦理学的"反哺"关系。这种"反哺"可以体现在四个层面：一是为伦理学的已有理论提供新的证据，二是补充或修正伦理学的原有概念、命题或理论，三是提出新的伦理概念、命题或理论，四是形成新的伦理探究方式。从这种意义上说，教育伦理学的建构不能只是从伦理学到教育的"演绎"，还应包括从教育到伦理学的"返观"。

"研究立场"的转换往往伴随着"研究方式"的调整。当代教育伦理学也不满足于"规范的"研究传统，不限于价值的辩护和规范的引领。随着分析哲学的兴起，语言分析作为一种重要的工具，开辟了教育伦理学的新方向。特别是在谢弗勒（Scheffler, I.）、彼得斯等人的探索下，直接从"教育""教""训练""灌输"等概念的"日常用法"中，离析出"教育"或"教"所内含的道德维度，从而使伦理的要求成为"教育"或"教"所不可或缺的。[1]然而，在教育的语境中，"分析的"方法可以澄清概念使用的某些混乱，但仍然难以回避价值或规范的问题。这意味着，"规范的"方法和"分析的"方法存在互补的可能。因此，索尔蒂斯、斯特赖克等人又将教育伦理学引向了"实践的"道路：以道德两难教例为分析对象，结合伦理学的经典辩护理论

---

[1] Scheffler, I., *The Language of Education*. Charles C. Thomas, 1960, ch. 4; Peters, R. S., *Ethics and Education*. George Allen& Unvin Ltd., 1966, ch. 1.

（后果论和非后果论），探寻教育伦理准则在实践中面临的困境以及应对这种困境的可能选择。① 这应该是一条更加综合的道路。

以上仅从四个方面粗线条地呈现当代教育伦理学的"走向"。最后需要说明的是，这里的"走向"并不意味着教育伦理学原有道路的消解，而只是表明当代教育伦理学呈现出一些新的气象。

① 斯特赖克、索尔蒂斯著，洪成文、张娜、黄欣译：《教学伦理》（第四版），教育科学出版社 2007 年版。

第二章 教育的伦理辩护

作为一门实践伦理学，教育伦理学并不满足于在一般层面探讨教育与道德的关系，更为重要的是在一般的或理论的伦理学（道德哲学）与教育这个特定的实践领域之间形成双向的互动和滋养。具体来说，教育伦理学既要将一般伦理学中发展出的概念、理论和方式应用在教育实践中并接受教育实践的检验，又要聚焦教育实践的特性及其对一般伦理学的反向滋养或"反哺"。然而，这里仍然需要考虑一个基本的问题，即为什么我们可以从伦理学的角度对教育进行系统的探究？显然，这里预设了教育本身就是一个道德领域。即便如此，我们仍然需要明确教育为什么需要伦理或道德的立场？我们又如何站在道德的立场上对教育领域的种种实践进行辩护？这些都是本章需要去探寻的先决性问题。

一、教育作为道德领域

（一）道德的概念

在我们的社会生活中，道德是不可或缺的。但是，这并不意味着社会生活的所有方面都属于道德的范围，都可以从道德层面进行善或恶、对或错、好或坏的评判。有些对象或领域是"非道德的"（non-moral），比如我们不能说汽车、枪炮之类没有生命的物体是道德或不道德的，同样也很难对一只打碎了花瓶的猫或咬伤了他人的狗进行道德上正确与否的评估，甚至我们也不能把一个人在咖啡馆里闲读、在实验室进行科学探究、在工作室里进行艺术创作等活动归结为道德的范围。还有些情形是"无道德的"（amoral），其中不涉及任何的道德观念。比如，某些做了脑白质切除手术的人以及部分精神病患者，他们缺乏最基本的是非观念，对于自身行为所造成的对他人的严重伤害、对社会的恶劣后果没有任何道德上的悔恨或内疚。事实上，婴儿最初也基本上处在非道德的层面。因此，那些"无道德的"人由于没有道德观念而违反道德标准，而"非道德的"东西不属于道德的范畴，也就无所谓善恶，也谈不上行善作恶。①

然而，这里的概念区分并非绝对的。我们确实不能从道德上谴责汽车或枪炮、小猫或小狗，或者缺乏是非观念的精神病人或婴孩，但是我们可以谴责那些使用汽车或枪炮伤害他人的行为，以及那些对自己的宠物、婴孩或精神病人看护或监护不力而招致他人利益损害的人。严格来说，衡量科学探究的首要标准无疑是真理，评判艺术创作的基本价值则是美，但是如果我们将这种探究或创造及其结果用于某种目的，惠及他人甚至伤害他人，那么这里的科学或艺术问题就可能转化为一个道德问题。比如，从科学的角度来说，探究克隆人的技术符合真理的要求，但是从伦理的角度来说，这项探究也会面临严峻的道德风险。

从这里的转换中可以看到，道德首先意味着与他人的利益或福祉的关联。有些行为仅仅是涉己的，而不触及他人，通常也不从道德上进行评判。比如，一个学生宁愿歪着身子伏在桌子上看书写字，可能只是个人没有养成良好的书写习惯；一个人穿着拖鞋和短裤来参加正式的晚宴或典礼，确实显得不够正式，可能只是他不懂得和不遵守某些基本的礼仪；一个人在岸上标示着"禁止游泳"的水域复杂的河里游泳，可能会面临巨大的危险，但也可能只能说他不够明智或审慎；如此等等。这些行为都可能对自己造成现实的或潜在的伤害，但是我们通常会说这些行为是习惯不良的，是不够礼貌的，是不够明智的，而不太会说这些行为是不道德的，或者在道德上是不正确的。从这

① 参见蒂洛、克拉斯曼著，程立显、刘建等译，周辅成审阅：《伦理学与生活》（第9版），世界图书出版公司 2008 年版，第 7 页。但是，这里对"non-moral"和"amoral"的译法有不同。

种意义上来说，道德必然是社会的，是涉及他人的。值得注意的是，这并不意味道德就不考虑个人的利益或福祉，而只是说，仅仅涉及个人的利益或福祉，并不构成道德的范畴。事实上，道德是关涉和尊重所有人的，因而也是普遍的。为了他人的利益或福祉而奉献甚至牺牲自我，确实值得道德上的赞赏；但是，道德并不必然要求一个人必须奉献或牺牲自我以为他人。

毫无疑问，道德就像法律、礼仪、习俗等那样，都属于社会惯例或社会规范，对个体的观念和行为具有普遍的规约和指导意义，甚至它们在很多时候也可能关涉他人或社会的利益。但是，如何将道德与其他社会惯例或规范区分开来？英国哲学家哈特兰-斯温（Hartland-Swann，J.）提供了一个判断的依据，即根据它们的社会重要性程度来区分。更为具体地说，道德相对于法律、礼仪或其他习俗在社会生活中具有突出的甚至最高的重要性。

首先，我们可以看到，每个社会都有自己的习俗，其中有些习俗与道德无关（如有些地方的人用手指吃饭），而有些习俗本身也构成了一种道德要求（如"割礼"），违背这些习俗会受到严厉的谴责。这表明道德与习俗有关，但是不意味着道德即是习俗，或者说习俗构成了道德的基础，因为某些社会中对同性恋或被强奸者的敌视态度或行为反映的即是一种社会习俗，但这种态度或行为在道德上未必是值得辩护的。

再来看看礼仪的情况。哈特兰-斯温举了一个例子：假如我身着一套新衣服要在几分钟后会见一个朋友，却在这时看到一个小孩掉进了水沟，如果我具有道德意识，那么相对于保持整洁和准时赴约，可以肯定的是，援救这个小孩是更为重要的事情。而且，一个人失了礼仪，可能会冒犯到他人，但更多的是自己丢了面子，影响自己在他人心中的良好形象；但是一个人违背了道德，既伤害到他人，也影响到自己的利益，往往会受到社会的谴责。从这种意义上说，道德确实比礼仪更关涉到他人或社会的利益。

那么，法律的情形又如何呢？看起来，法律比道德具有更为突出的社会重要性，因为触犯法律往往会受到严厉的制裁，还不止是受到社会谴责的问题。但是，我们必须注意到，一方面法律中的规范要求很多即是来自特定社会所认可的最为重要的道德规范，另一方面倘若法律的要求在道德上不可以接受，那么这些要求就失去了要求公众服从的基础。这意味着道德不仅构成了法律的重要来源，也是衡量法律要求本身合理性和正当性的重要依据。

因此，哈特兰-斯温总结道："我以为道德是指称遵守或违犯被认为是具有社会重要性的习俗的名词或概念，这种重要性涉及人与人之间和人与社会之间的相互关系。……一类行为之所以被某个社会称之为道德行为，是因为履行这类行为具有社会的重要性，忽视或妨碍这类行为将造成社会的灾难。"①同时，他也注意到，同一个行为在不同社会中往往具有不同的意义，可能在一个社会被视为是道德的，而在另一个社会中却是不道德的。不过，这并不妨碍我们说道德不是局限在个人层面的，而是关涉他人或社会的利益，具有突出的社会重要性。凡符合这一要点的个体行为或社会安排，都必然与道德有内在的关联，且构成了一个可以从道德上进行判断和评价的领域。

（二）教育作为道德领域

假如上述有关道德的理解是可以接受的，那么教育就不可避免地属于这样一个道德的领域，因为它从根本上就是关涉到他人利益或社会利益的事业。尽管我们对教育可以有不同的假定或界定，但只要我们对它作为一项社会活动、过程或安排的性质没有根本分歧，那么它作为道德领域就不仅仅是规范意义上的，而且是事实或描述意义上的。具体来说，这主要体现在以下几个方面。

第一，教育是以人的发展为直接目的的社会活动，而这种发展本身就具有道德的意义。前面提到的彼得斯认为，教育就像"改造"之类的概念一样，隐含着使人获得改善或提升的意味。"说一个人受过教育但一点改善都没有，或者说某人在教育自己的儿子却不想传授任何有价值的东西，这在逻辑上都是自相矛盾的。"② 布雷岑卡在综合各种教育概念之后，试图建立一个精确的、科学的"教育"概念。他不是直接采取下定义的方式，而是试图在日常语言和理论陈述中使用的"教育"概念基础上，通过综合和概括，建立一个包容

---

① 转引自比彻姆著，雷克勤等译：《哲学的伦理学——道德哲学引论》，中国社会科学出版社 1990 年版，第 14、15 页。

② Peters, R. S., *Ethics and Education*. George Allen& Unvin Ltd., 1966, p. 25.

性很强的"教育"概念。他认为,"所谓教育,就是人们尝试持续在任何一方面改善他人心理素质结构,或者保留其心理素质结构中有价值的部分,或者避免不良心理素质形成的行动"。简单来说,"教育是人们尝试在任何一方面提升他人人格的行动"。① 日本学者村井实也提出,教育就是使人成为善良的活动。如此等等,都是试图将教育同其他非教育的活动区分开来,说明教育是一种充满善良的意图、传递有价值的内容、采用合乎道德的手段的活动。在这种观点看来,教育本身就是一件在道德上善好的事情。但是,值得注意的是,这种道德上的善好完全是概念上的(purely conceptual point),或者说只是形式性的,因为在不同的社会文化语境中人们将什么看作是有价值的东西或道德上善好的东西可能会存在差异。这样说,是否意味着道德会陷入相对主义或多元主义的泥沼呢?事实上,正是因为这种描述意义上的相对主义或多元主义,需要我们去追究它们究竟是否真的值得辩护。

第二,教育作为一个活动或过程,通常涉及道德的目的和功能。无论我们从何种意义上理解和定位教育本身,凡是被称之为教育的活动或过程都在不同程度上关涉到受教育者的道德发展。有些是直接以某些道德规范或价值观为内容的,有些是在传递知识或技能的过程中渗透或附带了道德价值观。不仅如此,国家或社会也要求教育在维持和促进社会道德进步方面发挥重要的作用。从这种意义上说,教育不仅是个人道德成长的手段,也是整体社会道德体系不可或缺的部分。没有教育这个社会机制,就不可能有道德经验的传递。也许正因为如此,古往今来的许多思想家或教育家在讨论道德理想时不得不诉诸教育的考量,在讨论教育目的或内容时不得不关切道德的方面。

第三,教育活动或过程的展开,主要是由施教的一方(即教育者)主导的,因此教育者对于自己工作的负责或投入程度,确实会在很大程度上影响到受教育者的当下发展以及未来的生活机会。在学校教育的情境中,我们常常听到有人说教师这个职业主要是个"良心活",其所表达的也即是对教育者

① 布列钦卡著,胡劲松译:《教育科学的基本概念:分析、批判和建议》,华东师范大学出版社 2001 年版,第 75 页。

道德自律和责任担当的一种期待。严格来说，教师和学生之间仅仅在道德或人格上是平等的，而在教育或专业上则是非对等或非对称的关系。这种关系决定了教师在选择教什么以及如何教的问题上具有相对于学生的支配权，而学生也很难对教师所教的内容和教学的方式提出专业的意见或批评。因此，教师也可能会滥用这种支配权，从而侵犯到学生的基本权利，影响到他们的生活机会。在这种情况下，一个道德上可以接受的教育活动或过程必然会对教育者提出道德上的约束，以保障未成年学生的基本权利和发展机会。

第四，教育活动或过程也意味着一种社会分配的资源和方式。特别是在现代社会，学校教育构成了一种社会的善物，在这里，国家或社会、家庭或儿童都有利益所在：国家或社会希望通过学校教育去塑造年轻的一代，促进他们的社会化，使他们成为良好的国家公民、合格的社会成员，或者可以对国家或社会做出贡献的"人才"；而家庭也期望通过学校教育帮助孩子适应未来的社会生活，获得一份足以维系生存和发展的体面的职业，成就一种美好的人生。但是问题在于，现实的学校及其提供的教育是有差异的，有公立和私立、城市和农村、优质和薄弱、严苛和开明的分别。我们究竟应该将同样在社会背景和个人能力方面存在差异的孩子分配到何种学校中去？在同一个学校中，又该如何将他们分配到不同的班级中，或者将什么样的老师分配给他们呢？这些都涉及如何在学校之间分配孩子或孩子之间分配学校的问题。即便在学校教育过程中，也存在各种不同的善物，如何分配这些善物同样是值得考量的（详见第八章）。

二、道德立场及其优越性

在社会生活中，对于包括教育在内的各种实践问题，人们的观点和判断通常是不尽相同的。比如，对于同性恋、安乐死、堕胎之类的问题，究竟是否在道德上是可以接受的？有人赞成，也有人反对。但是，其背后的理由是多种多样的，比如有些是基于个人的偏见或情绪，有些是基于公众或社会的立场，有些是基于政治的立场，有些是基于宗教的立场。而且，很多人用这些立场进行道德辩护，并将这些立场等同于道德的立场。因此，这里有必要厘清一下道德立场的概念及其相对于其他立场的独特性和优越性。

（一）什么是道德立场

那么，什么才是道德立场（moral positions）呢？法哲学家德沃金（Dworkin，R.）在《认真对待权利》（*Taking Rights Seriously*）中认为，道德立场可以有两种不同的用法：一种是描述性的或人类学意义上的用法，它可以用来表明人们对人的行为、品格或目的的正当性所持的态度。这意味着我们作为个人或社会都在事实上拥有对行为、品格或目的的正当性的实际看法或观点，也就是说我们都有属于自己的"道德立场"。另一种是评价性的用法，它是与歧视、偏见、个人的好恶、专断性的看法、"实用"的考虑等之类的立场不同的，而这些立场通常在道德判断和评价中不值得尊重，因为它们在很大程度上违反了道德推理的某些根本规则。德沃金举例说，假如我投票反对某个同性恋者继续担任公职，仅仅是因为我对同性恋很反感，或者有某种偏见和成见，或者出于任意的决定。在这种情形中，你可能会责备我的判断或选择是不公正的；尽管我也有权利表达和坚持我的判断和选择，但是你可能不会接受或容忍我的这项权利。在这种意义上，我们必须保证我们对实践问题的辩护是出于评价意义上的"道德的立场"，否则我们就很难说服别人尊重或接受我们的道德判断和选择。

因此，这里的道德立场首先意味着我们必须为我们的行为或目的的正当性提供某些理由。这些理由可以是我们信奉的某些一般的道德理论，也可以是对某些道德理想或原则的遵循。尽管并不是所有人都能明确而直接地提出这样的理由，但是我们也可能在提供其他辩护的信息或特征过程中间接诉诸某些理论或原则。就此而言，有些理由不符合普遍的标准而被排除在道德的立场之外。德沃金认为，第一种需要拒绝的理由即是偏见，我们不能因为人们不可选择的或与生俱来的某些特征（如种族、民族、肤色、残障、性别甚至性取向等）而认定他们是道德上低下的。第二种是个人的情感反应或好恶，我们不能仅仅因为自己讨厌或憎恶某个人就认定他或她的某些行为是不道德的。这并不意味着道德立场不涉及情感反应，而是强调不能用个人的情感反应证明道德立场，恰恰相反，某种情感反应或好恶之所以在道德上值得辩护，正是因为它是基于道德立场的缘故。比如，我们为朋友受到的不公平待遇感到愤愤不平，这种不平在道德上可以接受，并非仅仅因为他是我们的朋友，而是因为这种不公平待遇本身是不道德的。第三种理由是缺乏合理化论证所需的最低限度的证据及其陈述，即我们提供的证据是很弱的、无关的甚至是错误的。第四种理由是人云亦云，没有诉诸自己的道德信念，缺乏理性的思考。

除此以外，道德的立场还要求我们检视这些理由所预设的一般理论或原则与我们所持有的其他观念和行为之间是否是一致的。假如在某些情况下我们的观念和行为与这些一般理论或原则相冲突，或者说构成了它们的例外，而我们又提不出任何理由为这种例外预设的一般理论或原则提供辩护，或者无法在两种不同的理论或原则之间进行抉择或平衡，那么这也很难证明自己的道德立场。总体来说，德沃金强调道德立场意味着我们需要借助某些一般的道德理论或原则对我们拥有的行为、品格或目的提供理由，即便这种理由是不言而喻的或不证自明的——这种不言而喻或不证自明与不能提供任何的理由的任意或专断是截然不同的。①

（二）道德立场的优越性

从这种意义上说，道德立场不仅仅体现在日常的道德生活中，而且意味着一种道德确证或辩护的方式。针对个体或社会生活中的实践问题，道德立场通过诉诸某些一般的道德理论或原则为我们的目的或行动提供有力的理由或辩护，并由此将自身与其他常见的个人或社会立场区分开来，从而显示出这种立场的独特性。但是，我们如何确证这种立场或方式在分析和解决实践问题时，就具有相对于其他立场或方式的优越性呢？假如没有这种优越性，那么在这里强调对教育问题进行伦理辩护或探究，就没有太多的必要，就显得有点无病呻吟了。

---

① 德沃金著，信春鹰、吴玉章译：《认真对待权利》，上海三联书店 2008 年版，第 331—337 页。

斯特巴（Sterba，J. P. ）在《实践中的道德》（Morality in Practice）中对此进行了简扼的回应。他注意到，在分析和解决实践问题时，除了道德的立场或方法，还有不同形式的非道德的立场或方法，包括"法律的方法"（诉诸法律的要求）、"个人或群体利益的方法"（诉诸相关利益者的利益）以及"科学的方法"（诉诸事实的描述和解释）。斯特巴认为，相对于这些非道德的立场或方法，道德的立场或方法具有两个根本的特征和优势：第一，这个立场或方法是"规范性的"，即它是以命令或要求的形式呈现的，对应该做什么或不应该做什么做出了规定；第二，这种规定对于它所影响到的每个人来说都是可接受的。①

其中，第一个特征将道德的方法与科学的立场或方法区分开来，因为后者主要是描述性的，重在发现事实、解释原因、预测趋势。这种区分并不意味着科学的方法不能为道德的方法提供支持，相反，在很多时候，我们的道德决策和行动之所以出现问题，恰恰是因为我们缺乏进行决策和行动所需要的事实性的知识。科学的方法所建立的某些理论或知识，在很多时候确实为我们的道德决策和行动提供思想的资源或依据。比如，心理学所揭示的"教师期望效应"和社会学中的"标签效应"，都可以帮助教师重新反省自己日常的教育教学行为的正当性，促进学校教育内部教师在学生对待上的平等或公平；有关班级规模的实证研究表明，班级人数通常在 25 人左右更为经济和有效，这也可以为教育政策的选择和教育资源的配置提供改进的方向。但值得注意的是，英国哲学家休谟（Hume，D. ）认为从"实然"（"是"）是不能直接推导出"应然"（ought）的，或者更具体地说，道德上的"应该"并不能直接通过"事实"进行确证或辩护。比如，我们常常从"幅员辽阔""资源丰富""名人辈出""历史悠久"等事实前提，推导出"我们应该热爱祖国"这个要求；但试想一下，假如我们生活在国土小、资源缺、名人少、历史短的国度，难道我们就可以不"热爱祖国"吗？显然不是，"热爱祖国"这个规范的确立与这些事实并无直接的关系。又如，即便我们通过实证的调查发现，

① 斯特巴著，程炼等译：《实践中的道德》，北京大学出版社 2006 年版，第 2 页。

这个社会中绝大多数人都坚信教师应该热爱学生，但我们也不能因为这一观念事实，就可以为"教师应该热爱学生"这个规范提供充分的辩护。否则，一些少数群体（如美国历史上的黑人以及今天的 LGBT）的基本权利就不会在一个稳定的社会中得到确认或承认，因为当时很多人认为他们不应该享有这些基本权利。

第二个特征可以将道德的方法与法律的方法和特定群体或个体的利益考量区分开来。"因为最符合法律或者服务于特定群体或个人利益的规范，未必对所有它们所影响到的人来说都是可接受的"。① 有些社会中的法律倡导甚至要求"大义灭亲"，举报自己的亲人，这种要求可能破坏一个人所拥有的最为基本的亲密关系，因而往往在道德上是不可接受的。《论语·子路》中就有一段记叙："叶公语孔子曰：'吾党有直躬者，其父攘羊而子证之。'孔子曰：'吾党之直者异于是：父为子隐，子为父隐，直在其中矣。'"其实，叶公和孔子在何为"直"上的分歧，也与这里的法律的方法和道德的方法之间有些相似。如果说法律还在一定程度上面向所有人或者平等对待每个人的话，那么利益的方法就明显地偏向或服务于特定的群体或个人，因此这种方法对既得利益的群体或个人而言是可以接受的，而对于那些被排除在外的群体或个人往往是不可以接受的。道德的方法则强调公共政策和个体行为应该对相关各方的利益都有关照，由此对受到影响的所有人都是可接受的。斯特巴在这里强调的"可接受的"，并非纯粹是事实上"可接受的"，而是"应该可接受的"，或者说"被接受是合理的"。这种区分至关重要，它可以帮助人们确证在现实中被广泛接受的某些观念或做法的正当性或合理性。比如，很多社会都存在性别的刻板印象，认为女性应该是安静的、贤淑的、细腻的、富有同情心的，偏向感性和直觉，应该从事教师、护士之类的行业，甚至就是要相夫教子。这种刻板印象不只是社会对女性角色和行为模式的期待和要求，而且这种期待和要求也是逐渐为女性群体自身看作是可以接受的。毫无疑问，这里"可以接受"并不必然意味着"应该可以接受"。由此也可以进一步看

---

① 斯特巴著，程炼等译：《实践中的道德》，北京大学出版社 2006 年版，第 2 页。

到，道德的立场或方法与个体的、社会的立场或方法之间的根本差异。

三、经典的道德辩护理论

对于社会生活中的实践问题，道德的立场和方法不仅是必要的，而且因其对所有相关利益人的关注和尊重，以及对人们所持有的目的、品格或行动背后一般伦理理论或原则的考量和追究，显示出独特的价值和意义。实际上，历史上涌现的纷繁复杂的伦理理论或学说都试图为人们的道德自我和道德行动寻找和建立对所有人来说都可以接受的、具有规范功能的基础或原则。在回答何为"道德的"（或者说"我应该怎样生活"）这一实践问题上，伦理学史上涌现了各种纷繁复杂的理论。[①] 归结起来，这些理论大体可以分为关注"善"的理论和关注"正当"的理论，而后者又不外是"目的论"和"义务论"的分野（见图2.1）。在这个伦理学谱系中，最为经典的道德辩护理论当是功利主义、康德主义和德性伦理学（virtue ethics，或称美德伦理学）。这些道德理论都试图为人们的道德生活提供理论的基础和实践的指引，都属于规范伦理学的范畴，但是功利主义和康德主义关注的是个体的行为，涉及的核心问题是"我应该做什么"，而德性伦理学关注的是个体的品质或品格，回答的核心问题是"我应该成为怎样的人"。实际上，当代伦理学一方面继续了经典伦理理论的余绪，进行了新的阐发和拓展，另一方面也涌现了诸如女性主义、社群主义（communitarianism）、后现代主义等不同的理论派别。基于我们的讨论需要，这里主要介绍功利主义、康德义务论和德性伦理学等三种经典道德辩护理论的基本观念和内在逻辑，并在此基础上透析这些理论所使用的一般伦理思维或辩护方法。

---

① 参见：布尔克著，黄蔚愿译：《西方伦理学史》，华东师范大学出版社2016年版；宋希仁：《西方伦理思想史》（第2版），中国人民大学出版社2010年版。

规范伦理学

善理论　　　　　　　　　　正当理论

　　　　　　　　　　目的论的　　　　　　　义务论的

　　　　　　　　品质在先　　行为在先

价值快乐主义　价值至善主义　德性伦理学　功利主义　康德主义　契约论

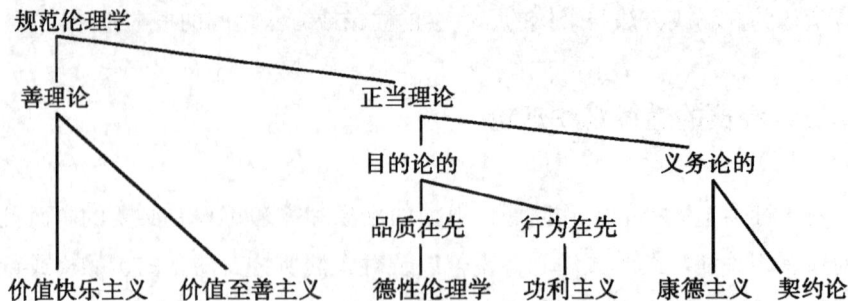

图 2.1　规范伦理学的理论结构图[①]

（一）功利主义

功利主义的早期形式可以追溯到古希腊伊壁鸠鲁学派的快乐主义，而苏格兰哲学家哈奇森（Hutcheson，F.）在 1725 年就提出"为最大多数人带来最大幸福的行动就是最好的"，休谟也为功利主义贡献了"功利"（utility）概念，但是现代功利主义的形成主要是 19 世纪的事情，与边沁和密尔有直接的关联。与亚里士多德的德性伦理学和康德的义务论相比，功利主义算是"后起之秀"，但是它却在现代道德哲学的诸种理论中居于支配地位[②]，尤其是对

---

① 卢坡尔著，陈燕译：《伦理学导论》，中国人民大学出版社 2008 年版，第 22 页。略有改动。

② 在现代伦理学中，功利主义不仅有许多继承者，如辛格（Singer，P.）等，而且许多伦理理论都是在回应和批判功利主义的主张中发展起来的。比如，罗尔斯指出："在现代道德哲学的许多理论中，占支配地位的系统理论一直是某种形式的功利主义。出现这种现象的一个原因是：功利主义一直得到一系列创立过某些确实在广泛和精致方面令人印象深刻的思想流派的杰出作家们的支持。我们有时会忘记；那些伟大的功利主义者像休谟、亚当·斯密、边沁和密尔也是第一流的社会理论家和经济学家；他们所确立的道德理论旨在满足他们更宽广的兴趣和适应一种内容广泛的体系。而那些批评他们的人则常常站在一种狭窄得多的立场上，批评者指出了功利原则的模糊性，注意到它的许多推断与我们的道德情感之间的明显不一致。但我相信，他们并没有建立起一种能与功利主义抗衡的实用和系统的道德观。结果，我们常常看来不得不在功利主义和直觉主义之间进行选择，最后很可能停留在某种功利主义的变种上，这一变种在某些特殊方面又受到直觉主义的修正和限定。"罗尔斯著，何怀宏、何包钢、廖申白译：《正义论》（修订版），中国社会科学出版社 2009 年版，第 1 页。有关功利主义的捍卫和批判，可参见阿玛蒂亚·森、威廉姆斯主编，梁捷等译：《超越功利主义》，复旦大学出版社 2011 年版。

个人道德生活和公共政策的吸引力，在很大程度上是德性伦理学和康德义务论难以企及的。这与边沁和密尔自身的政治或社会关切有关，但更重要的还是由功利原则的简洁、易解的特征决定的。

功利主义根据人类趋乐避苦、趋利避害的本性，发展出一种以行为后果（consequence）为道德评判标准的学说。对于"一个人应该做什么"这个实践问题，功利主义给出的回答是：一个人应该做那些带来最好后果的事情。在功利主义者看来，这个最好的后果就是功利，即最大化幸福。因此，一个行动或行为在道德上的对错并不取决于行为本身，而是要看它造成的后果是不是给利益相关者带来了最大化的幸福。密尔与边沁一样，都将这个功利原理作为道德的基础，认为"行为的对错，与它增进幸福或造成不幸的倾向成正比。所谓幸福，是指快乐和免除痛苦；所谓不幸，是指痛苦或丧失快乐"。而且，在密尔看来，这里的快乐和免除痛苦本身就具有内在价值，其他值得欲求的东西之所以是值得欲求的，"或者是因为内在于它们之中的快乐，或者是因为它们是增进快乐避免痛苦的手段"。① 这意味着，功利主义的幸福（或者说增进快乐和避免痛苦）本身就构成了人类生活的终极的和内在的善。

不过，功利主义与利己主义（egoism）不同，它要求行动者不仅要考虑自己的快乐或幸福，而且需要考虑相关的每个人的快乐或幸福。早期的功利主义确实多是关注个人的快乐或幸福，但现代功利主义比较多的从社会层面考虑问题，当然他们也不否认个体快乐或幸福的价值，相反他们认为个人的幸福与社会的福祉是一致的，因为社会的幸福总量是个人幸福累积的结果，也就是说个人的幸福或痛苦本身会增加社会的幸福或痛苦总量。因此，对于一个追求社会福祉最大化的社会来说，它一定不会轻易损害个体的幸福、增加个体的痛苦——这恰恰是遭人误解最多的地方，即以为功利主义不考虑个体的利益，甚至为了大多数人的最大幸福。由此，功利主义者认为，一种行为若能给最大多数人带来最大快乐或幸福，就是道德的。这意味着，一种行为的正当与否，并不取决于行为本身的善恶或好坏，而是与行为后果是否能

---

① 穆勒著，徐大建译：《功利主义》，上海人民出版社 2008 年版，第 7 页。

增进个体或社会的最大幸福有关。

对个体的行为选择和社会的政策安排来说，功利原理确实具有理论上的吸引力，但是关键的问题是如何对快乐和痛苦进行计算。边沁提出了所谓的"快乐计算法"（calculus of felicity），通过所有相关者产生的快乐和痛苦分别进行加总处理，然后得到快乐总量与痛苦总量的净余额。在加总过程中，坚持"一人一票"的原则，即每个人都是一票，没有人计更多；同时，需要考虑快乐和痛苦的强度、持续时间、确定性或不确定性、邻近或偏远、丰度、纯度、广度等诸多方面，这些都应一一计算在内。[①] 尽管边沁承认快乐可以有简单和复杂的区别，确有不同的来源和类型，但是他认为，这些快乐在价值上并无实质性的差异。他说："若不带偏见的话，针戏与音乐、诗歌之类艺术和科学具有同等的价值。如果针戏能给人更多的快乐，那么它就比音乐或诗歌更有价值。"[②] 然而，密尔认为边沁对快乐的这种简单加总是极其荒谬的，从而主张在计算中必须将快乐的质量考虑在内。并非所有人的快乐都具有同等的价值，"做一个不满足的人胜于做一只满足的猪；做不满足的苏格拉底胜于做一个满足的傻瓜"。[③] 同样，并非所有类型的快乐都具有同等的价值，确实会存在某些快乐比其他快乐更有价值，也更值得追求。据此，密尔可能认为音乐或诗歌比针戏给人带来更有价值的快乐。

功利主义在总体上关注每个人的幸福，在很大程度上符合我们每个人的道德直觉，体现出民主的倾向，而且从行为后果出发，为道德判断提供比较明晰的对象和标准。但是，它也面临着很多理论和实践上的困难和挑战。首先，以整个社会的幸福总量为标准，易于忽视社会利益或资源在社会不同群体或个体间的公正分配。比如，要在富人孩子和穷人孩子之间分配某个教育机会，假如存在下表所列的五个方案。这些方案所产生的社会幸福总量是相同的（100）。功利主义者可能会排除D、E两个方案，因为尽管总量相同，但

---

① 边沁著，时殷弘译：《道德与立法原理导论》，商务印书馆 2006 年版，第 86—88 页。

② Bentham, J. *The Rationale of Reward*. Book III Reward Applied to Art and Science. Chapter I. http://jeromekahn123.tripod.com/utilitarianismtheethicaltheoryforalltimes/id19.html.

③ 穆勒著，徐大建译：《功利主义》，上海人民出版社 2008 年版，第 10 页。

是这两个方案并没有将所有相关利益者考虑在内；但是，彻底的功利主义者是很难根据功利原则在 A、B、C 三个方案之间进行有效的区分。

表 2.1　教育机会的分配方案

方案	富人孩子的净收益	穷人孩子的净收益	总量
A	70	30	100
B	30	70	100
C	50	50	100
D	0	100	100
E	100	0	100

其次，尽管功利主义也考虑到个人利益，但"最大化"常常可以成为牺牲个人或少数人的权利和利益的理由，把少数人当作是多数人实现自身利益或快乐的手段。假如虐待或冤枉一个善良或无辜的人能让其他人获得更多的快乐的话，那么功利主义者可能会倾向于选择这样做。"电车难题""山姆案"（case of Sam）之类的思想实验，都对功利主义这一主张提出了挑战。[①] 当然，功利主义者也可能选择不这样做，因为虐待或冤枉好人违背了社会正义，会破坏社会秩序，增加社会的痛苦。再次，功利主义从行为目的或后果出发为行为进行辩护，这可能会导致人们以不道德的方式来达到某个好的目的或后果，出现为达目的而"不择手段"的问题，同时也会因为违背某些基本的道德规则而伤害到道德本身。在学校教育中，即便体罚可以使某个学生发生积极的转变，但这也不意味着体罚本身是正确的。这也使功利主义从单纯关注行为选择转向关注规则选择的后果，从而出现了"规则功利主义"。此外，功利主义还有一个理论上的困难，即无法从趋利避害、趋乐避苦的事实状态推导出道德要求，犯了"自然主义的谬误"；同时，功利主义也并没有解决快乐

---

① 卡思卡特著，朱沉之译：《电车难题》，北京大学出版社 2014 年版；帕尔玛著，黄少婷译：《伦理学导论》，上海社会科学院出版社 2011 年版，第 167—168 页。

计算的实际操作问题。

（二）康德义务论

与功利主义不同，义务论不是从行为的后果为行为的对错进行辩护，而是直接考察行为本身在道德上的可接受性。在这个"理论束"中，康德的伦理学是最具代表性的，甚至在很多时候它就是义务论的代名词。

康德从理性主义的先验论出发，从个体作为理性的存在者（人性）出发，发展出一种以先在动机为道德评判标准的学说。作为理性的存在者，人总是希望避免一些遭到别人效仿而弄巧成拙的行为，例如，你贪利而说谎，而其他人也都效仿你，都为谋私利而不惜说谎，结果说谎倒成了普遍的规则。康德认为，人之所以不说谎（或诚实），并不是因为说谎会带来坏的结果，而只是因为他是理性的。但是，我们的行为是符合理性的，它是否就必然是道德的呢？康德认为，这还必须看他的动机是不是良善的。比如，有些商家确实能做到"童叟无欺"，对于那些缺乏经验甚或无知的顾客也能做到价格公道，但是这种做法可能只是出于自利的考虑，而不是出于对顾客的责任或义务的考虑。这种做法是正确的，但不具有道德上的价值。因此，一个理性的行为还需要出于善意才是在道德上值得赞赏的。在康德看来，"在世界之中，一般地，甚至在世界之外，除了善良意志，不可能设想一个无条件善的东西"。①不是出于善意的行为即便符合某些原则或规则，即便带来了某种善好的东西，也是没有道德意义的。由此，康德对行为的道德性提出极为严格的要求：既要合乎道德，又要出于道德。

与功利主义一样，康德也试图寻找和建立道德的终极原则。就像现象界中的"自然律"一样，康德把这些原则称之为道德律令（moral law），认为它是一种绝对命令（categorical imperative），是无条件的，或者说它不取决于偶尔的欲求什么或害怕什么。这是一种定言判断，相反，功利主义的道德判断是一种假言判断。这些律令主要有三个：第一，"要只按照你同时认为也能成

---

① 康德著，苗力田译：《道德形而上学原理》，上海世纪出版集团2005年版，第8页。

为普遍规律的准则去行动"。① 假如你要将某个原则应用在其他人身上,那么你是否愿意将这个原则应用在自己身上呢?假如你想对他人撒谎,那么你是否愿意别人对你撒谎呢?如果你愿意撒谎却不愿别人对你撒谎,那么你就不希望这条适用你的原则成为普遍的规则。② 康德的这一律令与"己所不欲,勿施于人"的金律(golden rule)是内在一致的,即所谓的"普遍律的公式"。这一公式为人们确立什么规范可以构成道德原则或规则提供了直接的基础和标准。确实,在社会生活中,不可杀人、不可撒谎、不可盗窃、不可歧视,或者诚实、尊重、公正、正直、欠债还钱,如此等等之所以可以构成道德上的规则或原则,不仅与它们具有突出的重要性有关,而且也必定满足这里的可普遍化的要求。

第二个是"自身目的公式",即"你的行动,要把你自己人身中的人性,和其他人身中的人性,在任何时候都同样看作是目的,永远不能只看作是手段"。③ 这是由普遍律的公式扩展而来的。这条律令要求我们把每个人都看作是自由的、理性的、负责任的道德主体。在康德看来,每个人在道德领域都是自由的,都具有自主选择自己生活、做出负责任的行动的能力和可能,都应该得到平等或同等的尊重和对待,因此每个人在道德行动中不能将他人当作是实现自己目的的手段,同样也不能被别人当作实现他们目的的手段。在这一点上,功利主义的功利原则是不可以接受的,因为它极可能会为了最大多数人的最大幸福而牺牲少数人的利益,从而将少数人看作是大多数人实现最大幸福的手段。事实上,康德在这里走得更远:他甚至认为我们也不能把自己的生命作为实现自身目的的手段,就此而言,自杀在道德上也是不可以接受的。总之,这个公式要求我们在采取道德行动时,既要尊重他人的道德主体性,也要尊重自己的道德主体性,而不能仅仅将自己和他人看作是客体化的,是实现个人目的的手段。

----

① 康德著,苗力田译:《道德形而上学原理》,上海世纪出版集团 2005 年版,第 39 页。
② 斯特赖克、索尔蒂斯著,洪成文等译:《教学伦理》(第四版),教育科学出版社 2007 年版,第 19 页。
③ 康德著,苗力田译:《道德形而上学原理》,上海世纪出版集团 2005 年版,第 48 页。

第三个是"自律公式"，即"要把来自意志准则的一切，都看作是一个自身普遍立法的意志所制作的"。① 唯其如此，实践法则或意志所服从的命令才是无条件的，是不以兴趣或利益为转移的。这意味着这些准则应该是我们自己发出的，也就是自己为自己立法。康德认为，"意志自律性，是意志由之成为自身规律的属性，而不管意志对象的属性是什么"。② 与其他生物不同，人类意志是超越自然的，它本身就代表了一种法则，而且也就可以制定法则，并认识到受这个法则的约束是自己的责任或义务，同时也可以自主地选择遵守这个法则。在这种意义上，道德意味着一种责任或义务。一个行为是否是正当的或道德的，并不是根据行为的结果是好的或善的来判断，而应该根据行为本身的良善来判断，而行为本身的良善又与个体的良善意志有关，这种良善意志就表现为对纯粹理性确定的道德律令的无条件的遵从。

总体来说，这种学说将道德从外在约束的方面转向了内在自律的维度，将个人从感性的、经验的状态推向一种理性的、崇高的状态，强调个体的道德自主性，诉诸内在的良善意志。但是，这一学说也存在一些重要的限制：第一，该理论不适合处理其他动物的生命甚至堕胎之类的伦理问题，因为我们很难将其他动物和胎儿本身看作是理性的存在者；第二，对行为的目的或后果提出了过于严格的限制，但是有些"恶"行也是可以在道德上进行辩护的，比如有些"恶"是微不足道的、容易补偿的、足以被行为的后果所压倒的；第三，诉诸内在动机的评判标准，缺乏有效的操作程序。

表 2.2　功利主义与康德主义的比较

	认识论	人性论	道德原则	判断形式
功利主义	感性论—经验主义	利益人	行为合乎幸福最大化原则	假言判断
康德主义	先验论—理性主义	理性人	行为出自个体的良善意志	定言判断

---

① 康德著，苗力田译：《道德形而上学原理》，上海世纪出版集团 2005 年版，第 51 页。
② 康德著，苗力田译：《道德形而上学原理》，上海世纪出版集团 2005 年版，第 61 页。

（三）德性伦理学

在伦理学史中，最悠久的理论传统当是德性伦理学了。在西方，它的源头至少可以上溯到古希腊的柏拉图，特别是亚里士多德，而中世纪的基督教伦理学也是以德性为主导的；而我国的儒家对君子理想人格的探寻，甚至道家对自然的回归，从根本上都是完善论（perfectionism）。经历 18—19 世纪以来功利主义和康德主义的冲击，德性伦理学的传统逐渐失落了，但从安斯康姆（Anscombe, G. E. M.）的《现代道德哲学》（Modern Moral Philosophy, 1958）一文发表又开始复兴。在这里，主要回到它的源头亚里士多德那里，对这个传统的理论特征管窥一二。

功利主义和义务论侧重探讨的是行为在道德上的对错、好坏或善恶，而不太关注行动者或行为者本身的品质或特征。也就是说，一个行为的道德性要么与它带来的后果有关，要么与它本身符合某种原则或规则有关。行为者本身的品质或特征并不能说明其行为的道德性，比如一个恶人也可能在某个行为上是道德的，同样一个善人也可能出现某些行为不合道德的要求。不过，当我们关注某个人的道德生活、评价他的道德价值时，就不能只是看他的行为后果或义务履行，还需要考察他的品质或品格。这正是德性伦理学的关注点所在，它要解决的问题不仅仅是"我应该做什么"的问题，而是"我应该成为什么样的人"的问题；它的判断是以品质或品格为中心的，而不是以行为为中心的。①

严格来说，亚里士多德的伦理学与他的形而上学一样也是目的论的。他说："每种技艺与研究，同样的，人的每种实践和与选择，都以某种善为目的。"② 其中，有些善（如快乐、财富）是工具性的，但有一种善是终极性的——它因其自身而被追求，而其他事物或因它而值得追求，或它构成了追求其他事物的原因。在亚里士多德看来，人的活动所追求的终极善就是"幸福"（eudaimonia）。但是，这里的幸福究竟指的是什么，以及如何获得它呢？亚里

---

① 比彻姆著，雷克勤等译：《哲学的伦理学——道德哲学引论》，中国社会科学出版社 1990 年版，第 14、15 页。

② 亚里士多德著，廖申白译：《尼各马可伦理学》，商务印书馆 2003 年版，第 3 页。

士多德转向了对"人类的功能"的探讨。如果一个事物充分发挥了它的功能，比如我们的眼睛能看清远处或近处的事物，一架钢琴能弹奏出动听的音乐，那么它就实现了它的目的；同理，如果人类能充分发挥出他的功能，那么他就可以实现他的目的。

就此而言，亚里士多德认为，"对任何一个有某种活动或实践的人来说，他们的善或出色就在于那种活动的完善。同样，如果人有一种活动，他的善也就在于这种活动的完善"。① 比如，一个好的竖琴手就在于他出色地演奏竖琴，一个好的木匠就在于他出色地完成了木工。如果说，人的活动其实就是灵魂的遵循或包含着逻各斯（理性）的实现活动，那么一个好人就在于良好地、高尚地完成这种活动；而"如果一种活动在合乎它特有的德性的方式完成时就是完成得良好的，那么，人的善就是灵魂的合德性的实现活动"。② 因此，在亚里士多德那里，德性即意味着卓越（arête），它就是"人们对于人的出色的实现活动的称赞……是使得一个人好并使得他的实现活动完成得好的品质"。③ 一旦我们获得了这种品质，我们就可以出色地促进各种实现活动的完善，从而实现人的善或功能。

但是，人的德性不止一种。在亚里士多德看来，根据人的灵魂中的逻各斯部分和非逻各斯部分，相应地可以区分两种德性或卓越，即理智的德性（如智慧、明智、理解等）和道德的德性（勇敢、节制、大度、诚实等）。其中，每一种道德德性都是一种介于"过度"与"不及"两个极端之间的"中道""适度""中间"（见表 2.3）。试想一下，你是个游泳新手，在野外见到有人落水。你若不熟悉水域情况就直接跳下水救人，让人殊为敬佩，但是这个行为可能会伤害到自己，若做得过度了，不是勇敢，而是鲁莽；但是如果本身有能力跳下去救人，却没敢跳下去，这就是不及，就是怯懦。总体来说，行为过度必会伤人，行为不足则会伤己。因此，德性是一种选择的品质，是

---

① 亚里士多德著，廖申白译：《尼各马可伦理学》，商务印书馆 2003 年版，第 19 页。
② 亚里士多德著，廖申白译：《尼各马可伦理学》，商务印书馆 2003 年版，第 20 页。
③ 亚里士多德著，廖申白译：《尼各马可伦理学》，商务印书馆 2003 年版，译注者序。

相对于我们自身和相对于对象的适度，需要人们在适当的时间、适当的地点、对适当的人、出于适当的原因、以适当的方式作出适当的选择。当这些实践的条件发生改变了，德性所要求的东西也是不尽相同的。这就需要道德行动者的审慎的判断力，而这又与理智德性（尤其是其中的实践智慧或明智）密切相关。与哲学的或理论的智慧不同，实践智慧是一种与善恶有关的、合乎理性的实践品质。具有实践智慧的人"善于考虑对于他自身是善的和有益的事情"，而且这里的善和有益还不是涉及某个具体的方面（如健康），而是相对于一种美好生活而言的。此外，两种德性的习得方式也不同：理智德性需要禀赋和教育的结合，而道德德性需要通过模仿、实践和习惯。

表 2.3　亚里士多德的道德德性表[①]

道德的方面	不及	中道	过度
恐惧与信心	怯懦	勇敢	鲁莽
快乐与痛苦	冷漠	节制	放纵
钱财的接受与付出	吝啬	慷慨	挥霍
	小气	大方	粗俗
荣誉与耻辱	谦卑	大度	虚荣
怒气	麻木	温和	愠怒
交往的诚实性	自贬	诚实	自夸
娱乐的愉悦性	呆板	机智	滑稽
一般生活的愉悦性	乖戾	友爱	谄媚
情感的品质	无羞耻	羞怯	惊恐
	幸灾乐祸	义愤	忌妒

让我们回到作为终极善的"幸福"概念上，亚里士多德认为，它意味着

---

① 亚里士多德著，廖申白译：《尼各马可伦理学》，商务印书馆 2003 年版，第 48—53 页。

合乎德性的生活，或者更为明确地说，倘若一个人既有理智的德性也有道德的德性，他就可以过沉思的生活、具有实践的智慧，那也必定是最幸福的。这种伦理学也强调行为，但是行为必须与人的目的的现实有关，因此它主张"做那些将会促进一个人作为人类的恰当发展的行为"。① 这种理论有许多优势，从"规范"转向了德性本身，追求内在的善或利益，强调理性和实践的意义，关注人的生活的完整性，特别对当代社会生活有着深刻的启发。但是，其理论的局限在于：第一，与康德伦理学一样，对行为后果提出了更加严格的限制，因为有德性的人决不会做伤害善的事情；第二，从理论上说，规范应该是优先的，德性也是基于规范的一种内化；第三，这种德性实际上也与目的论有相似之处，即让行为服从于某种善的或好的生活或目的。

以上只是简述了规范伦理学中经典的三种理论，而且主要是回到源头，聚焦这些理论的开拓者及其思想。至于这些理论的源流，特别是它们的当代发展，就暂时搁置了。其实，辛格的功利主义、罗斯（Ross，W. D.）的义务理论与罗尔斯的契约论、麦金太尔的德性伦理学，都是值得关注的。这些伦理理论都试图为我们每个人的道德生活提供可靠的基础和根本的原则，而且各自都坚信它们所提供的指导我们道德生活的方案是值得付诸实践的。但是，它们之间的理论分歧也是显而易见的，甚至是根本性的。对此，卢坡尔（Luper，S.）有个非常简明的概括（见表2.4）。

表2.4 规范伦理学三种理论的比较②

理论	人应该如何生活	是否有义务	高尚行为与个体福利是否分离	善是否根据正当来阐释
德性伦理学	做任何道德模范会做的事	否	否	否
功利主义	做给最大多数人带来最大善的事	是	是	否
康德主义	做尊重道德主体性的事	是	是	是

---

① 斯特巴著，程炼等译：《实践中的道德》，北京大学出版社2006年版，第4页。

② 参见卢坡尔著，陈燕译：《伦理学导论》，中国人民大学出版社2008年版，第20—23页。

四、面向教育本身的伦理思维

对于教育问题的伦理探究或辩护，不可能没有伦理理论提供的基础。尽管我们不需要在每个与道德或伦理有关的教育问题上都考虑上述种种伦理理论，但是我们至少要直接或间接地诉诸其中某个伦理理论的立场或方法。以上对几种经典伦理理论的观念和逻辑的梳理，其实就是为我们进入教育问题的伦理探究或辩护做些许的准备。一方面它们为我们判断和评价教育领域中学生、教师、学校管理者等道德主体的行为和品格以及各种政策或制度安排的正当性提供了直接的理论框架或原则指引。比如，今天我们可能会考虑同质分班和异质分班，对于存在多元背景或基础的孩子们来说，究竟哪种分班形式在道德上是可以接受的。我们可以诉诸功利原则为同质分班可能照顾到不同层次孩子的能力水平、从而实现他们各自的最大化发展提供辩护，但是我们也能诉诸义务论的平等尊重原则，对同质分班的真实目的、差别对待及其风险（包括"标签效应""教师期望效应"等）表示担忧和质疑。

另一方面，也是最为重要的，这些伦理理论为我们处理与道德有关的教育问题、进行伦理决策和行动提供了重要的思维方法。概括来说，前述几种理论呈现的伦理思维方式主要有两种：一种是后果论的（consequentialist）思维，即从行为后果上的"好坏"或"善恶"出发，考虑该行为在道德上的可接受性。从前面的图 2.1 中可以看到，功利主义和德性伦理学都是目的论的，前者直接从行为是否为与此相关的最大多数人带来了最大幸福作为行为是否道德的标准，后者虽然关注品格或品质，但它却对道德主体的行为提出甚至比康德义务论还要严格的要求——倘若你要成为一个勇敢的人，你就需要在任何时间和地点表现出与勇敢这个德性相称的行为，尽管这种行为在不同的情境中是不同的，但是无论是何种情境，它的道德性都取决于其在多大程度上实现了你要成为勇敢的人的道德理想。因此，功利主义和德性伦理学在追求终极的目的或善的问题上是一致的，差别仅仅在于它们对于什么是这个终极的目的或善存在不同的认识。

另一种是非后果论的（non-consequentialist）思维，即从行为本身出发思考行为的正当性。这是典型的义务论的思维方式。一个行为在道德上是不是可以接受的，不是由它所产生的后果上的"好"或"善"所决定的，而是要看它本身是否就是一个人应该做的。在这种意义上，道德意味着一种义务。考试作弊在道德上是错误的，并不是因为这样做可能会被老师逮到和被学校开除，而是因为它本身就是任何一个人不应该做的。事实上，即便作弊者没有被老师发现，而且还可能因此获得了很好的成绩、免除了家长的责罚，但这不意味着这种行为就是对的。按照康德的观点，这种行为实际上是把他人仅仅看作是实现个人目的的手段，而缺乏对他人甚至自己的尊重。作弊者为了获得好成绩，不惜欺骗老师和家长，损害其他同学的利益，从而把老师、家长和其他同学都当作是实现其目的的手段。斯特赖克和索尔蒂斯将义务论的这种思维概括为"平等尊重每个人的原则"（principle of equal respect for persons）。如果我们在讨论某个做法或行为的正当性时，考虑的是这个做法或行为是否平等地尊重了每个相关的利益主体，而不是使其中一部分人沦为其他人达到目的的手段，那么这就是在使用非后果论的思维。

实际上，这两种思维的区分还不仅仅是理论上的。在日常的社会生活中，每个人都在不同程度上使用这两种方式进行道德思考，而且我们经常运用这两种思维对同一个问题进行道德的对话和道德的确证。比如，当一个老师运用严厉的体罚惩戒或教育学生并带来了学生成绩的积极转变时，这两种思维就可能体现在我们的思考中：后果论思维承认体罚可能是错的，但是这种错是可以因为它所产生的"好"或"功利"而得到弥补或辩护；但是非后果论的思维就会强调，即便结果是好的，但是体罚本身就是错的。在这里，让我们进一步来看一个真实的案例：

2009 年 7 月 24 日，某中学的足球特长生们在 39℃ 高温下训练。上午 10 时左右，教练林林罚大家绕操场跑 7 圈，跑完 3 圈后，母诗灏进入厕所，所有人跑完 7 圈才出来。母诗灏归队后，林林伸手去拉他，但被母诗灏避开，林林随即一脚踹向母诗灏的胸部，母诗灏躲闪不及后脑勺着地，随后林林又补踹了两脚。母诗灏被打得当场昏迷不醒，被送往医院后诊断发现，母诗灏小脑深度出血。在与病痛斗争了25天后，8月17日晚10点他终因蛛网膜大面积出血、颅内严重损伤而撒手人寰。林林涉嫌故意伤害一案首次审理时，有二十多名感激林教练的学生及其家长自发到场旁听，退庭后几乎所有的家长都对媒体说，林林是个好教练，母诗灏之死是个意外。就连母诗灏的父亲母先强，此前在接受采访时也表示，他能理解体罚，但体罚要有个度。回到身边的现实中，家长打骂孩子，教师打骂学生的现象还是随处可见。"我是听说这个班的班主任管得很严，娃娃都怕她，才特意把儿子转到这个班来的。"为了成绩好，真的不妨让孩子在恐惧中度日吗？"教练，娃娃不听话你只管打，不要惯着他，我们家长支持你。"但是，当体罚合理化之后，会渐渐成为暴力的借口。未成年保护的专家认为："无论体罚披上了教育或是别的外衣之后，它仍然是一种违背法律、有违青少年身心健康的陋习。"①

在这个案例中，各方看待这件事情的方式不是后果论的就是非后果论的。比如，对于体罚，包括母诗灏父亲在内的一些家长不仅表示可以理解，而它只是个技术问题，需要把握的只是个"度"的问题；还不只是如此，有家长将体罚看作是教师管得严厉的表现，有助于孩子获得好的成绩。就此而言，这些家长采用的即是后果论的思维。相比较而言，其中的未成年保护专家采用的是非后果论的思维。不仅仅如此，这个案例还涉及德性伦理学与义务论的分歧。家长们认为，林林教练是个好教练，他对于学生的严厉甚至体罚，恰恰是他负责任的表现。这表明，一个好人也可能会做坏事，或者说一个负责任的老师也可能出现道德上错误的行为。

即便是发生了这样一个极端的后果，后果论的思维似乎也比非后果论的思维更有"市场"，也为更多的人所采用。但是，这是否意味着在人们进行伦

---

① 根据网络报道整理。参见《母诗灏事件：体罚悲剧》，http://sports.163.com/special/000542JB/mshsad.html。

理决策和行动的时候，后果论的思维就会比非后果论的思维更有优势呢？在这个案例中，林林教练施加的体罚确实导致了母诗灏的死亡，这一严重的后果足以否定林林教练做法的正当性。然而，让我们来设想一下，假如在这起事件中母诗灏没有死，是否意味着林林教练的做法在道德上就是可以接受的呢？可能我们仍然会认为林林教练的做法欠妥，毕竟我国的教育法和中小学教师职业道德规范都明令禁止教师对学生的体罚行为。也就是说，这样做既违法，又失德，其错误似乎是显而易见的。但是，如果我们进一步设想一下，假如母诗灏经过这次严厉的惩戒之后从此变成了一个富有进取心且有很大发展前景的学生，情况又会怎样呢？可能我们会认为，相比较这次体罚所带来的结果上压倒性的好而言，这次体罚即便是错，但也是值得的。不过，坚定的非后果论者可能仍然不愿意就此做出让步，他们认为，即便体罚带来的结果是好的，也不能由此否认其本身是错的。

而且，非后果论者可以进一步指出，后果论思维的有效性必定是在事后，也就是说，只有当某个行为产生了良好的后果，我们才能利用这个良好的后果为行为进行辩护。然而，当我们在某个情境中需要做出决策并采取行动时，我们通常很难有充分的把握，确保这个决策或行动必然会带来预期的效果。我们可以想见，无论母诗灏有多大的过错，林林教练也不会是想要母诗灏的性命——否则即是谋杀，他可能是为了维护自身作为教师的权威，也可能是为了让其他同学引以为戒，又或者是给母诗灏一个教训或惩罚。我们姑且假定林林教练的目的或动机是善的，是为了促进母诗灏"改过迁善"，但是林林教练如何能够确信施加在母诗灏身上的体罚就可以达到这个目的呢？如果从可能性的角度来看，林林教练的体罚会出现三种后果：（1）母诗灏的行为确实变好了；（2）母诗灏的行为没有发生什么变化，一如既往；（3）母诗灏变得更糟了。然而，很不幸的是，林林教练的做法导致了所有后果中最坏的一种。如果他运气好一点，没有造成母诗灏的死亡，那么他的做法也就可能不会受到任何的道德谴责；但是他的运气很糟糕——当然，这样评价也许对付出沉重的生命代价的母诗灏而言不仅是不公平的，也是不仁慈的。这种境况，在伦理学上也被看做是"道德运气"。当然，我们任何人在进行决策时都不能简单地碰运气，尤其是在道德事务中这种碰运气极有可能对他人的利益构成严重的伤害，而且也会给自身带来巨大的道德挑战。

在我们采取道德决策和行动的时候，非后果论的思维就不会像后果论思维那样面临如此巨大的道德风险。这种思维优先考虑行为或行动本身的正当性，因此在决策或行动的时候优先选择那些道德上正确的行为或行动去达成某个好的目的。但是，这并不是说我们不需要考虑后果上的"善"或"好"，而是强调这个后果上的"善"或"好"应该通过本身即道德上正确的行为来实现。否则，就会出现为了目的或后果上的"善"或"好"而"不择手段"。而且，这不是说道德上正确的行为就必定会产生良善的后果，它同样也会出现上述体罚可能带来的三种后果，但是与体罚的情形不同的是，这些后果不是因为我们行为本身的不正当所带来的。让我们来对比一下这两种决策的情形及其后果（见表2.5），很快就会发现，优先考虑行为本身的正确性，即是从后果的角度来说，也具有明显的优势。即便是两种行为没有带来学生的任何变化，但学生的处境却因为老师的错误行为变得糟糕了，因为施加在学生身上的体罚本身就是一种恶；相反，正确的行为却不会。

表2.5 两种决策及其后果比较

		学生的可能变化		
		变得更好	没有变化	变得更糟
教师的 道德决策	采取道德上正确的行为 （如教育性谈话）	＋＋	＋	＋－
	采取道德上错误的行为 （如体罚）	－＋	－	－－

（说明："＋"表示正效应，"－"表示负效应）

至此，我们可以回到教育领域考察后果论思维和非后果论思维的妥当性了。如果说在教育中我们所做的一切都不外是为了人的成长或发展的话，那么对于教育中各种制度、活动或过程的道德思考，似乎更为切合后果论思维，因为这些制度、活动或过程在道德上的合理性就在于它们究竟在多大程度上促进了人的成长或发展。可以说，这里的"人的成长或发展"与功利主义的"功利"和德性伦理学的"至善"相近。在现实中，我们也确实会把它当作是教育的"善"，以衡量和判断学校各项工作成效的标准，尽管他们对什么是人的成长或发展存在着截然不同的假定。因是之故，我们在学校生活中越来越强调"学科育人""教学育人""管理育人""科研育人"甚至"文化育人"。值得注意的是，教育所关心的目的或结果，与功利主义所关注的东西是不同的：前者首先考虑的是作为主体的人的成长或发展，而后者首先关注的是人的快乐或幸福。在功利主义那里，"成长只是一种附带的价值，它是从属于快乐而实现的"，但是在教育领域，情形恰好相反，快乐只是一种附带的价值，它应该从属于成长而实现的，这里"最令人快慰的事就是作为一个道德主体的成长，作为一个关注他人并愿意且又有能力对自己负责的人的成长，作为一个能够与他人就共同的生活展开公开且不受操纵的对话的人的成长，以及作为接受群体生活所赋予的共同责任的人的成长"。[①]

然而，与其他社会安排不同，教育要实现它促进人的成长或发展的目标，就必须关注它的实现方式，力求手段与目的的一致性。比如，我们很难想象一个专断的班主任或放任的班级管理，可以培养出具有民主精神的学生，或者一个在学校生活中从来没有选择空间或自由的孩子能够在其中形成自主的能力。更为一般地说，以不道德的方式去塑造道德的人，是不可接受的，同样也是难以想象的。事实上，我们从彼得斯有关"教育"、谢弗勒有关"教"的语言分析中，也可以看到，任何可以称之为"教育"或"教"的活动都内含着对学习者最低限度的自觉或自愿的尊重。此外，在现代学校中，教师在教育教学工作中通常面对的并不是单一的个体，而是一群有着不同社会背景、不同能力水平、不同个性特征且都具有发展可能性的孩子。如何平等对待或尊重他们每个人，如何公正地分配有限的教育资源或机会，也构成了教师专业实践的根本原则。也许我们可以理解教师没有促进每个学生的成长或发展，

---

① 斯特赖克、索尔蒂斯著，洪成文、张娜、黄欣译：《教学伦理》（第四版），教育科学出版社 2007 年版，第 143 页。

但是我们可能很难接受教师在日常的教育教学中特别偏爱某些学习表现好的学生，而忽略或放弃那些学习表现差的学生——在考试和升学的压力下，教师的这种选择通常是策略性的，但是存在把一部分学生作为实现其他学生利益的手段的嫌疑。从这些意义上说，教育在性质上与非后果论思维是内在一致的。

在《教学伦理》一书中，斯特赖克与索尔蒂斯围绕一些教育案例，运用后果论和非后果论的思维对教师专业实践中的做法或行为进行分析和比较。他们认为，两种思维都不够充分，都在一定程度上可以弥补对方的不足，但非后果论的思维更为基本，因为非后果论的观点通常是后果论的观念的假设前提。比如，无论是边沁还是密尔在强调幸福最大化的原则时，都认为必须将每个相关利益者的快乐计算在内，而且任何一个人的痛苦都会减少社会的幸福总量。在这种意义上说，平等地尊重每个人也是功利主义所内含的信念。相对而言，非后果论确实在利益或福利的考虑上不如后果论那样清晰而敏感。因此，斯特赖克和索尔蒂斯提出，"一个可行的伦理理论将会在非效果论者所追求的人文理想勾画出的框架之内对结果表示深切的关注"。[①] 或者更为直接地说，一种切合教育性质的伦理思维，应该是在优先考虑非后果论的基础上考虑功利的最大化，即在平等尊重每个学生的前提下考虑学生福祉的最大化。在教育中，我们的首要职责就是要尊重每个学生的尊严和价值，并帮助他们每个人获得最大化的发展，使他们成长为自由、理性且富有情感的道德主体。这也是我们对教育进行道德思考和探究时应有的立场和思维。

---

① 斯特赖克、索尔蒂斯著，洪成文、张娜、黄欣译：《教学伦理》（第四版），教育科学出版社 2007 年版，第 143 页。

中编　教育的伦理维度

　　教育在什么意义上或以怎样的方式与道德相关联？ 或者更直接地说， 教育是不是内含着道德的维度？ 这是教育伦理学需要回答的基本问题。 本编试图厘清教育本身所内含的道德意义， 辨析教育的道德目的及其伦理学基础， 探明各种教育活动或过程所内含的道德要求或程序原则， 从而阐明教育与道德的内在关联。

第三章 教育的道德性质

在教育领域，没有哪个概念比"教育"这个概念本身更为基本的，但同时也更具丰富性甚至争议性的了。很多伟大的思想家和教育家都试图表达过他们对教育的看法，如柏拉图认为教育即"灵魂的转向"，雅斯贝尔斯（Jaspers，K. T.）主张"教育即生成"，杜威强调"教育即经验的改组或改造"，如此等等。这些看法主要是规范意义上的，体现了他们各自对什么是"好的教育"的观念，从深层上折射的是他们的价值论或伦理学。即使在现实生活中，人们对"教育"的使用也是意义广泛的，可以描述或指称不同的甚至相反的东西。法国的米亚拉雷（Mialaret，G.）就发现，实际使用中"教育"一词有四种含义：一是作为一种制度的教育（education as an institution），如学校教育；二是作为行动的教育（education as action），如教育即"社会化"；三是作为内容的教育（education as content），如人文教育、艺术教育等；四是作为结果的教育（education as a product），如"受过教育的人"。[①] 在不同的语境下，人们对"教育"的定位可能有所不同，但是这些定位都可能在一定程度上内含着与道德的关联，展现出教育本身所具有的道德维度或侧面。为了窥见教育本身的道德性质，这里主要考察教育作为一个概念、作为一种专业以及作为一种实践所内含的道德意味。

---

① 米亚拉雷著，郭元祥、沈剑平译：《"教育"一词的多种含义》，载瞿葆奎主编，瞿葆奎、沈剑平选编：《教育学文集·教育与教育学》，人民教育出版社 1993 年版，第 66－70 页。

一、作为概念的"教育"

对于"教育"这个概念（或者更为广泛意义上的语词），它究竟指的是什么？很多人的第一反应也许是尝试着给它下个定义，明确它的内涵和外延。就像索尔蒂斯所说："教育界里里外外的许多人——从 A 到 Z，从海军上将到党派、宗教的狂热者——都不仅喜欢谈论教育，而且非常愿意界说教育。"①而且，有些人声称自己找到了那个真正的"教育"的定义。然而，用索尔蒂斯的话来说，我们可能是一群捕 centaur（希腊神话中人首马身的怪物）的猎人。他说："我们的所作所为好像在寻找那个定义，如同一个打大猎物的猎人搜寻大象一样，他自信，如果看见一只大象，他会认出来，而且他自己会用网捕到一个非常有价值的猎物。但是，我们实际上更像一个真心实意但又误入歧途的捕 centaur 的猎人，即便跟随着一支准备充分的远征队，并把枪始终置于准备射击的状态，也永远不需要动物标本剥制师的帮助，情况又会怎样呢？与捕大象相比，寻找教育的那种真正的定义，会不会更像捕 centaur 呢？教育的那种真正的定义是否存在呢？"② 要回答这个问题，就需要回到定义的形式本身。根据谢弗勒的观点，定义有三种：一是描述性定义，旨在说明"教育实际是什么？"二是规定性定义，重在表明"我使用的教育是什么？"三是纲领性定义，主要是指出"教育应该是什么？"在索尔蒂斯看来，描述性定义是对日常语言和理论语言中各种用法的罗列，而且这些用法之间甚至存在冲突，要确定某个统合这些定义的最终定义几乎是不现实的；规定性定义是个人为了方便使用暂时设定的定义，其使用范围很小，通过交流成为共识的可能性很小，也不可能成为最终的定义。由此，"寻找教育的那个真正的定义，很可能就是要为教育寻找一种正确的或最佳的纲领的表述，而且这本身

---

① 索尔蒂斯著，沈剑平、唐晓杰译：《教育的定义》，载瞿葆奎主编，瞿葆奎、沈剑平选编：《教育学文集·教育与教育学》，人民教育出版社 1993 年版，第 31 页。

② 索尔蒂斯著，沈剑平、唐晓杰译：《教育的定义》，载瞿葆奎主编，瞿葆奎、沈剑平选编：《教育学文集·教育与教育学》，人民教育出版社 1993 年版，第 32 页。

就是规定要在教育活动中寻求的某些有价值的手段或目的"。① 因为这个定义兼具描述性定义和规定性定义的特点，有事实的基础，也有成为习惯用法的可能。既然如此，那么关于"教育"概念的纲领性定义究竟是什么呢？这里主要转向日常语言分析，呈现有关"教育"概念的主要意义及其道德维度。

（一）日常语言中的"教育"

我们确实在日常生活中对"教育"一词有不同的用法，这些用法之间难道就没有一些共通的、主要的或基础的东西吗？如果有，那不就是"教育"概念所具有的中心意义吗？沃尔什（Walsh，P. D.）认为，尽管"教育"一词有各种各样的用法，尽管这些用法之间可能存在着一些冲突，但是它还是有一些标准的、主要的用法。② 至于如何确定这种中心的或标准的意义，就需要回到日常语言中人们对于"教育"一词的使用，一方面是因为理论陈述中的很多分析是偏规定性的，缺乏沟通、交流的基础，另一方面是日常语言中的"教育"意义是我们使用最为广泛的，也会影响到理论陈述中的纲领性定义（假如我们也相信索尔蒂斯的观点）。

在日常生活中，我们会说"一本书（或一部电影、一次旅行）很有教育意义"，也会说"这件事深深地教育了我"。那么，我们是否由此就说读书、看电影、旅行之类的活动就是"教育"呢？事实上，我们可能会说它们是一种学习活动，确实对个体的发展产生积极的影响，但是我们并不把这种影响看作是教育活动。"教育"必定包含学习，但是学习未必需要教育。在很大程度上，当我们说这是教育活动的时候，主要涉及的是人对人的直接影响，涉及施教和受教的双方。尽管我们也可以将读书看作是作者通过文本对读者的影响，但是这种影响并不是直接的。"这本书""这件事"具有与教育类似的意义，但是并不能将这种"类似"看作"就是"，否则我们就会面临语言上的尴尬："我在读书"意思是说"我在接受教育"。

---

① 索尔蒂斯著，沈剑平、唐晓杰译：《教育的定义》，载瞿葆奎主编，瞿葆奎、沈剑平选编：《教育学文集·教育与教育学》，人民教育出版社 1993 年版，第 36 页。

② 沃尔什著，李六珍译：《教育：一个概念，多种用法》，载瞿葆奎主编，瞿葆奎、沈剑平选编：《教育学文集·教育与教育学》，人民教育出版社 1993 年版，第 38—43 页。

但是，是否所有人对人的影响都是"教育"呢？比如，在与别人的交谈或交往中，我的思想或情感发生了很大的变化，那么这种交谈或交往活动是不是"教育"呢？显然，我们认为别人是对我产生了影响，不过我们不会认为我是在接受教育，别人是在教育我——设若如此，这种交谈或交往极有可能难以维持下去。这不过是别人对我的一种无意识的影响。当我们说别人在教育我，我在受教育，那至少意味着别人在有意识地对我产生影响。由此可以说，教育是发生在人与人之间的有意识的影响。

　　进一步说，是不是别人有意识地影响我的活动都是"教育"呢？比如，教唆或煽动显然也是发生在人与人之间的有意识或有目的的影响，但我们决不把这类教人做坏事的行为称之为"教育"。从这一点来看，教育包含着善意，带有使人向好的、积极的或正面的方向发展的意味，而且还在一定程度上隐含道德的意味。比如，我们说"深受教育"，不是指知识和技能，更重要的是情感、态度、价值观的积极变化。

　　别人出于善意对我产生的所有影响都是"教育"吗？比如，哺乳、治疗、护理、体操等，都是别人出于善意对我们施加的影响，但是这些活动都与"教育"有明显的差异。它们都是对我们的身体施加的某种影响，这似乎暗示着"教育"不是简单地对人的身体施加的影响，而更多地与人的心灵或精神的变化有关。学校"体育"（physical education）与竞技体育不同，它确实需要传递某些运动的技能，甚至希望学生对这些技能的掌握达到精熟的程度，但其要旨并不限于此，还关涉到培养学生合作和竞争的意识、坚毅和顽强的品质等精神层面。纯粹的身体运动并不是"教育"，而是身体训练。因此，教育归根结底是人的精神的变化。

　　然而，别人出于善意对我产生的良好的精神影响，也未必是"教育"。比如，管理、改造或感化等等就不是"教育"。因为管理只是不让人违纪违规，并未对人的精神增加新的东西；改造或感化只是使人从退步的状态回到正常的状态，教育则是使正常状态下的人达到一个他以前从未达到的更为积极的状态。

　　即便达到了上述所有条件的活动，也不一定是"教育"。像条件反射、恐吓或威胁、灌输、洗脑甚至宣传之类的活动，即便是出于善意对他人施加某种积极的精神影响，也算不上是真正的"教育"。在这些活动中，有些是出自本能，有些是出于强制，而没有体现出对人的基本尊重，没有诉诸他人的最底线的理性自主。这意味着"教育"还必须考虑其在方式、手段、程序等方面是否是道德上可以接受的。

如果我们将上述方面综合起来说，就可以概括日常语言中"教育"这个词所表现的中心意义，即教育通常是指人们以道德上可接受的方式善意地对他人施加积极的精神影响的活动。由此可以看出，"教育"根本上是一个道德的概念，要求目的上是出于善意的，内容是积极的精神影响，方式上是道德上可接受的。就此而言，它是一个评价或规范词，而不是一个描述词。[①]

（二）教育作为"标准"

如果我们回到彼得斯那里，就会发现，他在日常语言分析的道路上走得更远，以至于"教育"（education）在他那里就不是一个实体性的活动或过程，而是一个衡量这些活动或过程的"标准"（criteria）。受后期维特根斯坦（Wittgenstein，L.）的影响，彼得斯认为，"教育"概念不像"三角形"之类的概念是可定义的，聚合在其下的各种用法的关系就像是"家族相似"；这一点像"原因"（cause）、"真理"（truth）、"爱"（love）之类的概念。其中的有些用法甚至与其他用法之间相互冲突，这就使定义变得非常困难。但是彼得斯说，这并不意味着就没有任何"教育"的标准涵盖得了"教育"的大多数中心用法，而仅仅意味着，自然语言中的术语已形成了他们各自的生态，它们会派生出分支，带它们远离概念的主干。"教育"概念不像那些实体性的名词，有明确的所指，对应特定的活动，而是像"正义"（justice）、"直觉"（intuition）、"精神"（mind）之类的概念，并非对应某种特定类型的事情或过程。但是，之所以将这种或那种事情或过程看作是"正义"的或"教育"的，

---

① 有关教育的日常语言分析，详细可参见：布列钦卡著，胡劲松译：《教育科学的基本概念：分析、批判和建议》，华东师范大学出版社 2001 年版，第一章；黄向阳：《"教育"一词的由来、用法、含义》，载瞿葆奎主编：《元教育学研究》，浙江教育出版社 1999 年版，第 107—128 页。

至少意味着这些事情或过程满足了"正义"或"教育"所内涵的价值或标准。因此，彼得斯说，教育不像"园艺"（gardening）、"教学"（instruction）之类的概念指称特定的活动，而像"改造"（reform）之类的概念，规定了种种活动或过程必须遵循的标准。

彼得斯专注于这一工作，应该是从 1962 年受聘伦敦大学教育学院教育哲学教授讲席开始的。就是在其后发表的题为"教育即启导"（*Education as Initiation*）的就职演说中，彼得斯初步提出了"教育"的三个标准：（1）各种教育过程所传递的必须是有价值的事物；（2）教育必须引起受教育者对有价值的事物的关注，且他们有起码的自知和自愿；（3）教育意味着使受教育者获得知识与理解力，并与"认知洞见"（cognitive perspective）相关联。[①]由于这篇演说的主旨在于，根据这些标准，对传统教育的"塑造"模式和进步教育的"生长"模式进行批评，论证"启导"模式的合理性，相对而言，对这些标准本身的辩护以及它们之间相互关系的分析，还不是十分明晰和系统。其后在《伦理学与教育》一书中，彼得斯开篇即探讨了"教育的标准"，认为教育意味着以道德上可接受的方式向受教育者传递某种有价值的东西。前述三个标准进一步明确化为：（1）"教育"意味着把有价值的东西传递给那些有志于此的人；（2）"教育"必须包含知识和理解力以及某种具有活力的认知洞见；（3）"教育"至少排除了某些缺乏学习者自知和自愿的传递程序。[②]

其中，第一个和第三个标准都具有道德的意义。首先在内容上教育必然意味着正在传递或已经传递了某种有价值的事物。彼得斯说，说在进行教育，却不希望或没有使受教育的人获得改善或某些有价值的事物，这在逻辑上是自相矛盾的。这种联系可能会受到三种情形的挑战，但是这些挑战都不足以否定教育与有价值事物之间的内在关联。第一，对于什么是有价值的事物，人们可能有各种不同的见解（价值个人主义），但这仍然接受了教育必定要传

---

① 彼得斯著，林逢祺译：《教育即启发》，载张人杰、王卫东主编：《20 世纪教育学名家名著》，广东高等教育出版社 2002 年版，第 615—638 页。

② Peters，R. S. *Ethics and Education*. London：George Allen & Unvin Ltd.，p. 45.

递某种有价值的事物的观点；第二，人们会说教育是"糟糕的"（poor）或"无用的"，但这种说法只是表明教育对有价值的事物的传递不够成功或有效；第三，社会科学家会描述这个或那个国家或地区的教育或教育制度（文化相对主义），尽管这种说法是描述性的，但是这些共同体的教育仍然内含着生活于其中的人们认为有价值的事物。从这种意义上说，彼得斯所强调的"有价值的事物"主要是纯粹概念性或形式性的，并没有对"有价值的事物"的实质做出直接的规定。

其次，教育的过程标准涉及对学习者最低限度的自知与自愿的尊重。为什么条件反射和洗脑不被视为"教育"，而命令（command）和纯粹指令（mere instruction）却有可能，原因在于：在后一种情形中，孩子们可能知道他们在做什么或意识到他们要学习的内容（自知）。教育意味着要引导受教育者去完成种种任务，而且要把这些事情或标准呈现给他。出于这些理由，训练也可能是没有教育价值的。但是基于自知的理由，可以排除条件反射之类的过程，但是是否可以排除灌输作为教育的过程呢？彼得斯认为，灌输与教义或信念相关，这些信念从一开始就要求人们理解和赞同；而条件反射没有。当然，有其他的理由可以排除灌输作为教育过程，即它缺乏对学习者的尊重，或者它没有诉诸理性或批判。换句话，排除灌输的理由不能依据价值标准和认知标准，而是要考虑最低限度的自知和自愿这个过程标准，意味着最低限度的理解（minimum of comprehension）。所以，彼得斯说，命令、指令、灌输、训练等过程，要够得上是教育的过程，不仅意味着要符合价值的标准，还意味着要让儿童对于他们在学习或在做的事情有最低限度的理解，要有这里的自知和自愿。

由此，彼得斯对生长模式提出了批判：将内含在教育概念中的最低限度的理解（或者学习者的自知和自愿）和内容的有意义性，夸大为自主活动的理想。将作为成就词的"教育"引申到作为任务词的"教育"上，就会鼓励人们将这种最低限度的暗示夸大为一种与自我指导相关的程序原则。生长理论家有关这一原则的主张是出于伦理学和心理学的考虑，而不是从教育概念本身出发的。如果将这些程序原则看作是由教育概念本身内含的最低限度标准中衍生出来的，也许有一定的合理性。

彼得斯的分析很有穿透力和启发性，促使人们去反省学校生活中各种活动或过程究竟在多大程度上满足了这里的"教育"标准。确切的教育定义，也许很难划定，但是我们至少可以区分出判断一项活动满足哪些条件或标准才可以称之为"教育"。在这里，彼得斯给出了直截了当的标准。严格来说，这三个标准可以概括为认知标准和价值标准两类，并细化为六个层面（见表3.1）。尽管彼得斯后来在确定这两个标准的逻辑优先性时强调认知标准的基础地位[①]，但是"教育"这个概念本身就内含着道德的维度。

表 3.1　"教育"的标准[②]

认知标准	教育必须包含知识
	教育必须包含理解力
	教育必须包含认知洞见
价值标准	教育必须包含善良的意图或道德的目的
	教育必须包含有价值的内容或产生有益的影响
	教育必须采取合乎道德的方式或在道德上可以接受的方式

二、作为专业的"教育"

上述语言分析确实帮助我们进入"教育"本身所内含的道德维度，但是按照它所揭示的"标准"，现实中常常被视为教育的活动或过程就很难算得上是"教育"了。也许，彼得斯的"教育"标准本身就具有明显的规范色彩，体现了他的"教育"观念或理想。假如我们从现实出发，"教育"是否也具有类似的道德性质呢？接下来，我们考察两种有关"教育"的现实理解及其道

---

① 彼得斯著，王承绪译：《教育与受过教育的人》，载王承绪、赵祥麟选编：《西方现代教育论著选》，人民教育出版社 2001 年版。

② 黄向阳：《德育原理》，华东师范大学出版社 2000 年版，第 31 页。此处略有调整。

德维度：一种是将教育视为社会意义上的"专业"（profession），另一种是将教育看作主体意义上的"实践"（practice）。值得注意的是，在这两种意义上，教育与教学（teaching）确有广、狭的区分。比如，在英语中也常常提到的"教育专业"（Education Profession），如利伯曼（Liebeman，M.）有本书就叫《作为专业的教育》（*Education as a Profession*，1956），而全美教育协会（National Education Association，简称 NEA）颁布的伦理标准是《教育专业伦理准则》（*The Code of Ethics of the Education Profession*）；但是更为常见的是"教学专业"（Teaching Profession）或"作为专业的教学"（teaching as a profession）。① 细究起来，就会发现，教育专业囊括甚广，如 NEA 伦理准则中就说"教育专业是由一支服务于所有学生需求的教育队伍构成，'教育者'是指为教育提供支持的专业人员"；而教学专业涉及的主要是在正规教育系统中专门从事教学工作的"教师"，一般不涉及那些专门从事咨询、指导、管理及其他教辅的专业人员。在"实践"问题上，这种情况同样存在。在正规教育中，由于教学是教育最为核心的部分，而教师是教育者队伍中最为主体的部分，很多研究者在讨论教育作为专业或实践时，往往也就是在讨论教学作为专业或实践，反之亦然。因此，这里的讨论也不打算在这两种意义上对"教育"和"教学"进行严格的区分。

（一）参照"专业"的建构

在社会生活中，有不同的行业、职业或者工作，从医生、律师、科学家，到护士、社会工作者、公务员，再到电焊工、清洁工，如此等等，其中，有些职业或工作（典型的是医生和律师）被看作是"专业"，有些则接近或类似于专业（如护士），被称之为"准专业"，另一些则被排除在专业的行列之外（如清洁工）。在现代社会中，那些被奉为专业的职业不仅拥有相对于其他职业更高的经济报酬，而且拥有更高的社会声誉或地位，因此在公众的职业选择中也是趋之若鹜。这是很多的职业或工作为什么不断谋求自身的专业地位

---

① 值得注意的是，"teaching"既可泛指教师的职业或工作，又可指称"教"的活动或行为。考虑到现代汉语一般习惯双音节词的表达，加之我们在现实中也常说"教育教学工作"，这里还是采用"教学"的译法。

的重要原因。

那么，相对于一般的职业，专业究竟具有怎样的特征呢？对此，不同的专业组织或研究者站在不同的立场上可能会提出一些不同的判断标准，但是它们之间存在某些共性的方面。在表3.2中，例举了全美教育协会（NEA）、加拿大阿尔伯塔教师联合会（ATA）以及利伯曼等人对专业的特征描述。从这些描述中，大体可以看到，一个职业若要成为专业，至少要具备几个重要的特征：一是服务于重要的社会目的，如医生的工作关乎每个人的健康，律师的工作关涉到社会的正义；二是拥有专门化、系统化的知识和技能，以及传递或获取这些知识和技能的持续的教育和训练机制；三是拥有自己的专业组织和伦理规范；四是拥有高度的自治或自主。实际上，这些特征大多是从当前社会中普遍公认的、相对成熟的专业（如医疗、法律）出发概括而来的。

表3.2　专业的一般特征①

	专业特征
全美教育协会 （NEA，1948）	含有基本的心智活动； 拥有一套专门化的知识体系； 需要长时间的专门训练； 需要持续的在职成长； 提供终身从事的职业生涯和永久的成员资格； 建立自身的专业标准； 置服务于个人利益之上； 拥有强大的、严密的专业团体。

---

① 教育部师范教育司编：《教师专业化的理论与实践》，人民教育出版社2001年版，第14—15页；Carr, D., *Professionalism and Ethics in Teaching*. Routledge, 2000；赵康：《专业、专业属性和成熟专业的六个标准》，载《社会学研究》，2000年第5期。其中，ATA的标准可参见其官网。

加拿大阿尔伯塔 教师联合会 （ATA，2012）	从业者拥有与其他群体相分离的系统化的知识； 服务于重要的社会目的； 从业者通过一个专业组织进行合作； 有一个正式的专业准备期和对持续成长和发展的要求； 专业人员具有一定程度的自治权； 控制或影响教育的标准、专业准入和认证、专业发展、伦理和行为标准，以及专业纪律。
利伯曼（1956）	范围明确，垄断地从事社会不可缺少的工作； 运用高度的理智性技术； 需要长期的专业训练； 从业者无论个人、集体均具有广泛的自律性； 在专业的自律性范围内，直接负有做出判断、采取行为的责任； 非营利，以服务为动机； 形成了综合性的自治组织； 拥有应用方式具体化了的伦理纲领。
卡尔（2000）	提供重要的社会服务； 具有以理论和实践为基础的专业知识； 满足一些独特的以实践标准形式得到表述的伦理标准； 为招募新成员或训练，需要一定的组织与管理保证； 为了在实践中做出独立的判断，专业实践者需要高度的自治。
赵康（2000）	是一个正式的全日制职业（calling）； 拥有专业组织和伦理法规； 拥有一个包含着深奥知识和技能的科学知识体系，以及传授/获得这些知识和技能的完善的教育和训练机制； 具有极大的社会效益和经济效益（鉴于高度关注和力求达成客户利益和社会效益）； 获得国际特许的市场保护（鉴于高度的社会认可）； 具有高度自治的特点。

倘若按照这些标准，教育或教学是否算得上专业，教师作为正式的教育者是否称得上是专业人员呢？20世纪60年代以来，一些国家或国际组织在制度层面正式确认教育或教学作为专业、教师作为专业人员的地位①，但是这种确认能否经得起理论上的辩护，是否符合上述专业的标准，仍然是有待检验的。一些研究者即从社会学的视角出发，以医生、律师等公认的专业群体为参照，或否认教师的专业地位，或认为教师是准专业人员②，当然也有很多人为教育或教学作为专业、教师作为专业人员进行积极的辩护。即便在现实中教育或教学工作尚未达到成熟专业的要求，促进它朝着专业的方向发展，使其真正成为一个为公众普遍认可的专业，也是值得追求的。如果医疗工作是为了人的身心"健康"，使人从"病态"回归"常态"，那么教育或教学工作则是为了人的身心"发展"，使人从"常态"趋向"更好"或"完善"。从社会重要性的角度，教育或教学工作并不亚于医疗工作。事实上，很多国家或地区都有教师的专业团体，都制定了教育或教学专业标准，都在强化教师的专业资格与专业准入标准，建立完善的教师教育体系。因此，提升教育或教学工作的专业化水平，不仅是必要的，也是可期的。

　　按照社会上成熟专业的标准，作为专业的教育或教学就需要一套基于自身独特实践的伦理准则（code of ethics）。由此，很多国家或地区就出现了"教育专业伦理"（professional ethics in education）或"教师专业伦理"（teachers' professional ethics 或 professional ethics for teachers）的概念。为什么专业伦理对教师的教育或教学工作是必要的？道尼（Downie, R. S.）认为，在任何专业活动中，专业服务不仅意味着一种社会性的关系，而且意味着关系双方（专业人员与服务对象）相互持有的态度。但是，在这一关系中，

---

　　① 1966年国际劳工组织和联合国教科文组织在《关于教师地位的建议》中首次明确教师职业的专业地位。其后，许多国家或地区的官方或民间组织都试图承认并推动教师职业的专业化。1995年，我国颁布的《教育法》也明确规定："教师是履行教育教学工作的专业人员。"

　　② 教育部师范教育司编：《教师专业化的理论与实践》，人民教育出版社2001年版，第19页。

双方并不是自愿或对等的，其中专业人员居于支配地位，服务对象往往处在被动的地位，因此专业人员必须承担起对服务对象的道德责任。① 具体到学校生活中，教师在教育教学的过程中可以相对自主地决定这堂课教什么和怎么教，而学生对于这堂课教什么或怎么教并没有选择权和评价权。尽管学生也可以积极地参与到课堂教学过程中来，也会改变教师的课堂教学进程，但是这种参与或改变都在很大程度上取决于教师个人的教学方式和态度。有时，学生也可以评教，但他们的评教并不是专业意义的。由于这种非对等或支配性的关系，作为专业人员的教师必须防止自身专业权威的误用或滥用，避免对学生基本权益的侵犯或伤害。这是一种专业承诺。这种承诺不只是为了保障服务对象（学生）的权利和利益，而且有利于维护专业人员（教师）的社会形象和专业地位。一旦人们发现教师涉嫌滥用自己的专业权威或权力，教育或教学这个专业在公众心目中的良好形象就可能受损。由于专业都对从业人员的准入和任用有严格的要求，一起教师道德失范的事件，不仅伤害当事的学生和教师，而且可能造成家长或公众对他所在学校其他教师（乃至整个教师队伍）的质疑或负面评价。正因为如此，很多专业都试图建立和颁布严格的伦理准则，约束和规范从业者的专业行为，确立专业自律或自治，维护专业的社会声誉和地位。

不过，道尼的立场适用于所有的专业工作，而不局限在教育或教学专业上。相对来说，布雷岑卡在这个问题上的探讨，比较切合教育或教学专业的内在特性。他认为，专业伦理之于教师的必要性主要体现在五个方面：第一，教师在履职时拥有高度的选择自由。他总是面临着不断变化的情境，需要不断地加以评估和权衡，做出决策，采取行动。他总是在最高的和最低的职业投入之间进行行为选择，总是在各种不同的任务或活动之间进行优先性的考虑，而不同的选择或考虑必定会带来不同。"谁拥有更多的选择自由，谁就同样负有更多的责任。因此教师需要道德的指导方针来帮助他们在具体情境中

---

① Downie, R. S., Professions and Professionalism. In D. E. W. Fenner (Ed.), *Ethics in Education. Garland Publishing*, Inc., 1999, p. 8.

选择下决定此时此刻什么是最好的决定。"第二，教师是学生可能的模仿对象。在学校生活中，学生是在相对与外部隔绝的世界中与教师共处的，他们在获得教师传递的东西的同时，也会受到教师行为举止的潜在影响。因此，教师需要以身作则，为学生树立良好的榜样。第三，教师本身是其履行职责时所拥有的最重要手段。教师只有赢得学生的尊敬和信任，才能有效地履行他们的职责，但前提是他本身是值得尊敬和信任的。这就对教师的人格或美德提出了直接的要求。第四，很难对教师的职业工作进行外在控制，因此需要教师的专业自律。但自律的前提是教师必须对自身的专业责任有清晰的认识。第五，社会对教师提出了许多要求，其中有些是合理的，而有些是过高和不现实的。为了保护教师，必须对合理的和不合理的要求进行区分，由此就需要一个深思熟虑的职业道德作为判断标准。①

既然教育或教学作为专业工作也内含着道德的要求，那么这种道德要求与其他专业（如医生或律师的工作）相比是否会具有一些自身的特性呢？按照芬斯特马赫（Fenstermacher，G.）的观点②，我们认为，这种特性主要表现在三个方面：

第一，作为专业人员的教师并不是去维持与学生之间的知识鸿沟。医生不必在行医的过程中把与患者有关的病理和治疗知识教给他的服务对象，让他们学会自我治疗，尽管患者完全可以向医生询问有关的知识。但是，教师的职业特征就在于尽可能地缩小他与学生之间的知识鸿沟——这也是他取得专业成功的标准。假如教师有一桶水，通过教育或教学的过程，他的学生也拥有了一桶水，那么这个教师在专业上应该感到满意。还不止是如此，我们很多教师会期望"青出于蓝而胜于蓝"。

第二，作为专业人员的教师不能维持与学生之间的社会距离。医生或律师在提供专业服务的过程中，并不必然要与他们的服务对象之间形成良好的

---

① Wolfgang Brezinka 著，彭正梅、张坤译：《信仰、道德和教育：规范哲学的考察》，华东师范大学出版社 2008 年版，前言，第 182—186 页。

② Fenstermacher, G. D., Philosophy of Research on Teaching: Three Aspects. In M. C. Wittrock (Ed.), *Handbook of Research on Teaching*, 3rd ed. Macmillan, 1986.

人际互动，拉近他们之间的社会距离。然而，对于教师来说，尽量缩小这种社会距离，建立良好的师生关系，对于他的专业工作具有重要的保障作用。在现实中，我们也经常说，学生是因为喜欢一个老师，而喜欢上他或她的课，进而在他或她任教的学科上有良好的表现。但是，这种良好关系并不意味着可以超越"专业"的边界。师生之间过于亲密的人际关系，同样也会对教师的专业实践带来负面的影响。

第三，作为专业人员的教师不能独自完成教学任务，而与学生之间是互惠式的关系。对于医生来说，他的专业工作就是对患者的病症进行诊断，然后给出处方。只要他的诊断和处方是准确的，至于你是否愿意按照他的处方去买药和吃药，这已不在他专业控制的范围。然而，教育或教学的工作不能止于教师针对学生的问题完成自己"教"的任务，而需要考虑这种"教"的安排是否真的能够或已经引起了学生的学习。若没有学生的学习参与，这种"教"是无效的。当然，我们也可以反过来说，若没教师的"教"，学生的"学"也可能是盲目或低效的。在学校的专业实践中，教师的"教"与学生的"学"之间应该是相互促进、共同生成的。

（二）超越"师德"的范畴

差不多与西方同时，我国许多教育学者立足本国的语境，也主张从传统的"教师职业道德"（或"师德"）向"教师专业伦理"观念转移。这种转移不仅是国际教师专业化的发展趋势，即"从最初的一般性的德性要求过渡到具有道德法典意义的许多专业伦理规范"，而且是走出我国传统师德困境的内在要求，如传统师德在目标上多强调教师的理想人格或个人修养，在要求上显得比较粗糙、抽象或一般，没有很好地体现教师专业的独特性。[1]

尽管我国对教师观念和行为的道德规约有深远的传统[2]，但是这种传统重在教师个体的道德修养或境界提升。长久以来，我们对教师的道德期待是两

---

① 檀传宝：《论教师"职业道德"向"专业道德"的观念转移》，载《教育研究》，2005年第1期；徐廷福：《论我国教师专业伦理的建构》，载《教育研究》，2006年第7期。
② 参见萧承慎：《师道征故》，台湾师大书苑有限公司2000年版。

个方面的：一方面将教师看作是社会的"道德主体"（moral agent）①，负有对社会、对他人、对自我的道德责任；另一方面将教师看作是学校的"道德教育主体"，是学生人格完善或道德成长的重要条件。这两个方面都意味着，教师需要遵循社会期望的道德理念、原则或规则，需要将这些理念、原则或规则内化为个人良好的道德修养。这种道德上的要求，主要来自两个层面：第一个层面是事实性的，主要源自社会的转型与师德的失范。随着我国社会的整体转型，特别是经济的市场化和文化的多元化，原有的道德体系正在遭遇各种力量的挑战亟待调整，而新的道德体系尚未建立。在这一更迭过程中，教师个人或群体也在经历各种道德上的冲突，包括个人与集体、将学生看作目的还是手段、关爱与公正、主流与多元、功利主义与理想主义的冲突。② 同时，教师个人或群体也在道德上面临"失范"，有庸俗功利主义的倾向，有个人生活作风的问题，有收受贿赂、徇私舞弊的行径，有造成学生人身伤害的行为③，如此等等。显然，这些表现不符合传统的教师身份，也不符合公众对于教师的角色期待，因为教师一向被认为是社会的道德楷模或模范（即所谓"师表"）；而且更为紧要的是，这些"失范"，可能造成教师个人权威丧失、教师群体形象贬损。④ 在人们看来，要解决这些道德上的问题，就需要借助道德的力量，需要重建道德的体系。这一研究理路以事实为依据，直陈规范，约束教师的道德不端，但在规范确立的过程中，往往面临着逻辑上的困难，即从事实上的缺乏到价值上的倡导，是难以直接推论的。

值得注意的是，上述层面并未深究"教师为什么要是道德的"。这个前提

---

① Bergem, T., The Teacher as Moral Agent. *Journal of Moral Education*，19（2），1990；Campell, E., *The Ethical Teacher*. Open University Press，2003，p. 23—46.

② 程红艳：《教师的道德冲突》，载《教育研究与实验》，2006年第3期；高晓清：《市场经济条件下教师道德的维度》，载《教师教育研究》，2006年第3期；等等。

③ 檀传宝：《教师伦理学专题》，北京师范大学出版社2000年版，第12—15页；王星霞：《教师怎样教才是道德的——浅议非道德性教育的表现、危害及其预防》，载《教育科学》，2004年第3期。

④ 班建武：《教师媒体道德形象的影响及原因、对策分析》，载《教师教育研究》，2007年第6期。

性问题一般是通过价值层面来回答的，其根源来自学校教育的目的或性质。"道德"作为教育的目的，似乎是毋庸置疑的，尽管在不同的社会历史条件下有所调整，或为一般目的，或为最高目的，甚或为唯一目的。这一目的的实现，不仅意味着学生获得有关道德的知识，而且意味着学生将这些有关道德的知识运用在实践的情境中。然而，要达此目的，不仅要求教师以"言"示教，而且要求教师以"身"示教，也就是以道德的人格对学生行"不言之教"。从这一层面，人们常常对教师提出带有"理想化""神圣化"的道德要求，推崇教师的无私奉献、自我牺牲等精神，企盼教师成为"道德家"。① 另一些研究注意到，简单诉诸教师的高尚人格或道德修养，以实现学校教育的道德目的，似乎带有浓重的理想色彩，隐含着对人性的美好期待。就此而言，这里的道德要求不是直接指向教师的人格或内在品质，而是转向教师的行为本身——实现教育目的的手段或程序本身。这种转移随后又拓展到教师人格和行为以外的制度或环境，从而形成教师制度伦理或政策伦理。

就研究动力而言，这两个层面的探讨在根本上是二而一的，都是由学校教育的道德目的衍生或扩展而来的，或者说归根结蒂是为了谋求学生的道德发展。这些探讨都是从教育的"育人"价值或"向善"性质出发，阐明教师伦理的"教育"基础，或诉诸教师行为的规约，或强调教师人格的完善，因而具有明显的"规范性"（normative）色彩。很难想象，一个"不道德的"教师能够培养出"道德的"学生，能够履行"育人"的基本职能。因此，在这种取向看来，首要的问题是怎样促进教师的道德遵守和道德养成，最终使其成为一个"道德的人"；至于教师应该遵守或养成的道德究竟属于何种性质、教师所应成为的"道德的人"究竟具有何种特性，并不是这种取向特别关注的。在实践中，这种取向往往容易导致"泛化"教师道德的两种不良倾向：一种倾向是无限放大教师的育人职能，将职业生活中的道德要求"泛化"到教师的日常生活领域，结果造成对教师日常生活的"高标"要求；另一种倾

---

① 对此有诸多批评，如甘剑梅：《教师应该是道德家吗——关于教师道德的哲学反思》，载《教育研究与实验》，2003 年第 3 期；康洁、熊和平：《教师：道德身份与道德教育》，载《高教探索》，2005 年第 5 期。

向恰好相反，未能重视教师"育人"的角色特性，将一般社会道德简单地应用到教育领域，结果又可能形成对教师职业生活的"低标"约束。无论是何种形式的"泛化"，其根源实际上都与人们对教师的职业角色或专业特性缺乏内在的观照有密切的关系。教师不是一般的社会成员，而是承担"教育"这一特殊社会职能的职业群体；因此他们不仅要遵守一般的社会伦理，也要履行由教育工作所派生出来的特殊伦理规范。就此而言，要明确这种教师伦理的特殊性，就必须回到教师所从事的教育工作本身。

为了实现这种转移，他们进一步提出了一系列加强我国教师专业伦理建设的策略，例如：确立"专业"和"服务"的观念，促进专业伦理规范的具体化和操作化，健全教师专业伦理的实施和监督机制，加强教师专业伦理的培训。[①] 与西方相比，这些研究不限于描述事实或解释问题，更多的是以明晰的价值立场和直接的策略陈述，试图为我国教师专业伦理建设提供路向的参酌。这种"实践引领"情结，也许是我国教师专业伦理研究的一大"特色"。

总体来说，无论中西，都不再泛泛讨论教师道德问题，而是将教育（或教学）视为"专业工作"，将教师视为"专业人员"，关注教师专业的特性及其伦理要求，旨在提高教师的专业品质和专业地位。这意味着，"教师专业伦理"并不单单是从教师作为一个一般的"道德主体"出发的，更为重要的是从教师作为一个特殊的"专业主体"扩展而来的。从这种意义上说，"教师专业伦理"不仅是"伦理的"（体现为道德上的要求，而不是法律、礼仪），是"专业的"（体现为专业上的属性，而不是一般的私德或公德），而且更应该是"教师的"（体现为角色上的特性，而不是律师、医生等专业群体的）。是否拥有一套成熟的教师专业伦理，既关涉到学生教育权益的保障，也影响到教师专业自主和专业形象的维持。当今世界许多国家或地区的政府部门、教师团体及其他社会群体，都试图通过建立和完善教师专业伦理准则，指导和约束教师的专业活动。

---

① 童富勇、刘桂林：《中小学教师专业伦理现状调查》，载《教育发展研究》，2007年第 5（B）期。

三、作为实践的"教育"

即便教育（或教学）已经称得上是"专业"，这种"专业"取向也容易遭到来自当代实践哲学的批判。这些批判认为，这一取向赖以形成的"专业"和"专业主义"概念，从根本上是基于社会分工而提出的，而这种社会分工将个体的生活强行分割为不同的领域，要求他们遵循不同的（有时甚至相互冲突的）道德规范。这不仅容易引发个体在实践中的道德冲突或道德错位，而且割裂了个体道德生活的完整性，难以适应当代社会生活的流动性和文化多元性。而且，专业主义重在建立带有普遍性的伦理规范，却在很大程度上忽视了践行这些伦理规范的实践主体（即教师）本身，以及体现这些伦理规范的实践结构本身，结果将教育（或教学）工作从"实践"降格为"技术"。但是，"实践的"问题毕竟不是"技术的"问题。正如哈贝马斯（Habermas，J.）所说，"技术问题着眼于在既定的目的（价值和准则）的情况下手段的目的理性的组织，以及在不同的手段之间的理性选择。相反，实践问题着眼于规范，特别是行为规范的接受或拒绝（我们可以据理支持或反对行为规范的公认的要求）。"① 将教育（或教学）从"技术"的桎梏中解放出来，重新诠释为"实践"，这必然意味着"规范"或"道德"维度的重新凸显。

（一）实践概念：从亚里士多德到麦金太尔

在当代"实践转向"② 的背景中，既有人试图复苏亚里士多德的"实践智慧"（phronesis），也有人承袭马克思（Marx，K.）的"实践"（praxis）传统，还有人回归维特根斯坦（Wittgenstein，L.）的行动理论与海德格尔（Heidegger，M.）的存在论立场，更有人关注布迪厄（Bourdieu，P.）的实践理性，如此等等。

在教育领域，这种转向甚或可以上溯到施瓦布（Schwab，J.）的"实践

---

① 哈贝马斯著，郭官义等译：《理论与实践》，社会科学文献出版社 2004 年版，第 3 页。

② 夏兹金、塞蒂纳、萨维尼著，柯文、石诚译：《当代理论的实践转向》，苏州大学出版社 2010 年版。

模式"（the practical）。① 而后，更多的研究直接回归亚里士多德的实践哲学传统，运用"实践智慧"概念，分析教育（或教学）在道德上的复杂性。例如，里德（Reid，W. A.）认为，课程或教学不是技术性或操作性的活动，而是一种道德的（moral）或智慧的（prudent）活动；② 加拉格尔（Gallagher，S.）认为，教育具有诠释学的结构，内含规范性的维度，涉及诸如"实践智慧"之类的自我责任；③ 维拉（Villar，L. M.）也说："教学不是一系列技术的、固定的、设计好的活动，而是一门技艺的过程。而且，它是一种直觉的、创造性的、即兴的活动，是一种需要批判性思维的道德事业。"④ 伯明翰（Birmingham，C.）更是概括地指出："教学在道德方面的复杂性，需要实践智慧去实现道德上的善，提升教与学的品质，推进人类的繁荣。作为实践智慧的反思，从根本上说是道德的，而从道德上说是根本的。"⑤ 根据亚里士多德的实践概念，教育或教学从根本上说就是一个道德的或德性的实践。

在承续亚里士多德实践哲学传统的基础上，麦金太尔对"实践"的概念进行了新的阐发。他在《追寻美德》（*After Virtue*）中说："我想用'实践'来指称任何融贯的、复杂的通过社会建立起来的协作性的人类活动形式；通过它，在试图获得那些既适合于这种活动形式又在一定程度上限定了这种活

---

① 施瓦布的实践概念与亚里士多德、麦凯恩（McKeon，R.）等人的思想有内在的渊源，主要体现在四篇 "The Practical" 的论文中。Cf. Westbury，I. and Wilkof，N. J.（Eds.），*Science，Curriculum and Liberal Education.* University of Chicago Press，1978.

② 里德提出了一个问题等级图（a hierarchy of problems），首先把实践中的问题分为"确定的"和"不确定的"两种，而"不确定的"又分为"智慧的"和"道德的"。由于课程或教学的问题涉及具体的情境，以及公共的需求、愿望和目的，它又必然内含着智慧的和道德的方面。Reid，W. A.，Practical Reasoning and Curriculum Theory：In Search of a New Paradigm. *Curriculum Inquiry*，15（1），1979.

③ Gallagher，S.，*Hermeneutics and Education. State University of New York Press*，1992，p. 191.

④ Villar，L. M.，Reflective Teaching. In T. Husén et al.（Eds.），*The International Encyclopedia of Education*，2nd ed.，Vol. 10，1994，p. 6215.

⑤ Birmingham，C.，Phronesis：A Model for Pedagogical Reflection. *Journal of Teacher Education*，55（4），2004.

动形式的优秀标准的过程中，内在于这种活动形式中的善得以实现；其结果是，人们获取优秀的能力以及人们对其中涉及的目的与善的认识都得到了系统的扩展。"① 这意味着，一种活动若要称得上是"实践"，就必须满足三个基本要件：

第一，这种活动必须具有融贯性、复杂性、协作性。像踢一脚球、砌砖、种萝卜之类的简单动作或技能，不是局限在个体的行为层面，就是附着在其他融贯的、复杂的活动形式（即实践）之中，因而不能构成独立的社会生活类型，也不能成其为麦金太尔意义上的实践。

第二，这种活动必须具有内在于自身的善，且这种善是在追求和实现该活动的优秀标准的过程中实现的。麦金太尔以 7 岁孩子下国际象棋为例，指出这个小孩可以为了外在善（如糖果，或者权势、地位、金钱等）下棋，但是他也可能"会在下棋所特有的利益中，在某种高度特殊的分析技巧、战略想象和竞争刺激的获得中发现一系列崭新的理由——不是仅仅为了在一特殊场合赢棋，而是力图在象棋游戏所要求的任何方面表现优秀"——这种理由即是出于内在善。② 麦金太尔认为，这种善之所以是内在的，一是因为我们只能根据这类活动并借助这类活动中的例子来辨别它们，二是因为我们只能通过参与这类活动才能体验它们。

第三，通过参与这种活动，不仅参与者本人而且共同体在获得优秀的能力和实现这些活动的内在善方面都得到系统的扩展。这意味着，每个人在获得优秀的标准和实现这些活动的内在善方面不仅不是竞争性或排他性的，而且是协作性的或增益性的。事实上，一种实践及其共同体是否能够建立和维持，在很大程度上依赖于实践者或共同体成员能否在实践的各方面都努力追求优秀，都致力于内在善的实现。

根据这个界定，艺术、科学、游戏、亚里士多德意义上的政治，家庭生

---

① MacIntyre, A., *After Virtue*. University of Notre Dame Press，1981，p. 175. 参见麦金太尔著，宋继杰译：《追寻美德》，译林出版社 2003 年版，第 238 页。值得注意的是，"goods"有诸如"益品"、"利益"、"善物"、"善"等译法。本书取"善"这种译法。

② 麦金太尔著，宋继杰译：《追寻美德》，译林出版社 2003 年版，第 239 页。

活的产生与维系，都在实践的范围之内。足球、国际象棋、建筑、农作、学术探究、绘画、音乐、医疗等等，也都是实践。在这个"实践"清单中，麦金太尔却没有赋予教育或教学一席之地。这会不会是麦金太尔的某种疏漏呢？在《追寻美德》问世二十多年后，麦金太尔在与邓恩（Dunne，J.）关于教育问题的对话中揭晓了他的答案。在他看来，"教学本身并不是一种实践，而是用来服务各种实践的一系列习惯与技能"。① 麦金太尔并不否认教学与实践有内在的关联，但是这种关联主要是在两个层面：第一，所有的教师或教学的目的都是要促进学生参与某种实践，比如在初等教育阶段教给他们一些技能，而在更高的教育阶段则要促进学生充分利用他们的技能去实现某些特定实践（如数学、历史、物理探究、阅读文学作品）的善。第二，所有的实践都必然包括"教学"的成分。也就是说，教学是任何一种实践所不可或缺的，因为只有通过教学，这些实践才能在学徒或新手中间代代相传。在这种意义上说，教学构成了一种实现各种实践的内在善以及维持实践共同体的重要机制。

在麦金太尔看来，说教学是实践的组成部分是一回事，说它本身就是实践是另一回事。所有的实践都有内在的善，但教学却没有。教学仅仅只是个手段，除了引导学生参与其中的活动的意义和目的之外，它没有任何的意义和目的。换句话说，所有的教学都是为了别的东西的缘故，它没有自身内在的善。因此，教师的生活也不是一种独特类型的生活。不同学科的教师的生活都是不同的，这种不同恰恰是由他们所任教的学科本身所具有的善所带来的，而不是他们的教学行为所带来的。也就是说，语文教师的生活所具有的善是语文的善，数学教师的生活所具有的善是数学的善，音乐教师的生活所具有的善是音乐的善。虽然他们都是"教师"，但是他们的生活各有不同的内在善，而不能构成一种独特的生活类型。因此，对教师来说，重要的是追求和实现他或她所任教的学科或让学生参与其中的实践的内在善，他们应该将

---

① MacIntyre, A. and Dunne, J., Alasdair MacIntyre on Education: In Dialogue with Joseph Dunne. *Journal of Philosophy of Education*, 36 (1), 2002.

　教育的道德基础——教育伦理学引论

自身看作是一个文学家、数学家、音乐家，将某些知识与技能教给学生。①

（二）为教学作为实践的辩护

麦金太尔从自身提出的实践概念出发，对教学作为实践做出了否定性的回答，然而，这却激发了一些教育哲学家的不同声音，引发了一场有关教学是否是实践的深入讨论。显然，要反驳麦金太尔的上述立场，就必须坚持一种"内在的批评"，从麦金太尔本人提出的"实践"概念出发，确立教学作为这种"实践"的可能性。首先，让我们来看看教学是不是满足麦金太尔"实践"概念的总体性特征，即是一种"融贯的、复杂的通过社会建立起来的协作性的人类活动形式"。

如前所述，麦金太尔认为，教学仅仅是一种引导学生进入其他实践的手段，是服务其他实践的一套技能和习惯，就像踢球、砌砖、种萝卜这样简单的动作或技能一样，不具融贯性、复杂性、协作性的特征，而且也不能构成一种独特的生活类型。不过，就像韦恩（Wain，K.）所指出的，"麦金太尔对教学的理解，较之学校中专业教师所从事的活动要宽泛得多。无论如何，它都包括了每个人在某个共同体的某个实践中所承担的教学责任"。② 因此，要反驳麦金太尔的上述"教学"立场，这里有必要区分两种不同意义的"教学"：一种存在于特定的实践共同体中，发生在共同体成员之间，对维持共同体的实践来说是必不可少的；另一种存在于学校教育过程中，发生在教师与学生之间，其所服务的往往不限于某种特定的实践或实践共同体。或许在前一种意义上"教学"作为"手段"或"技能和习惯"的意味较为明显，而在后一种意义上，麦金太尔的这种理解就显得不够充分了。

不可否认，学校中的教学需要将学生引向诸如语文、数学、物理、化学、音乐之类的实践中，让他们获得这些学科所蕴含的内在善，但是一个好的教师在教学中所要考虑的不能仅仅是达到这些学科的内在善，他或她还必须考

① MacIntyre, A. and Dunne, J., Alasdair MacIntyre on Education: In Dialogue with Joseph Dunne. *Journal of Philosophy of Education*, 36 (1), 2002.

② Wain, K. MacIntyre: Teaching, Politics and Practice. *Journal of Philosophy of Education*, 37 (2), 2003.

虑这些学科以外的其他社会善，如道德的、情感的或社会性的发展；即便只是实现这些学科的内在善，这个教师也必须考虑学生的背景差异，有针对性地、不失时机地、通过恰当的方法将他们引入这些学科的实践。邓恩就指出，"即便在某个特定学科的教学中，好的教师也要根据这个学生在这个阶段的准备状态提供适当的学习帮助"。① 实际上，麦金太尔本人也注意到，"就像每个教师所知道的，儿童究竟要花多久才能将某事做好，他们之间是有巨大差异的。因此，教育上的一个重要要求就是，要给教师足够的时间一个一个地去了解学生"。② 后来，他在《依赖性的理性动物》中更是明确提出，"所有的教学都要对学生本身以及所教科目的内容有某种程度的关切"。③ 这些都在一定程度上意味着，学校中的教学在目的和方法上都具有复杂的结构与特征。

从根本上说，教学的这种复杂性源于它作为一种关系性的（relational）活动本身，其中涉及的不仅仅是"技能和习惯"的问题，还涉及关怀和信任、理性与反思等方面的因素。在这方面，对麦金太尔最重要的批评来自诺丁斯，她认为麦金太尔忽略了教学是与学习有内在关联的关系性活动。首先，教学无论是在概念上还是在实践上都依赖于学习，但这并不意味着教学必然伴随着学习，而是说教学必须根据我们感知到的学习需要进行建构。就这种关系而言，教学远不是像麦金太尔所说的那样仅仅是种手段，而是通常还涉及与友爱类似的关系，而且学习也不是教学的唯一目的，至少学习学校课程所规定的学科内容并不是教学的唯一目的。其次，教学未必能引起所有学生的学习，但是教师必须认真考虑每个学生不同的学习需要和能力。教师的工作不只是根据预设的目标引发学生的学习，而且需要对学生应该学习什么以及为什么应该学习这些进行反思。一个优秀的教师有时会将学科内容的学习放在

① Dunne, J., Arguing for Teaching as a Practice: A Reply to Alasdair MacIntyre. *Journal of Philosophy of Education*, 37（2），2003.

② Dunne, J., Arguing for Teaching as a Practice: A Reply to Alasdair MacIntyre. *Journal of Philosophy of Education*, 37（2），2003.

③ MacIntyre, A., *Dependent Rational Animals: Why Human Beings Need the Virtues*. London: Duckworth, 1999.

一边，帮助学生去理解对他们日常生活来说更为重要的问题。第三，根据谢弗勒的观点，教学总是意味着一个人打算让他人学习某种东西（意向性），而且必须选择某种可望达到预期学习的合理方法（合理性），必须在这一过程中不应该妨碍学生的理性思考（方式）。① 诺丁斯进一步指出，教学在方式上不仅要尊重学生的理性，而且要将他们作为具体的人加以关怀，并且通过倾听和对他们的表现进行回应来传递这种关怀。与医生不同，"教师将她的整个自我（她的理智、她的反应性、她的幽默、她的好奇心……她的关怀）都作为（学生的）榜样"。这意味着，教学涉及的不仅仅是某些技巧或技能，还包括教师的整个人格。此外，就"合理性"的标准来说，诺丁斯认为，它不应只是涉及方法的选择问题，而且也包括主题、目标、活动的选择，而这些选择并不是完全指向学习的，而是为了建立和维持关怀的关系，寻求更加深入的理解。②

不仅仅如此，教学还构成了一种生活方式。霍根认为，在教育领域有两种流行的观点：一是将教学仅仅看作是作为谋生手段的工作（job）甚或专业（profession），要求从业者掌握一套技能；二是将教学看作是天职（vocation），要求从业者具有更加崇高的目的和服务精神。霍根摒弃了这两种观点，而将教学看作是介于两者之间的一种生活方式（a way of life）。这意味着，教学不仅仅像麦金太尔所认为的那样仅仅是一种手段或一套技能，而且要将学习从边缘带到中心，承认对学习的内在责任；同时，它还具有自身的完整性（integrity），拥有自身的权威、内在的目的和独特的责任。用霍根的话来说，教学所涉及的"不仅仅是沟通技能和策略的自然流畅，而且是某种在性质上不同的东西：在这个生活方式、价值取向和职业生涯都充满前所未有的多样性的世界中，致力于将教学和学习变成一种独特的成人方式（a distinctive

---

① Scheffler, I., *The Language of Education*. Charles C. Thomas, 1960.

② Noddings, N., Is Teaching a Practice? *Journal of Philosophy of Education*, 37 (2), 2003.

way of being human)"。① 在霍根看来，历史上最能诠释教学作为一种生活方式的人，无疑是雅典的苏格拉底（Socrates of Athens）。此外，邓恩更是明确提出，教学是一种独特类型的生活，不仅具有属于自身的善，还拥有自身的历史。就像画家一样，一个人作为教师的生活与他的其他生活之间可能会存在一定的游离，因此教师也可能面临类似的"高更问题"：在整个生活中，怎样将教学的善与其他的善联系起来？而且，与其他实践一样，教学也有自身的历史，"这不仅表现在单个教师的生涯方面，而且表现在重要人物和成就、实际上也包括根本论争所构成的更加广泛的传统中——从柏拉图到亚里士多德，到西塞罗（Cicero，M. T.）和奥古斯丁（Augustine）、阿奎那（Aquinas，T.）、夸美纽斯、卢梭和福禄培尔（Froebel，F.），直到杜威和弗莱雷（Freire，P.），他们的经典著作都对教学的应然目的进行了界定和修正"。② 如此等等，这些教育哲学家都在以不同的方式回应和修正麦金太尔有关"教学"的简单化甚至是带有偏见的理解。

其次，即便我们可以确证教学作为一种"融贯的、复杂的通过社会建立起来的协作性的人类活动形式"，我们仍然必须进一步说明它是否具有内在善——这是麦金太尔"实践"概念中最为核心的部分。前面提到，麦金太尔认为，教学没有属于自身的内在善，它所具有的目的或意义都是来自于它所服务的或促进学生参与的各种实践。对此，我们又该如何回应呢？

在这里，我们仍然有必要将教学限定在学校教育的语境中。按照麦金太尔的观点，各门学科的教学所具有的善都是来自于这些学科，除此之外，别无其他的善；数学教师与数学家都是以同样的方式看待和追求数学这种实践的内在善，他们都属于数学实践共同体的一部分，分享、维护和促进了数学实践共同体的传统和共同利益，因而不是我们"想象的"教学实践同体的一部分。邓恩、诺丁斯、凯塔亚玛（Katayama，K.）等人都明确反对麦金太尔

---

① Hogan，P.，Teaching and Learning as a Way of Life. *Journal of Philosophy of Education*，37（2），2003.

② MacIntyre，A. and Dunne，J.，Alasdair MacIntyre on Education: In Dialogue with Joseph Dunne. *Journal of Philosophy of Education*，36（1），2002.

的这种立场，他们认为，要求数学教师将自己当作数学家的做法是完全错误的。诺丁斯就说，"幼儿园和小学的数学教师就不是数学家。可以肯定的是，根据专业的外在标准，他们都不够格成为一个数学家，而且他们也不会被数学家们承认是这个专业的成员。他们也不能满足内在的标准，他们不能产生新的数学知识，也不能花大部分的工作时间研究数学。仅有极少数人——甚至在高中水平上——具有足够的知识，促进某些学生进入数学这项实践中。而要做到这一点，他们也需要专门的教师技能，以确定什么时候促进哪些学生进入这种实践"。① 这意味着，学科教师的教学具有某种外在于学科实践、同时又内在于教学本身的善。众所周知，真正优秀的数学教师大多不是优秀的数学家，而真正优秀的数学家也未必就能成为优秀的数学教师。一个好的教师需要的不仅仅是洞悉所教学科或内容的内在善，而且更为重要的是懂得如何在恰当的时间、恰当的地点以恰当的方式将恰当的学生引向这些学科或内容的善。由此可见，学科教师的教学与学科专家的探究所具有的内在善可能是不同的，或者说从根本上就是两种不同的善。值得注意的是，在与邓恩进行教育对话的前几年（1998 年），麦金太尔本人在《阿奎那的教育批判》一文中就"教育"表达过类似的观点："教育的进步体现在两类截然不同的善上。一种是技能和理解的善，这种善不仅是每一种而且是全部技艺和探究的目的；另一种是个体的善，这种善发生在他作为学生的特定人生阶段上。……当且仅当对技艺和探究的善的追求有助于从事这些活动的个体的善时，教育才是善的。"② 虽然麦金太尔在这里不是明确讨论"教学"，但是只要我们对于"教学"的理解不至贫乏到手段或技能的层面，只要在学校教育中"教学"仍然内含着教育性的（educative）要求，那么我们就可以说，"教学"同样内在地包含这两个层面的善。

---

① Noddings, N., Is Teaching a Practice? *Journal of Philosophy of Education*, 37 (2), 2003.

② MacIntyre, A., Aquinas's Critique of Education: Against his Age, Against Ours. In A. O. Rorty（ed.）*Philosophers on Education: New Historical Perspectives*. Routledge, 1998.

既然教学具有属于自身的内在善，那么这种善又是什么呢？显然，这种善是不能化归到某种要求学生参与的实践（如数学）中，首先应该体现在学生的善上。凯塔亚玛认为，它至少应该是个体学习能力的发展与他们在真实的教学活动中所经验到的满足与洞见（satisfaction and insights）。如在数学教学中，这种善可能包括：掌握一系列不同的解题方法；提升推理、辨别与判断的能力；懂得欣赏和尊重其他学习者的长处与不足；等等。① 邓恩在与麦金太尔的对话中，也认为教学的内在善是学生能力的发展②；然而，在与霍根主编的《教育与实践》专辑中，邓恩又对这个观点进行了一些修正，认为这种善并不排斥各个学科所具有的各种善，但应该包括"帮助他人分享它们的善"（helping others to share in them），这种善可以促进人们对真、善、美的热爱，进而激发人们对自身生活和所在共同体的责任感③。诺丁斯则认为，全人的发展（the development of whole persons）是教学首要的善，教学所具有的其他善要么是来自这种善，要么是服务于这种善。所有教师都对促进学生的全人发展负有某种责任，而这种责任不仅仅在于教给学生学科的内容，而且在于教师是以何种方式与作为具体个人的学生进行关联的。由于教学是关系性的，其"所具有的各种善也都是关系性的：在一个富有思想的教师的课堂中有种安全感，在师生双方的身上都有一种理智的热情在生长，师生在面对新教材的时候都分享到挑战和满意，觉悟到教学和生活是永无止境的道德探求"。④ 为了这个首要善，教师既要超越他所教学科的限制，尊重其他学科的善，具备有助于学生成为受过教育的人的"宽广的文化知识"（cultural knowledge），又必须致力于建立和维持一种关怀和信任的关系——在诺丁斯看来，这种关

---

　　① Katayama, K., Is the Virtue Approach to Moral Education in a Plural Society. *Journal of Philosophy of Education*，37（2），2003.

　　② MacIntyre, A. and Dunne, J., Alasdair MacIntyre on Education: In Dialogue with Joseph Dunne. *Journal of Philosophy of Education*，36（1），2002.

　　③ Dunne, J., Arguing for Teaching as a Practice: A Reply to Alasdair MacIntyre. *Journal of Philosophy of Education*，37（2），2003.

　　④ Noddings, N., Is Teaching a Practice? *Journal of Philosophy of Education*，37（2），2003.

　　　　教育的道德基础——教育伦理学引论

系构成了有效传递一般或专业的知识的基础，但它们本身就是目的，而不仅仅是实现其他学习的手段。

与此同时，教学的善也是内在于作为实践者的教师本身的。在追求教学的卓越或优秀的过程中，教师本人不仅可以获得理智上的发展，而且自身的教学能力也会得到提高。而这种教学能力的发展，在凯塔亚玛看来，"将会促使教师更好地评价每个孩子的进步，为他们提供各种各样的适合的任务与挑战，并在课堂和学校中培育能够通过特定美德的实践促进相互学习的共同关系"。① 诺丁斯所强调的教学的关系性，在这里又再次展现了出来。

（三）"实践"概念的重构

在内在的批评方面，我们还可以对麦金太尔"实践"概念本身的合理性进行反思。如果他的"实践"概念本身在内涵和外延上就充满着模糊性或不确定性，或者说是需要进一步修正或深化的，那么简单地将它应用在"教学"问题上显然就是不妥当的。事实上，诚如许多批评者所指出的，麦金太尔对"实践"概念所做的种种规定，确实对我们判断教学作为实践的可能性增加了某些限制或困难，同时也带来了某种契机和例证。

首先，麦金太尔承袭了亚里士多德的实践传统，但是却忽视了亚里士多德在技术知识（techne）和实践智慧（phronesis）或者生产性活动和实践性活动之间进行的严格区分。techne 的目的在于自身以外的结果，而 phronesis 的目的却在自身之中。从麦金太尔所列举的诸多"实践"范例来看，他似乎将亚里士多德严格区分的两类活动都纳入在他的实践概念之中。比如，被麦金太尔视作实践的建筑（architecture）在亚里士多德的分类中就应该归于 techne 的范围，因为建筑的目的不在于参与者的活动自身，而在于经过这些活动而制造的建筑物。因此，建筑的善必须依据它的结果——特定的建筑物（如住宅、办公楼、教堂、足球场）才能加以确定；而这些建筑物又属于不同的实践，具有不同的善。在这一点上，教学与建筑有内在的相似性，他们服

---

① Katayama, K., Is the Virtue Approach to Moral Education in a Plural Society? *Journal of Philosophy of Education*，37（2），2003.

务于不同的实践或善。邓恩就批评说，"如果服务于其他种种实践的善并不能取消建筑作为一种实践的资格，我也看不出有任何理由据此取消教学作为一种实践的资格"。①

其次，麦金太尔的"实践"概念也存在类属上的问题。麦金太尔还将农作（farming）、建造（construction）和渔业（fishing）这类统合性的（generic）活动作为实践的范例。农作也许可以算作是某些共同体主导性的生活形式，然而将建造作为这类实践，却是值得怀疑的。诚如黑格（Hager，P.）所说，建造并非某种单一的实践，而是包含着各种不同的实践，如修路、建桥、建教堂、造船等，都属此列。而且，在历史上，这些具体的实践都隶属于不同的共同体，形成了不同的行会组织，这些组织又都在提升他们各自的技能和熟练程度，规定了娴熟劳动力的供给、保护他们成员的经济利益。同样的，农作和渔猎也不是某种单一的实践，而是包含各种不同的实践。② 就此而言，假如这种统合性的活动可以看作是实践，那么教育或教学也可以看作是实践，因为它们统合了各个学科教师的工作，而这些不同学科的教师的不同实践本身并不妨碍教育或教学作为实践本身。

再次，麦金太尔有关内在善的界定也很模糊，而且不恰当地将外在善看作是内在善的威胁。诚如米勒（Miller，D.）所说，麦金太尔的"实践"涉及两种不同的类型：一种是"自足的实践"（self-contained practice），以游戏（game）活动为代表，其意义完全在于参与者所实现的内在善本身；另一类是"目的性实践"（purposive practice），如建筑、农作或探究活动等，这类活动都要服务于自身以外的某种社会目的，比如建造美观、舒适的房子，为共同体生产食物，发现科学的真理。③ 显然，这里的"目的性实践"涉及的不仅仅

---

① Dunne，J.，Arguing for Teaching as a Practice：A Reply to Alasdair MacIntyre. *Journal of Philosophy of Education*，37（2），2003.

② Hager，P.，Refurbishing MacIntyre's Account of Practice. *Journal of Philosophy of Education*，45（3），2011.

③ Miller，D.，Virtues，Practices and Justice. In Horton，J. and Mendus，S.（Eds.），*After MacIntyre：Critical Perspectives on the Work of Alasdair MacIntyre*. Polity Press，1994.

是内在善本身，而且离不开它本身所具有的社会目的。在米勒看来，相对于内在善而言，这些社会目的也构成麦金太尔所谓的外在善——与麦金太尔经常提及的金钱、权势和地位不同，它们在道德上往往是中立的，甚至是值得追求的。这意味着，外在善并不像麦金太尔所认为的那样都构成对内在善的威胁，相反，在有些实践中，外在善的实现反过来有助于内在善的追求。黑格认为，特定实践的成功不单单是内在善的实现，而是在于内在善与外在善之间维持某种平衡。① 从特征上来看，教学不是"自足的实践"，而是一种"目的性实践"，具有属于自身的特定的社会目的；这些社会目的的存在并不足以消解教学作为一种实践本身，相反它们与教学所具有的内在善一起共同保证了教学的卓越或成功。

第四，麦金太尔的"实践"概念主要是从社会学的意义上进行阐释的，而在很大程度上忽略了这个概念本身具有的道德或伦理意义。在《追寻美德》中，麦金太尔将美德看作是获得实践所具有的内在善的必要条件，因此所有的美德就表现为保证实践及其内在善得以实现的一种组织的（organizational）或执行的（executive）品格或品质。从这种意义上说，美德的培育或道德教育，不是因为诸如正义、勇敢、诚实之类的美德本身就是值得欲求的，而是因为这些美德对于成功地实现特定的实践及其内在善来说是必要的。卡尔认为，这完全忽略了美德或道德在教育或教学中的核心地位，而且在逻辑上是倒果为因。美德的培育或道德教育之所以是必要的，仅仅是因为"只有当别人表现出这些美德才是更加完善的人"，而要帮助他们成为这样的人，最好的途径就是教育者在这些美德上做好示范或榜样。"只要自我和他人的这些发展包括了在人类联合和主体性的复杂背景中对行为的反思性凝练和提升，就没有理由否认它是一种重要的人类实践。实际上，根据亚里士多德的完善论而不是麦金太尔的社会学观点，它完全可以算得上是一种道德的实践，而不是

① Hager, P., Refurbishing MacIntyre's Account of Practice. *Journal of Philosophy of Education*，45（3），2011.

一种理论的或技术的实践。"①正是在这种道德的意义上，教学可以看作是一种实践。

综上所述，无论是从麦金太尔给定的"实践"标准，还是从他所呈现的"实践"范例（如"建造""医疗"等）来看，教学都可以在某种程度上够得上他所谓的"实践"标准——即便这里不包括实践共同体中的学徒制（apprenticeship），至少正规教育系统中的"教学"应在此列；在正规教育系统中，尽管仍有人对大学或中学阶段的"教学"作为独立的实践持怀疑态度，但是对于小学阶段的"教学"作为实践，甚至包括麦金太尔在内，也没有根本性的分歧，因为这个阶段的"教学"难以化归到诸如数学、历史、物理之类学科的实践中。我们注意到，麦金太尔之所以拒绝将教学看作是一种"实践"，在一定程度上与他对"教学"的偏狭理解有关，同时也与他的"实践"概念及其范例本身所固有的模糊性和矛盾性有关。

既然麦金太尔的"实践"概念存在一定的限制，那么，为什么我们（包括很多教育哲学家）还要从麦金太尔的"实践"概念出发理解"教学"呢？应该说，在众多关于"实践"的理论中，麦金太尔的"实践"概念对我们思考教育或教学的性质和价值具有一种直觉上的吸引力。麦克劳林认为，这种吸引力不仅来自于麦金太尔的"实践"概念的特征，比如它所具有的"融贯性、复杂性、内在善，需要某种自我卷入和自我转型的合作性的参与以及在这一过程中美德的参与"②，而且更为深层的因素是源于人们对学校教育中泛滥的技术主义、工具主义的观念和思维的厌恶。在与邓恩的对话中，麦金太尔本人就认为，学校教育中盛行的"投入－产出模式"（input-output model）不断威胁着教师的教育或教学工作本身。

---

① Carr，D.，Rival Conceptions of Practice in Education and Teaching. *Journal of Philosophy of Education*，37（2），2003.

② McLaughlin，T. H.，Teaching a Practice and a Community of Practice：the Limits of Commonality and the Demands of Diversity. *Journal of Philosophy of Education*，37（2），2003.

第四章　教育的道德目的

　　历史地看，教育与道德的关联主要是以手段与目的的方式呈现的。很多思想家和教育家将道德看作是教育必须要达成的目的或必须要传递的内容，将教育看作是实现个体或社会的道德理想的必要手段。这种关联是如此的密切，以至于在一些社会文化中——特别是在中国的语境中——甚至会出现"教育"与道德教育几近同义的情况。① 但是，这并不意味着，将道德作为教育的目的这个要求就是"独断"的，就没有理性的依据或反省的必要。事实上，要真正实现教育的道德目的，就不得不对这个目的本身涉及的具体内涵有明确的认识，同时也需要从探讨道德问题的伦理理论中找寻确立实践原则的基础。因此，本章并不打算直接探讨实现道德目的的具体教育策略，而是对这个道德目的及其教育路径的道德哲学基础进行简要的回顾。

一、道德作为教育的目的

　　通常，教育目的所表达的不外是国家、社会或个人对个体通过教育过程在身心方面发生的变化或产生的结果的预期或要求，归根到底涉及的是"教育应该培养什么样的人"的问题。但是，这些期待或要求，在不同的人那里可能是有差异的，而在不同的社会中也未必相同。比如，有强调"成人"的，使人的本性得到完善，使人的能力得到提升，使人的潜能得到开掘；也有主

---

　　① 见《中国大百科全书》（第 11 卷），中国大百科出版社 2009 年版，第 438 页。

张"育才"的，使个体成为对国家或社会有用的人，成为具有专门知识和能力的人；还有倡导培养合格公民的。在诸如此类的具体的人的形象背后，折射的往往是人们在教育价值观上的深刻分歧：究竟应该以个人为本位还是以社会为本位？究竟是为未来生活做准备还是关注当下的生活？究竟应该培养自由或博雅的人还是职业或专业的人？如此等等。但是，无论是哪一种立场或观念，道德似乎都是这些目的框架中不可或缺的部分。那么，它为什么会出现在教育目的的框架中？又在这个框架中处于怎样的地位？它所展现出的内涵究竟是什么？这些似乎都是值得探讨的问题。

（一）道德在教育目的中的地位

教育目的直接关涉的是对个体发展的预期。这种预期可能是带有整体性的人的形象，比如希望个体成为"自然人""绅士""公民""理性人""自由人""自主的人""全面发展的人"。但是这种说法仍然非常笼统，我们还需要对这些人的形象的主要特征进行具体的描述或界定，由此我们可能会努力指出他们所应该拥有的知识、能力或技能、道德品质、审美素质等等，并把它们归结在由德、智、美、体方面构成的目的框架中。这就是我们最为经常的表达——个人的全面发展。之所以出现这种目的框架，往往与人们对个体发展涉及的基本维度的假定有很大的关系。一般来说，主要涉及身体（body）和心灵（mind，或精神）两个方面的发展，而心灵的方面又常常区分知、情、意等三个部分，由此就形成了由体育、智育、美育、德育等构成的全面发展教育或教育目的体系（图4.1）。

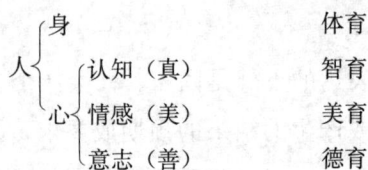

人 { 身 —— 体育
心 { 认知（真）—— 智育
情感（美）—— 美育
意志（善）—— 德育

图 4.1　身心结构与教育目的的构成

其实，从启蒙运动以来，这种区分就逐渐被认可和接受。比如，马克思在《临时中央委员会就若干问题给代表的指示》中认为教育有三件事：心育（mental education，或译精神教育）、体育（bodily education）以及技术学训练（technological training）；斯宾塞则直接将教育区分为"理智的"（intellec-tual）、"道德的"（moral）和"身体的"（physical）。又如，在我国，蔡元培在《普通教育和职业教育》的演说词中也提到："所谓健全的人格，内分四育，即（一）体育，（二）智育，（三）德育，（四）美育。"① 对于这种区分的理据，王国维曾在他的《论教育之宗旨》中进行过明确的阐述。他说："教育之宗旨何在？在使人为完全之人物而已。何谓完全之人物？谓人之能力无不发达且调和是也。人之能力分内外二者：一曰身体之能力，一曰精神之能力。发达其身体而萎缩其精神，或发达其精神而罢敝其身体，皆非所谓完全者也。完全之人物，精神与身体必不可不为调和之发达。而精神之中又分为三部：知力、感情及意志是也。对此三者而有真善美之理想：真者，知力之理想；美者，感情之理想；善者，意志之理想也。完全之人物不可不备真善美之三德，欲达此理想，于是教育之事起。教育之事亦分为三部：智育、德育（即意志）、美育（即情育）是也。"②

实际上，王国维对人的心灵或精神能力的区分，可以溯源到德国哲学家沃尔夫（Wolff，C.）和提顿斯（Tetens，J. N.）那里：前者将心灵的功能分为认知功能（包括感觉、想象、记忆、悟性、理性等）和欲求功能（包括情感、意志等），后者直接将它区分为理解、情感、意志三个方面。后来，这种三分直接通过康德的三部著作（《纯粹理性批判》《实践理性批判》《批判力批判》）得到确认，它们处理的是人类的认识活动、意志活动和情感活动，而这些活动追求的分别是真、善、美。③ 这些划分构成了人们对人的心灵或精神的基本框架，而且逐渐获得了现代心理学的支撑——其中很多研究即是关注人的认知、情感或情绪、道德的发展。这种哲学和心理学的建构，直接反映在

---

① 蔡元培：《普通教育和职业教育》，载高平叔编：《蔡元培教育论著选》，人民教育出版社1991年版，第316页。

② 王国维：《论教育之宗旨》，载舒新城编：《中国近代教育史资料》（下册），人民教育出版社1961年版，第1008页。

③ 瞿葆奎：《劳动教育应与体育、智育、德育、美育并列？——答黄济教授》，载《华东师范大学学报》（教育科学版），2005年第3期。

布卢姆（Bloom，B.S.）等人有关教育目标的分类学中，其中涉及三大领域，即认知领域、情感领域和动作技能领域，其中情感领域涉及的是更为广泛的价值领域，实则包含了审美和道德等层面。

当然，这种教育目的的体系也并非不可扩展。举例来说，日本的小原国芳通过对柏拉图、康德、李凯尔特（Rickert，H.）、闵斯特贝格（Munsterberg，H.）等人的价值学说的分析，提出了不同的目的框架，形成了自己的"完人教育"思想。他认为："人类文化含有六个方面，即科学、道德、艺术、宗教、'身体'与生活。科学追求真，道德追求善，艺术追求美，宗教追求圣，'身体'追求健，生活追求富。教育则追求真善美圣健富这六种价值的创造。并且，我们把真善美圣这四种价值称为绝对价值，而把健与富称为手段价值。"① 值得注意的是，尽管小原国芳对作为教育目的的价值领域有所扩展，但是其基本出发点仍然是对人的身、心区分，在心的方面也没有超越原来的"知""情""意"框架（见图 4.2）。但无论教育目的的体系如何调整，道德似乎都是其中不可或缺的组成部分，因为它不仅是个体的意志活动所内含的，而且也是人们追求善的价值所要求的。

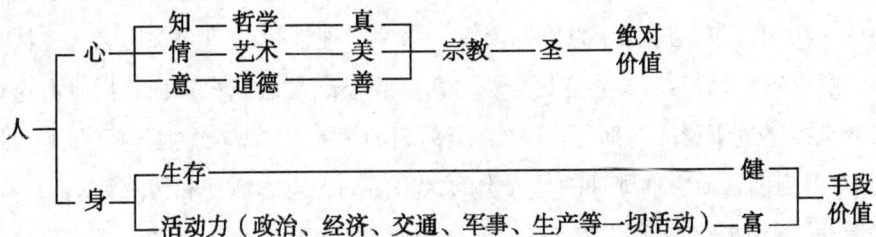

```
        ┌─ 知 ── 哲学 ── 真 ┐
   ┌ 心 ─┼─ 情 ── 艺术 ── 美 ├─ 宗教 ── 圣   绝对
   │     └─ 意 ── 道德 ── 善 ┘              价值
人 ─┤
   │     ┌─ 生存 ─────────────────── 健 ┐ 手段
   └ 身 ─┤                               ├ 价值
         └─ 活动力（政治、经济、交通、军事、生产等一切活动）── 富 ┘
```

图 4.2　完人教育的价值体系②

那么，在这些教育目的的体系中，道德究竟居于怎样的地位呢？这里很难一概而论。在不同的历史时期、不同的社会文化中，以及在不同的教育家或思想家那里，都可能会有不同的优先性考虑。综合已有的教育目的观，可以

① 小原国芳著，吴康宁译：《完人教育论》，载瞿葆奎主编，丁证霖、瞿葆奎选编：《教育学文集·教育目的》，人民教育出版社 1989 年版，第 304 页。
② 小原国芳著，吴康宁译：《完人教育论》，载瞿葆奎主编，丁证霖、瞿葆奎选编：《教育学文集·教育目的》，人民教育出版社 1989 年版，第 313 页。

发现道德在教育目的中的地位会呈现出三个重要的分歧：

第一，阶段性目的与全程性目的。人们很早就注意到人的发展的阶段性，而且在不同的阶段上，人的发展的重点将有所侧重。因此，有些人认为道德教育应该是儿童到了特定发展阶段去完成的，而不是每个发展阶段都要关注的。比如，卢梭就认为，婴孩期（出生－2岁）以身体养护和锻炼为主，儿童期（2－12岁，理性睡眠期）以感觉教育为主，青年期（12－15岁）以知识教育为主，青春期（16－20岁）以道德教育和宗教教育为主。但是，这种观点并没有被广泛接受，因为人的发展是整体性的，在任何阶段都内含了德、智、美、体等方面的内容，只是在不同的阶段对儿童道德学习的要求有所不同。这意味着，道德目的是贯穿在一个人的全部教育历程中。

第二，等位性目的和差位性目的。所谓等位性目的，是指德与智、美、体等方面同等并列，因此道德只是教育目的的一个方面。比如蔡元培和王国维就认为四育需等同视之，不可偏废。所谓差位性目的，也就是德与其他方面并不构成并列，或高于或低于其他目的。比如，赫尔巴特将道德视为教育的最高目的，相反，所谓"智育第一"则在一定程度上压低了道德目的。

第三，内涵性目的和工作性目的。前面我们提到，教育是一个道德概念，其本身就内涵有使人向善或趋善的含义。这意味着，道德即便作为教育的目的，也是内涵在教育本身的，而不是由外部强加的。由此，可以称之为内涵性目的。还有一种观点认为，德育必须从目的的层面转向工作的层面，也的确在现实中成为一项由专职人员从事的具体的工作。这种工作取向表面看起来是在加强学校教育的道德目的，但是实际上是稀释了教育的道德内涵，割裂了个人的发展的完整性，使部分教师放弃了道德的责任，失去了道德发展的各种资源。[①]

（二）"受过教育的人"的标准：知识抑或美德？

前面我们提到，教育目的不过是国家、社会或个人的某种预期或要求。但是在杜威、彼得斯等人看来，这些不过是教育的外在目的，是我们从外部

---

① 参见黄向阳：《德育原理》，华东师范大学出版社2000年版，第31－36页。

强加给教育过程的，而不是教育过程本身的目的。在杜威看来，教育的目的就是经验的不断改组或改造，而经验的不断改组或改造就是教育本身，因此他说："教育的过程，在它自身以外没有目的；它就是它自己的目的。"① 彼得斯也反对将教育的外在目的与内在目的混淆起来。他说："如果教育指的是以道德上无可非议的方式有意识地培养某种可欲求的心理状态（state of mind），那么教育就很容易看成是一个有助于某种外在于教育的有价值事物的中立过程。"② 换句话说，教育就变成了一个手段，并无自身的目的。在他看来，教育本身即意味着发展人的潜能或理智或品格，意味着人的改善。如果讨论的是发展理智和陶冶品格哪个更重要，这就是在讨论教育的目的，是在讨论什么是受过教育的人（educated man/person）的最重要的特征。

假如我们坚持这种内在目的，那么一个受过教育的人究竟是怎样的呢？一个受过教育的人未必（也不可能）具有一切有价值的东西，但是必定有某种有价值的东西是他所独有的，换句话说，这种东西是区分受过教育的人和没有受过教育的人（uneducated man）的尺度。在彼得斯看来，这种东西就是知识。"不管一个受过教育的人是什么别的东西，他是一个对某种东西有所了解的人。"③ 至于同情、勇气之类的美德都是有价值的，但是它们并不是受过教育的人所独有的，一个没有受过教育的人也完全可以具有诸如此类有价值的东西。④ 就此而言，认知的标准就构成了"受过教育的人"的必要条件。

但是，这个认知条件是不是基本的或充分的呢？有人可能把价值条件看作是受过教育的人的必要条件甚至基本条件，认为一个受过教育的人应该是一个追求有价值的事物的人；比较而言，认知条件应该根据价值条件而定。针对这种反对意见，彼得斯指出，这个价值条件与我们强调一个受过教育的

---

① 杜威著，王承绪译：《民主主义与教育》，人民教育出版社 2001 年版，第 58 页。
② Peters, R. S. *Ethics and Education*. George Allen & Unvin Ltd., p. 29.
③ 彼得斯著，王承绪译：《教育与受过教育的人》，载王承绪、赵祥麟选编：《西方现代教育论著选》，人民教育出版社 2001 年版，第 498 页。
④ Peters, R. S., The Justification of Education. In Peters, R. S. (Ed.), *The Philosophy of Education*. Oxford University Press, 1973. p. 240.

人必须具备知识和理解力之间并不冲突，因为在西方的社会文化语境中，人们认为有价值的事物就是集中在知识和理解力上。一方面，这种价值本身就是附着在真理的各种形式上，另一方面其他有价值的事物（如园艺、饮食等）如果借助知识和理解，以灵敏的、明辨的或者通达的方式加以追求，就会更加值得珍视。① 彼得斯说："因为知识和理解，既是为了它们本身的缘故，又是一般地为了它们对技术和我们生活的质量的缘故，在我们的文化中受到重视，'受过教育'逐渐被看作是可置身其中的极为理想的状态。"② 至少在英国的语境中，就"教育"或"受过教育的人"的概念而言，认知条件是基本性的，价值条件有赖于认知条件，或者本身就指向认知方面。

如果这一认知条件是可以接受的，那么一个受过教育的人所具备的知识应该是怎样的或者具有怎样的形式？彼得斯在《教育与受过教育的人》一文中指出："如果苏格拉底有关'善的知识'的概念对'受过教育'的非工具性方面的分析提供线索，那么知识就在三个方面进入一个受过教育的人的概念，即知识或理论上理解的深度，在全面发展和'认知洞见'中所包含的知识的广度，以及'善的知识'。"③ 因此，构成受过教育的人的条件的知识的三个方面分别为：第一，一个受过教育的人不仅仅是消息灵通的（informed）或知识渊博的（knowledgeable）的人，更是在知识和理解上具有一定深度的人；第二，一个受过教育的人不是狭隘专门化的（narrowly specialized）人，而是在知识上具有一定广度的人；第三，一个受过教育的人不只是关注自己所从事的工作的工具性方面，而必须具备"善的知识"。

显然，彼得斯并不认为，拥有道德或品格之类的东西，可以作为区分受过教育的人与没有受过教育的人的基本标准，尽管他也没有否认一个受过教

---

① 彼得斯著，王承绪译：《教育与受过教育的人》，载王承绪、赵祥麟选编：《西方现代教育论著选》，人民教育出版社 2001 年版，第 500 页。

② 彼得斯著，王承绪译：《教育与受过教育的人》，载王承绪、赵祥麟选编：《西方现代教育论著选》，人民教育出版社 2001 年版，第 502 页。译文略有调整。

③ 彼得斯著，王承绪译：《教育与受过教育的人》，载王承绪、赵祥麟选编：《西方现代教育论著选》，人民教育出版社 2001 年版，第 508 页。

育的人需要道德或品格。这种看法遭到了英国另一位教育哲学家怀特（White，J.）的反对。他在《再论教育目的》（*Revisiting the Aims of Education*）中，不仅对语言分析应用在教育目的方面的妥当性表示怀疑，而且对彼得斯经由这种方法所建立的认知标准提出了多方面的批评。第一，彼得斯有关受过教育的人的分析具有"先验的"（transcendental）特征。怀特认为，这种观点存在诸多困难，"它并没有说明为什么应该为追求知识而追求知识，因为没有任何东西能保证提问者在发问时没有外在的原因；而且即使我们断定知识本身具有内在的价值，我们却没有任何理由证明教育必须以追求知识为目的"。① 第二，拥有或追求知识只是诸多"自身目的"（ends-in-themselves）之一，而不是全部。怀特认为，一个受过教育的人自然应该通晓知识，将拥有和追求知识作为受过教育的标志，这种观点并非完全错误。倘若一个人对追求科学之类的"自身目的"毫无兴趣，那么他所受的教育就是残缺不全的，自然也不能算作是一个受过教育的人；但是，如果我们将这个目的看作是教育的全部，赋予它优先的地位，同样也会将学生引向歧途。第三，相对于美德来说，知识与其他"自身目的"一样都只是居于从属的地位，而不是根本目的。怀特就说："知识是美德的必要前提，而知识本身不是目的。"一个受过教育的人需要了解组成他生活规划的"自身目的"（除了追求知识之外，还包括受人尊重、社会交往、艺术欣赏或创作，以及吃、喝、娱乐之类的物质生活，等等）的多样性，以及实现这些目的的手段和障碍。这些知识首先是与他个人的幸福紧密相连的。怀特认为，如果我们将他看作是一个道德自律的主体，这些知识就具有了完全不同的意义："如果他关心其他人的幸福，他一定要了解这种幸福总体上是什么以及它包括哪些内在的和手段性的组成因素。事实上，他作为具有道德自主性的主体所接受的全部知识已经归属于这个主题之下。"②

由此，怀特提出，在受过教育的人的标准中，美德应该处在中心位置。③

---

① 怀特著，李永宏等译：《再论教育目的》，教育科学出版社 1997 年版，第 13 页。
② 怀特著，李永宏等译：《再论教育目的》，教育科学出版社 1997 年版，第 141 页。
③ 怀特著，李永宏等译：《再论教育目的》，教育科学出版社 1997 年版，第 138 页。

从根本上说，一个受过教育的人是一个具有德性的人。这种人不是局限在狭隘的个人层面，而是"从拓展的意义上考虑他的自身幸福，他把个人幸福推及他人，把幸福融入一种道德高尚的生活之中"。怀特描述了一个受过教育的人的形象："他倾向于某些行为方式而不倾向于另一些行为方式；他具有诸如审慎、关心个人利益等一般性的品质（也包括派生出的诸如勇气与克制等品质），如果从更广泛的角度来考察，还应该包括那些更具道德意味的品德如：仁慈、公正、诚实、宽容、讲信用。这要求他是头脑清晰的，能够理清他面对的各种价值冲突，又是富有智慧的，能够对这些冲突进行思考和反省并从各个可能的相关因素的作用来解决这些冲突。真正受过教育的人往往崇尚人的自主性，因而他自己就富有主见，并对其他人的独立思想持同情态度。他能使自己从狭隘的目的中超越出来，并运用想象力去理解其他人的思想。如果受过教育的人缺乏幽默感，那是令人难以想象的……真正受过教育的人应该是一个最有活力的人，用他自己的全部热情去追求他所选择的生活，并全力以赴地投入到他的生活规划及其包含的各项具体内容中去。"① 概言之，审慎、勇气、克制、仁慈以及明智、思想独立、智慧、幽默和活力等品质是一个受过教育的人的特征。至此，我们可以看到，怀特所列的"美德表"，在很大程度上是亚里士多德所区分的"道德美德"和"理智美德"的现代版。

（三）走向道德上受过教育的人

彼得斯与怀特在什么是受过教育的人的问题上确实存在分歧，但这种分歧并不是根本性的。尽管他们对知识和美德各有侧重，但是都没有因此就否认另一个的价值或必要性。事实上，怀特明确承认知识是美德的必要前提，而且他所列的美德清单中很多都是与理智或认知有关的。同样，彼得斯也特别强调"善的知识"这个条件。在他看来，无论是科学的活动还是实际的追求，都有某种内在的善；一个受过教育的人不只是懂得这些活动或追求的功用或工具方面，更为重要的是知晓和欣赏它们的内在价值，并按照这种内在

———————

① 怀特著，李永宏等译：《再论教育目的》，教育科学出版社 1997 年版，第 138—139 页。

价值去行动。这一观点显然是源自古希腊伦理传统，特别是苏格拉底和柏拉图都强调知识即美德。真正懂得事物的内在善的人，是决不会作恶的。就此而言，我们很难说彼得斯的受过教育的人就不关心道德了，事实上在《教育的辩护》(*The Justification of Education*) 中就明确说，这种人懂得科学的标准，不可能不知道科学活动的道德前提。由此可以说，一个真正受过教育的人必定是关心并实行道德的人，但并不能就此断言一个具有美德的人就是一个受过教育的人。

至此，我们也许可以姑且搁置知识与美德孰为基本条件或标准的问题，聚焦一个受过教育的人在道德或美德方面的基本特征。一个受过教育的人毫无疑问是整全的，但是这种整全性必定体现在他的身心活动的各个领域，如认知活动、情感活动、意志活动等。假如我们认为教育的目的就是内在地造就一个受过教育的人的话，那么我们也可以说教育的道德目的其实就是内在地造就"一个道德上受过教育的人"(morally educated person)。如前所述，在怀特那里，一个受过教育的人根本上说就是一个道德上受过教育的人，反之亦然；而且他列举了这种人所具有的种种美德。实际上，我们也可以从《道德发展与道德教育》(*Moral Development and Moral Education*) 一书大体窥见他对"道德上受过教育的人"的理想。他认为，道德教育应该是造就一个具有理性自律的道德人，这种人应该对道德规则有理性的认识，对道德原则有理性的热情，同时能自主而理性地将它们应用到复杂的道德情境中。具体来说，他或她是一个具有自我立法、自我司法和自我行政功能的人。其中，自我立法是指自己能直接地认识和接受基本的道德原则，并且按照这些原则提供的理由或支持选择自己的行为准则；自我司法是指自己能根据道德原则确定规则与情境的关系，并能明智地运用或修正规则；自我行政是指自己能够面对各种情境内在一贯地坚持自己的行为准则。[①] 在彼得斯看来，道德原则是我们在道德生活中进行道德判断和决策所不可或缺的要素，它们既可

---

① 彼得斯著，邬冬星译，李玢校：《道德发展与道德教育》，浙江教育出版社 2000 年版，第 211－213 页。

以帮助人们去认知和反思更为具体的道德规则的意义、价值或理由，也可以平衡道德规则之间的冲突以及道德规则与具体情境的张力。这些原则主要包括公正、利益的关怀、自由、尊重他人等等①——它们也正是彼得斯在《伦理学与教育》中讨论的教育的程序原则。总体来说，彼得斯所强调的是一种理性的道德，而不是习俗的道德；所持有的立场主要是康德主义的，而不是直觉主义、情感主义或功利主义的。

与彼得斯的观点相呼应的，是约翰逊（Johnson，C. D.）。他区分了道德思考和辩护的两个层次：一是非常具体的规则和戒律（precepts），二是更为抽象的原则和目标。第二个层面构成了对规则和戒律进行批判性反省的依据。在约翰逊看来，这两个层面对于我们的道德生活来说都是必不可少的，因此一个道德上受过教育的人必须具有与这两个层面相关的倾向性（dispositions）：他既要对具体准则所要求去做的事情具有内在的动机，又要知道如何运用更大的、抽象的道德原则对这个具体规则进行推理。但是，如何考虑这两个层面的平衡和整合呢？约翰逊认为，"道德上受过教育的人要具备对第一层次规则的某个准则进行反思甚至合法化的理智能力，而且只要有需要他就会这样做；如果不需要理论或抽象原则，他们也决不会仔细推敲或考量"。就此而言，"道德的人需要一点理智的（intellectual）区分，但不需要与此相应的性向的（dispositional）区分"。② 这意味着，一个道德上受过教育的人能够在道德生活中自由而明智地运用这两个层面的道德判断和辩护。在一个多元社会中，这种人还必须具备三种区分的能力：一是将私人领域和公共领域区分开来，只是对那些公共领域的事物进行道德考量，而对他人的私人生活的价值观或信条保持尊重；二是要厘清那些理性的或重要的不满和欲求，而对那些造成冲突的非理性的或不重要的不满和欲求进行真正的检核；三是了解那些具有基本的社会重要性的价值观与其他价值观之间的差异。

---

① 彼得斯著，邬冬星译，李玢校：《道德发展与道德教育》，浙江教育出版社 2000 年版，第 73—76 页。

② Johhson，C. D.，The Morally Educated Person in a Pluralistic Society. *Educational Theory*，31（3—4），1981.

至此，我们可以看到，约翰逊与彼得斯一样都对道德原则给予了基础性的地位，但比较而言，约翰逊试图回应多元的社会的需要，其有关"道德上受过教育的人"的建构更多的是社会意义上的。设若如此，那么在不同的社会文化语境中，人们对"道德上受过教育的人"的认识和定位可能就是极为不同的。在西方社会中，它更多的是与知识、理性或自主有关联，那么在我国，它也许在很大程度上是与美德、传统或遵从有关。这些不同的观念之间可能有分歧甚至冲突，如何在对话中寻找"道德上受过教育的人"的共同特征，仍然值得进一步的探讨。

二、在后果与动机之间

道德教育与道德哲学之间的联系是不言而喻的：若没有对道德本身的合理看法，没有对道德哲学的基本敏感，道德教育就可能因为缺乏根基而漂移不定、纷争不断。如果像杜威所言"教育乃是使哲学上的分歧具体化并受到检验的实验室"[1]，那么我们同样可以说，道德教育实践面临的某些问题，在很大程度上也是道德哲学上各种分歧的一种具体化。事实上，杜威确实在《民主主义与教育》中专门讨论了道德哲学中动机与后果、义务与兴趣、品格与行为之类的截然划分，及其在道德教育领域的体现和影响。从这种意义上说，道德教育必定需要考虑它的道德哲学基础。为了考察道德哲学对道德教育的影响，我们在这里首先检视一下功利主义和康德的义务论在道德教育上的观念及其分野，然后再回顾一下杜威的实验主义提出的解决方案。

（一）功利主义与后果论

功利主义对教育的影响是多方面的。比如，斯宾塞提出，教育要为未来的完满生活做准备，这种完善生活即是一种现实的快乐或幸福的生活；不仅仅如此，他根据对这种生活的"功用"，确立了课程选择的价值原则。事实上，功利主义的这种影响是深刻的，以至于我们在日常的教育生活中也在不

---

① 杜威著，王承绪译：《民主主义与教育》，人民教育出版社 2001 年版，第 248 页。

同程度上符应了它的要求。教师和家长常常以未来的成功、快乐或幸福驱动学生或孩子的学习，而我们也常常质问"学了这个知识有什么用"。尽管人们所追求或强调的"功利"有所不同，但似乎都不否认教育应该或必须具有对个人或社会的某种"功利"。不过，功利主义作为一种伦理学说，对教育影响最为显著的还是道德教育领域。[①]

首先，功利主义认为，道德教育注重对行为的训练，而非动机、意志或品格的塑造。无论是行为功利主义还是规则功利主义都认为，一个道德上正确的行为应该是使个体或社会幸福最大化的行为，应该是带来良善结果的行为，而与行为者本身的良善动机或意志无关。但是行为功利主义直接关注的是行为结果的好坏，而不太关注行为本身是否合乎某种道德原则或规范，这就有可能导致为了达到结果上的善好而出现不择手段的情况——这遭到了义务论的强烈批评；相对来说，规则功利主义试图避免这个缺陷所带来的道德风险，而将原则或规范的遵循纳入进来，既考虑行为结果上的善好，又不使行为本身违背某些道德原则或规范。在这种意义上，规则功利主义对强调原则的义务论做出了重要的让步。但这种让步对道德教育来说具有重要的意义，因为在实践的层面，让孩子在既定的道德原则或规范之间进行功利最大化的考虑，比让他们单纯在行为之间进行功利最大化的考虑，更为现实可行。很难想象，我们每次行动都需要根据功利原理进行计算，而道德教育也不过是教会孩子对行为结果的计算。实际上，道德的原则或规范对我们的行为提供了直接的指导，只不过幸福最大化原理为我们在合乎特定原则或规范的行为之间做出了裁决。

其次，在道德教育方法上，功利主义强调奖惩的使用。功利主义的起点是人类趋乐避苦、趋利避害的本性。边沁在《道德与立法原理导论》开篇就断言："自然把人类置于两位主公——快乐和痛苦——的主宰之下。只有它们才指示我们应当干什么，决定我们将要干什么。是非标准，因果联系，俱由

---

① 吴俊升：《教育哲学大纲》，福建教育出版社 2011 年版，第六章"道德哲学与教育"。

其定夺。"① 既然快乐和痛苦对人的行为具有这种支配性的影响,那么要改变和塑造儿童的行为,最好的方法也许就是利用快乐去奖赏和利用痛苦去惩罚他。人们在学校或家庭中,常常对孩子的良好行为给予表扬或奖励,对孩子的过错行为(如撒谎、破坏公物等)进行惩罚,即是这种方法的运用。相对于快乐的奖赏,功利主义的先驱们都极为强调痛苦的惩罚,而且在教育上提倡一种所谓的"自然惩罚"(natural punishment),即让儿童所犯过失的自然后果(而不是教师、家长或其他人)来对儿童进行惩罚,因为"真正有教育意义和真正有益健康的后果并不是家长们自封为自然代理人所给予的,而是自然本身所给予的"。② 比如,一个人不小心摔倒了、烫伤了或触电了,自然会有痛苦,这种痛苦的经历会让他后续格外小心,因而行为也会发生改变。斯宾塞认为,在道德训练中应该尽量使用这种方法,即便是成人施加的惩罚,也应该尽量接近这种自然的后果。比如,罚一个儿童将他乱扔的玩具收拾好,尽管来自成人的外部要求,但是这个外部要求接近于儿童乱扔行为的自然后果。在斯宾塞看来,这种方法的优势就在于:"第一,儿童由于个人经验了好坏后果,就得到了正确和错误行为的理性知识;第二,儿童因为只受到了自己错误行动的痛苦效果,必然多少明白地认识到惩罚的公正;第三,既认识到惩罚的公正,同时又是从事物的规律中而不是从某一个人手中受到惩罚,儿童的情绪波动就可较少些,家长因为只在尽一个比较消极的责任,只是让自然惩罚发生影响,也能够比较保持平静;第四,因为这样防止了彼此的激怒,亲子之间会有一个较愉快的和较有力量的关系"。③

正是因为对行为的强调,功利主义并不主张教给儿童大量的美德,对他们提出高标准的善良行为,甚至也不能急于促成良好的行为。斯宾塞就认为,儿童的成长就像人类的进化一样,最初也是野蛮的,普遍存在残酷、偷盗、

---

① 边沁著,时殷弘译:《道德与立法原理导论》,商务印书馆 2006 年版,第 1 页。
② 斯宾塞著,胡毅、王承绪译:《斯宾塞教育论著选》,人民教育出版社 2005 年版,第 95 页。
③ 斯宾塞著,胡毅、王承绪译:《斯宾塞教育论著选》,人民教育出版社 2005 年版,第 100 页。

说谎等倾向。要让他们形成高尚的道德，需要一个漫长的过程。① 在这里，斯宾塞不仅显示出在道德进步上的"进化观"，而且可以看到他对儿童发展的"复演论"。这种观点恰恰契合了功利主义对行为而不是对德性的关注。

（二）康德主义与动机论

尽管功利主义也要求行为符合特定的道德原则或规范，但其关注的重心仍然放在行为的后果上。与此相反，康德将道德的考量放在个体的善良意志或动机上，不仅要求行为合乎道德的原则或规范，而且要求出于善良意志或动机。这种观点，直接体现他在《教育学讲义》（*Über Pädagogik*，1803）一书有关道德教育的论述中。该书分为两个部分：自然性的教育与实践教育。前者针对的是处在现象界之中、作为服从因果律的人；后者针对的是作为物自体和不受因果律支配的自由的人。正是在实践教育这一部分，康德从他的道德哲学出发阐发他的道德教育主张。

第一，道德教育应该基于准则，而不是基于规训或纪律。在康德看来，规训是为了防止越轨行为，造成的只是一种习惯，但前者则是对思维方式加以塑造，旨在让儿童学会依照准则行动，并认识到这些行动本身的正当性。② 促进儿童按照准则（从学校的准则到人性的准则）来行动的能力，是道德教育的第一要务。要实现这一要务，首先要让儿童从自身出发确立准则，并按照这些准则去做好事，"即他不是仅仅做好事，而是因为那样做是好的才去做它。因为行动的总的道德价值在于善的准则。自然性的教育在此与道德教育有别，因为对于学童来说，它是一种被动的教育，而后者则是能动的。他必须能时刻意识到行动的根据，以及它是如何从义务概念导出的"。③ 其次，要让儿童"在任何事情上都有某些严格遵循的计划和法则"，包括规定儿童的睡觉、工作和娱乐的时间。至于不太重要的事情，康德认为可以让儿童自己选

---

① 斯宾塞著，胡毅、王承绪译：《斯宾塞教育论著选》，人民教育出版社 2005 年版，第 107—108 页。

② 康德著，赵鹏、何兆武译：《论教育学》，上海世纪出版集团 2005 年版，第 35 页。

③ 康德著，赵鹏、何兆武译：《论教育学》，上海世纪出版集团 2005 年版，第 31—32 页。

择，一旦他自己立下了规矩，就必须遵守到底。在这里，我们也许会觉得康德对准则或规则的坚持近于苛刻甚至迂腐，但康德认为这有助于塑造品格。再次，要将儿童置于必然的法则之下。倘若教师偏爱某些学生，他对学生提出的规则就会失去普遍性。一旦学生发现不是所有人都遵从同一规则，就会变得难以控制。

第二，道德教育应该让儿童服从善良意志。康德认为，道德的基础是意志，而意志的本质是自由地发起一种行为。因此，意志是自由的，不受自然世界因果性的限制。要表明一个行为在道德上是正确的，就需要阐明引起这种行为创始性或源发性的动力，而不依赖于它带来的结果。因为意志是在我们每个人的控制之下的，而行为的结果则依赖于我们控制范围以外的因素。从这种意义上说，康德伦理学关涉到我们行为的动机，即一个道德上正当的行为必须是出于道德上正当的动机。① 在前面举到的"童叟无欺"的例子中，康德认为，如果店主是出于个人私利的考虑而采取这种做法，这种做法就不是道德上善或好的，当然也不是道德上恶或坏的，而是道德无关的或中立的；唯有商家出于良善的动机，即这就是他应该做的，具有道德上的价值。因此，唯有善良意志或动机构成了行为道德性的依据。但是，儿童并不算是一个具有充分理性的个体，康德认为，要让他们具有这种善良意志或动机，最初就需要养成服从的品格，"既要服从领导者的绝对意志，又要服从领导者那种被承认为理性和善意的意志"。② 这种服从可能是强制的，但也是绝对的。不过，康德也注意到，这种强制的服从需要转化为自愿的服从，最终形成对道德律令的无条件遵从，达成道德自律。

第三，道德教育要引导儿童出于义务而不是禀好来做事。确立儿童的道德品格，还必须通过榜样和规定，使他们意识到他们所负有的义务。这其中既包括对自己的义务，又包括对他人的义务，即要让儿童认识到在他自己的人格中保持人性的尊严，同时尽早懂得敬畏和尊重人的权利。严格来说，真

---

① 汤姆森著，赵成文、藤晓冰、孟令朋译：《康德》，中华书局 2014 年版，第 94—96 页。

② 康德著，赵鹏、何兆武译：《论教育学》，上海世纪出版集团 2005 年版，第 36 页。

正的道德是尊重所有的人，说谎是错误的，不只是缺乏对他人的尊重，而且贬低自己的人性尊严。同时，康德强调恪守"完全的义务"。对此，他举了一个例子：一个人本来应该将钱还给债权人，结果由于同情一个受苦者把钱给了这个人。在康德看来，这是错误的。其一，做好事的前提必须是无所亏欠、无负于人，这里的优先考虑应该是将欠债权人的钱还给他；其二，把钱送给穷人固然是值得赞赏的好事，但欠债还钱却是一桩理应去做的事；其三，道德的义务或要求是普遍的，不应有例外，否则人们随时可以允许自己说谎。在某种意义上说，欠债还钱是完全的义务，而行善则是不完全的义务。

第四，在道德教育上，主要采用苏格拉底法。康德认为，理性的知识不是从外面灌输进去的，而是从里面获得的。教师的作用就在于帮助儿童将他们自己理性中本来就有的一些东西引出来。儿童在很多情况下是无需使用理性的，但是"如果是关系到义务问题，却必须让他们知道根据何在"。① 从根本上说，道德是理性的，而不是情感性的或者同情式的。在道德教育中，康德并不主张"自然性"的表扬和惩罚，"如果儿童做了坏事大人就加以惩罚，做了好事则予以表扬，就会使他为了得到好处而做好事。往后，当他进入一个并无这种奖惩的世界，做好事而无奖赏、做坏事而无惩罚时，就会变得只关心自己在世上过得怎么样，他之行善或作恶，取决于怎样做对他来说最有好处"。② 但是，他认为对于儿童的过错，道德性的惩罚对道德的养成来说仍然是必要的。这种道德性惩罚，涉及的是儿童的尊严，"比如在儿童撒谎时，蔑视般的一瞥就足够了，这已经是最合适的惩罚了"。

概括来说，康德认为道德教育应该造就的是具有理性而善意的道德人："他们必须学会以对丑恶和不和谐的反感来取代仇恨；要让他们达到的，是内在的敬畏，而非外在的对人或神的惩罚的恐惧；是自知之明和内在的尊严，而非他人的意见；是行动和作为的内在价值，而非单纯的言语和内心激动；是知性，而非情感；是心绪的欢快和虔敬，而非忧伤、恐惧和蒙昧的虔诚。"③

---

① 康德著，赵鹏、何兆武译：《论教育学》，上海世纪出版集团 2005 年版，第 46 页。
② 康德著，赵鹏、何兆武译：《论教育学》，上海世纪出版集团 2005 年版，第 36 页。
③ 康德著，赵鹏、何兆武译：《论教育学》，上海世纪出版集团 2005 年版，第 46 页。

康德的伦理学主要是先验的，但他也尝试探索走向道德律令的教育之路。这两个方面对他的继任者赫尔巴特的教育学产生了重要的影响，以至于后者直接确立了道德目的（特别是五种道德观念）之于教育的首要性。实际上，在彼得斯那里，我们也可以看到康德伦理学的深刻影响，如他对尊重人的强调和先验辩护的运用。

（三）实验主义的调和

我们已经表明，功利主义和康德伦理学在道德的性质和基础方面存在着重要的分歧，而且，这种分歧直接体现在它们各自的道德教育观中。由于它们关注的重心或在行为后果，或在行为动机，因此二者又被看作是道德教育领域"主外说"和"主内说"的代表：前者强调道德养成应该由外而内，后者主张由内而外。对于这两种传统道德理论之间的分歧，杜威都有批评，而且试图加以综合，消除这种二元论，重新改造道德理论。

杜威一方面同意康德的观点，认为善良意志是重要的，但是另一方面又赞成功利主义，认为仅有善意而没有实行或者没有好的结果，那么这种善意也是无从判断的。试想一下，你资助了一个贫困的孩子，却是另有所图（如赚取声望或获得私利）。这个行为并不具有道德意义。同样，假如你见到有人落水，心中确实存有善意，想去救人，却不见任何行动，这在道德上也是不可接受的。意志本身并不是自足，所谓的善意也必定是与行为或行动联系在一起的。将外在的物理或行为世界与内在的动机或意志世界割裂开来，是建立在错误的心理学基础上的。即便是那些对行为起决定作用的内部准则也并非独立于或先于行动，它们本身就是先前的经验和行动中产生的习惯。但是，这种习惯不是不变的，而是可以在行动中加以改变的。

另外，功利主义和康德义务论都试图寻找那个终极的或最高的道德善——在康德那里是服从理性的意志，在功利主义那里则是幸福最大化。在杜威看来，这种对终极善的追求是哲学寻求确定性的一种体现，但是所谓的终极善也许并不存在。杜威认为，要超越这种二元对立，道德理论就需要从个体作为生命体的经验出发，重新看到个体作为有机体与他所处的环境之间的相互作用，关注动机与行为之间的连续性。由此出发，可以看到，对于道德行动而言，我们既需要注意到现实生活中个体的善与目的的多样性，又要看到各种准则、标准或律令的作用。①

那么，如何在道德情境中实现这两者的结合呢？杜威认为，必须借助科学的方法，进行道德探究。就像我们一般的认识活动一样，道德探究也是始于在道德上出现问题的情境。每个道德情境都是独特的，都有其自身无法取代的善，因此相对这些情境及其问题的解决而言，一般的道德原则或理论都只是一种假设，都只是探究的工具。就此而言，杜威伦理学也是实验主义或工具主义的。因此，杜威说："道德不是行为的目录，也不是规则的集录，像药方或食谱那样备便应用的。道德的需要是对于考察和筹划的特殊方法的需要：所谓考察的方法是用以勘定困难和不幸，筹划的方法是用以作成方案作为处置困难和不幸的假设。个别化了的情境各有其无可交换的善和原理，而其论理的实用主义的含义则在于使学说不偏重一般概念而注意发展有效的考察方法的问题。"② 与科学探究不同，道德探究不仅仅要考虑它是否有效地解决了道德问题，而且要考虑它在多大程度上使行动者的经验获得改组或改造，实现了自身的生长。因此，对个人或群体的判断不可能有某个固定不变的标准。"只可根据他们的活动所指着的方向来评判。所谓坏人，无论他原来是怎样坏，就是业已开始堕落而渐渐变成不好的一个人。所谓好人，无论他原来在道德上是怎样坏，就是趋向改善的一个人。"③ 这就意味着道德的过程其实就是教育的过程。

在道德教育上，首先，杜威强调道德品格（character）的塑造。这种品格是内在的，但具有行动的力量。他说："我们希望通过教育所培养的那种品格不仅要有好意，而且要坚决地实现他们。其他任何人格都是软弱无力的，都是伪善的，而不是善的。个体应当有能力面对和正视生活中的现实矛盾，应当有创造力，有主张，坚持不懈，勇敢而勤勉。总之，应当具有可以称得

---

① 塔利斯著，彭国华译：《杜威》，中华书局2002年版，第80—82页。
② 杜威著，许崇清译：《哲学的改造》，商务印书馆1989年版，第91页。
③ 杜威著，许崇清译：《哲学的改造》，商务印书馆1989年版，第95页。

上是'品格力量'的所有一切。"① 杜威主张从动态的、过程的意义上重新理解品格，并依此来检验学校工作在实现道德目的上的有效性。具体来说，品格由三部分构成：一是行动力。通过教育去形成的品格，应该是包含着力量、实行的效率或明显的行动的；它不仅意味着善良的意向，而且意味着坚持实现这个意向。尽管个体在意志方面的天赋有差别，但是个人的冲动、前进的倾向和对做事的迫切愿望方面仍然是有一些基本特征，因此教育要去发现这种天生的能力，通过提供刺激和控制条件，利用它并将它组织到习惯中去。二是判断力。仅有行动的力量，而没有理智和情绪的参与，个体的行为就可能是粗暴的，易于对他人的利益造成伤害；同时也难以保证目的的正当性，结果使效率因为指向错误的目的而带来危害。因此，必须使儿童形成良好的判断力或鉴别力。由于"行动总是具体的，它是确定的和具有个人特征的"，因此个体要善于把握他所面临的具体情景或形式，能够对涉及的各种价值或要求进行鉴别。三是敏感性。一个人即便有出色的判断力，也未必能按照他的判断去行动。杜威注意到，是否能按判断去行动，不仅需要意志的力量去克服障碍，而且要有情绪的敏感反应。实际上，没有这种敏感性，也就不可能有良好的判断力。因此，个体必须对面临的情境本身、对他人的目的和利益保持一种高度的敏感性，否则判断力就会失去具体的内容。"正如知识的材料是通过感觉提供的，伦理知识的材料则是情绪上的敏感性所提供的。"杜威认为，在一个对情境和他人反应迟钝的人和一个在道德上敏感的人之间，宁取后者。②

第二，杜威并不认为直接的道德教学可以实现这个道德目的。许多人对学校课程或计划本身提出批评，认为没有为道德教育留出地盘，认为学校在品格训练上无所作为。在杜威看来，这种批评都是感情用事。实际上，很多教师在教学就是在教道德，即教学本身就已经是在做道德的事情。如果说这

---

① 杜威著，杨小微、罗德红等译：《杜威全集·早期著作（1882—1898）》（第五卷），华东师范大学出版社 2010 年版，第 59 页。
② 杜威著，赵祥麟、任钟印、吴志宏译：《学校与社会·明日之学校》，人民教育出版社 2005 年版，第 155 页。

些教师没有"教道德"，那不是因为学校没有关于道德的教学课，而是学校的各方面（如教材、教学、氛围）没有与品格的形成结合起来，没有使学生的行为发生改变或改善。学校要实现它的道德目的、促进个体的道德成长，仅仅依赖直接的道德教学是不够的，而必须通过学校生活中的一切媒介、手段和材料对个体的品格产生影响，从而实现一种更大范围的、间接的、生动的道德教育。因此，杜威提出，让整个学校生活都体现出社会的特征，即让学校成为共同体的生活本身，让课程反映社会生活，让教学体现社会性质，那么学校就是建立在伦理的基础上（参见第一章），我们就会看到："每一门学科、每一种教学方法、学校中的每一偶发事件都孕育着培养道德的可能性。"①

　　第三，促进儿童对义务本身的兴趣。功利主义强调为目的而行动，切近人的需求或欲求，而康德强调为义务而尽义务，服从理性的绝对律令。在杜威看来，前者考虑的是个人利益或兴趣，往往缺乏道德的价值，而后者要求的是遵从原则，又显得过于形式主义了。似乎两者之间不可调和，但是在杜威看来，它们将自我看作是固定不变的，实际上自我与兴趣是同一的："对一件事情主动感到兴趣的性质和程度，可以揭示并测量所存在的自我的性质。"②由此，兴趣其实就是自我对某个对象的主动的认同。同时，在杜威看来，道德原则也不是用来为活动进行辩护的某种东西，而是"让活动能继续进行的另一个名称"，"如果活动的后果证明它不受欢迎，按照原则行动就是增加它的弊端。一个以按原则行动而自豪的人很可能固执己见，不能从经验中学习更好的方法"。③杜威认为，义务或原则对于道德品格或行动来说是必要的，但也不能不考虑个体的利益或兴趣，解决的路径就是让儿童对义务或原则本身产生兴趣。这样一来，儿童对道德行为的执行，就不是为了行为以外的利益，也不是简单地服从于义务原则。确实，最初也需要外部的动机或诱因。但是这种动机或诱因只是权宜的方法而非长久之计，其目的仅仅在于辅助儿

---

① 杜威著，赵祥麟、任钟印、吴志宏译：《学校与社会·明日之学校》，人民教育出版社 2005 年版，第 158 页。

② 杜威著，王承绪译：《民主主义与教育》，人民教育出版社 2001 年版，第 370 页。

③ 杜威著，王承绪译：《民主主义与教育》，人民教育出版社 2001 年版，第 371 页。

童对道德行为本身发生兴趣。

综上可以看到，杜威不仅在道德哲学上，而且在道德教育上，都反对功利主义和康德伦理学之间的二元对立，包括主内与主外、动机与后果、义务与兴趣、社会与个体之间的截然划分，而且试图以自己的实验主义伦理学消弭这些对立。相对功利主义和康德伦理学，杜威对道德教育的思考，不仅关注到道德的社会方面，而且涉及道德的心理方面。这使杜威的道德教育更具有现实的力量。对于心理方面的考虑之所以重要，是因为两点：第一，行为最终或主要的是产生于先天的本能和冲动。道德教育必须要了解这些本能和冲动出现的阶段，以及它们呈现的特点；否则就会导致对道德行为的机械模仿，将道德行为的中心从内部转向外部。第二，儿童为我们提供了实现道德理想的唯一工具和手段。教材的内容都必须转化为个人自己的活动、习惯和欲望，才能真正具有道德意义。换句话说，这些内容必须以结合儿童经验的方式进行呈现和组织，才能使其具有道德意义并有转化的可能。①

三、在规则与德性之间

尽管功利主义和康德伦理学在终极善的理解上存在分歧，但是它们试图回答的核心问题是一致的，即"我应该做什么"。总体来说，它们都是以行为及其规则为中心的规则伦理学，与此构成重要分野的是亚里士多德传统的德性伦理学，其关注的核心问题则是"我应该成为怎样的人"。前者更为强调行为的合道德性，重在对个体行为的规范和约束，后者更为强调行为者的品质或德行，重在实现人的完善或美好生活。然而，在我们的道德生活中，究竟是行为或规则优先，还是行为者或德性优先？又或者，它们之间从根本上说就是二而一的，或就是可以分离的？如此等等，都构成了规则伦理和德性伦理之间的争锋所在。这两种伦理的分野自然也对道德教育的目标、内容、方

---

① 杜威著，赵祥麟、任钟印、吴志宏译：《学校与社会·明日之学校》，人民教育出版社 2005 年版，第 153 页。

式等产生重要的影响。然而，一旦我们立足于道德教育的内在使命来考量，两者之间的这种分歧似乎就没有那么明显，因为即便是功利主义和义务论也并不否认道德教育的目的是在塑造道德的品格，而且在内容上也需要依赖基本的道德规则或原则，这与德性伦理的主张在很大程度上也是一致的。那么，相对于规则伦理，德性伦理究竟在何种意义上是值得我们去关注呢？在这里，我们首先简析规则伦理及其道德教育所面临的困境，然后再重新思考德性伦理的道德教育意义。

（一）规则伦理的道德教育困境

所谓规则伦理，关注的是社会"道德""规则"和"行为"。它把立足点置于社会秩序维系的层面，凸显的是社群的整体利益和规则，因而相对于道德实践者来说，它是外在的，带有约束性的。对当下的道德教育实践来说，这种伦理观念的影响是广泛而深远的，最为显见的是，它为道德教育提供了现实的、具体的、可教授的内容。然而，社会所内含的道德规则是纷繁复杂的，涉及社会生活的方方面面（如家庭、职业、社会等领域，在这些领域相应地形成了维系人们生活的丰富多样的道德规则）；作为一个雏形的、简化的、纯化的社会，学校在时空资源上是有限的，它既不可能也无必要以"百科全书"的方式，把所有这些道德规则都纳入到道德教育的体系中来。为此，我们也必须像语文、数学、物理等学科课程一样，按照给定的教育目的和儿童的发展水平，对这些道德规则进行筛选和组织，形成适宜学校传递的"法定"或"成文"的道德教育文本。由此出发，或许不难理解人们为什么在反思道德教育实效性时，往往把责任归咎于道德教育目标的定位不当和道德教育内容的选择偏差。这种道德教育为学校和教师提供了一条便捷的实施途径：至少可以像其他学科课程那样传递知识性的内容，确保每个学生接受最低限度的道德教育——对社会所建立的道德规则具有起码的认知。但是，规则伦理自身存在着内在的局限，这就决定了以其为基础的道德教育也必然存在着相应的困境。

首先，任何一种道德规则都带有确定性甚至普适性的特点，这既标明了它作为道德律令的绝对性，又潜藏了它对道德主体和道德时空僭越的危险。

实际上，基于不同的道德立场或价值取向，人们在倡导某种道德规则的时候，往往带有情感主义或主观主义的偏执①，以至于不同的辩护之间不可通约，难以在道德教育目标和内容方面达成共识。譬如，诸如无私奉献、自我牺牲、公而忘私等道德理想，在市场经济的背景下已经受到了个人功利和利益的挑战，这种差异显现的是不同的道德价值观——社会取向和个人取向——之间的分歧。而且，很多类似的争论结果常常不一而终。如此一来，在个体的选择和认同方面，道德规则本身的确定性就变得有点虚妄，因为个体的道德生活场景以及由此决定的道德价值观是内在于他自身、为他所独有的，并决定了他道德选择和认同的理由和方式。显然，道德或道德规则只是提供了个体选择的依据，而不能决定个体选择的现实。这就增加了道德教育选择和传递道德规则的困难。

其次，道德规则体现的是社会的群体意志，反映的是社会的道德价值取向，教育者既无必要也无可能过多地考虑和承担道德规则的选择责任，而受教育者所要做的也只是习得与恪守这些"先在"的道德规则。因此，许多教育者常把道德教育视为培养个体遵从社会道德规则的"外烁"过程，因而在方法上显得粗暴、简单，往往流于一般的说教或劝诫，结果道德教育却在受教育者的身上孕育出了"反道德"的种子。

再次，这些道德规则是不是绝对的"道德律令"呢？遵从这些道德规则是否意味着优良的道德品性或实践的形成呢？似乎苏格拉底在讨论正义、勇敢等道德规则的时候，就已经向世人揭示了道德遵从的虚幻和奥秘了。② 我们注意到，特定道德规则的践行总是同一定的条件或情境结合在一起的。正因为如此，我们可以在战争中对敌人撒谎而不会受到良心的谴责，我们可以在朋友痛楚之际说一说"善意的谎言"而不觉羞愧。那么，究竟如何来把握"为"或"不为"某一道德规则的尺度或标准呢？规则伦理仅仅在于优良的社

---

① 麦金太尔以当代道德论争的三个例证——战争、堕胎、医疗和教育——来说明这种道德争论的主观性、情感性和无终止性，进而揭示出人们的道德生活没有客观的非个人化的道德标准可依。麦金太尔著，宋继杰译：《追寻美德》，译林出版社 2008 年版，第 2 章。

② 柏拉图著，郭斌和、张竹明译：《理想国》，商务印书馆 1986 年版，第一卷。

会道德规则和原则的制定和选择，而无须对个体的道德实践做出具体的、现实的承诺，因而在这一问题的回答上，规则伦理常常显得贫乏而无力。

最后，在道德教育实践中，长期以来，存在着知与行的难以契合的问题，这也始终是纠缠道德教育的一个"幽灵"。之所以道德教育难以取得实效，从根本上讲，可能是道德认知与道德实践之间相背离。这一问题是研究者所无法回避的，因为道德教育的目的不在于道德规则的传递，而在于道德实践的形成。如何来突破道德教育的这一"瓶颈"，改变学生"明知故犯"、培养学生的道德自律呢？这不能通过学校传递的道德规则来回答，因为道德规则本身并不说明个体如何践行的问题。

（二）德性伦理与道德教育的契合

道德教育所面临的上述困境，正是当代德性伦理学试图去克服的。如前所述，德性伦理关注的是"品德""美德"和"行为者"。其中，最核心的概念就是"德性"一词。理解这个概念将有助于我们发现解决道德教育困境的德性伦理之路。

在西方，德性（virtue）这个词源于希腊文"arête"，意为"卓越"和"优秀"，可以用来描述任何人和事物的目的或功能的卓越实现①，既可以是道德上的，也可以是理智及其他方面的。麦金太尔通过历史的梳理，辨析出三种不同的德性概念：一是作为一种使个人能够履行其社会角色的品质（荷马），二是作为一种使个人能够朝实现人所特有的目的（telos）而运动的品质（亚里士多德、《新约》、阿奎那），三是作为一种有利于获得尘世或天国的成功的品质。② 如果回到道德意义上来看，德性通常是指"一种比较稳定和持久的履行道德原则和规范的个人秉性和气质"，旨在使道德原则、义务、高尚融入个体的人格或本性之中，从而获得一种真正稳定地属于个体自己的东西。③总体来说，它具有以下特征：

第一，德性是在个体的道德实践中形成的。正如亚里士多德所言，"我们

---

① 汪子嵩、范明生等：《希腊哲学史》，人民出版社 2003 年版，第 903—904 页。

② 麦金太尔著，宋继杰译：《追寻美德》，译林出版社 2008 年版，第 235 页。

③ 何怀宏：《伦理学是什么》，北京大学出版社 2002 年版，第 181—182 页。

通过做公正的事成为公正的人，通过节制成为节制的人，通过做事勇敢成为勇敢的人"。① 离开了德性的活动或行为，任何所谓德性的养成都是不切实际的。麦金太尔明确指出，"美德是一种获得性的人类品质，对它的拥有与践行使我们能够获得那些内在于实践的利益，而缺乏这种品质就会严重地妨碍我们获得任何诸如此类的利益"。② 而且，这些德性"还会使通过我们能够克服我们所遭遇的那些伤害、危险、诱惑和迷乱而支持我们对善作某种相关的探寻，并且为我们提供越来越多的自我认识和越来越多的善的知识"。③ 因此，在他看来，善和实践是内在统一的。一个具有德性的人，是不会知善行恶的；因为他始终都能坚持内在于实践的善。

第二，德性的养成是离不开理性的，德性的行为也是理性的行为。如前所述，亚里士多德将德性分为理智德性和道德德性两类。其中，理智德性是最为核心的德性，它是建立在理性的判断基础之上的，表现为在恰当的时间、地点以恰当的方式做恰当的事的判断和实践的能力。因此，"德性就是中道，是对中间的命中"；"过"与"不及"都是恶的。正如健康和体力一样，唯有适度才能造成节制、勇敢及其他德性。"节制与勇敢都是为过度与不及所破坏，而为适度所保存。"④ 这意味着，德性不是对道德规则的无理性的遵从，它意味着一种实践的智慧，意味着"审时度势"之后明智而合理的选择。

第三，德性是关乎个体的整体生活的。在社会分工日益精细的条件下，个体生活在道德的碎片之中，自我的完整性遭到了阉割。个体被置于不同的职业或生活领域，分别承担着不同的角色，需要遵从不同的道德规则和原则。为此，个体必须在不同的角色道德之间不断地选择和切换，以争取和保持自我的完整性。在此背景下，判断一个人是否具有德性，依据的不应是他在一时一地的道德行为或特定角色框架下的道德实践，而应是他在整个生活中表现出来的一贯的道德倾向和行为特征。

---

① 亚里士多德著，廖申白译：《尼各马可伦理学》，商务印书馆 2003 年版，第 36 页。
② 麦金太尔著，宋继杰译：《追寻美德》，译林出版社 2008 年版，第 242 页。
③ 麦金太尔著，宋继杰译：《追寻美德》，译林出版社 2008 年版，第 278 页。
④ 亚里士多德著，廖申白译：《尼各马可伦理学》，商务印书馆 2003 年版，第 39 页。

第四，德性是通过传统并在传统中形成的。个体总是生活在一定的社会传统之中，一方面传统构建了个体生活的可能性，另一方面个体生活又使得传统得以延续和更新。由于德性可以视为社会传统的构成要素，个体的德性践行自然也离不开传统的维持和强化。

从这些特征可以看出，德性伦理具有相对于规则伦理的内在性、超越性与自律性，即德性是内在于个体的实践之中的，超越于规则的纷争之上的，体现在个体的道德自律之中的。但是，这并不意味着德性伦理就否定道德规则的作用，相反，它赋予了道德规则更加丰富的意义，使其不仅可以采用"行为—命令"形式，而且可以采用典范或榜样人物和故事的形式。① 这些特性就决定了德性伦理具有克服规则伦理局限的可能性。历史地看，我们就会发现，德性伦理正是在回应规则伦理的过程中呈现出来的，并试图克服规则伦理所面临的道德认知和践行方面的困境。如果说规则伦理旨在提供优良的道德规则和原则的话，那么德性伦理则以实现优良的道德规则和原则为己任。前者倾力于具有普遍意义的社会道德规则的建立，而后者则把关注点放在个体内在的道德品性及其实现的过程和条件上。从这一角度来看，德性伦理与道德教育的内在关联，就不言而喻了。因为道德教育的旨趣正在于，促使受教育者转化或内化既定的社会道德规则和原则，形成稳定的道德品质和道德行为；而这种稳定的道德品质和行为正是德性的内涵所在。从这种意义上说，德性伦理与道德教育之间是内在的契合的；它们的契合点正是个体德性的习得。

（三）道德教育：从规则到德性

对道德教育的理论和实践来说，无论是规则伦理还是德性伦理，都有其内在的价值和意义。前者从社会的角度为道德教育提供了各个层面的道德规则和原则，而德性伦理则从个体的角度道出了道德教育的真谛。然而，正如人们所注意到的，如果采用二元论的思维方式处理两者之间的关系，结果只

---

① 罗伯茨著，段素革译：《美德与规则》，载徐向东编：《美德伦理与道德要求》，江苏人民出版社 2007 年版。

能是"两败俱伤"。因为德性的养成是在长期的道德规则的遵从过程中形成的，离开了社会既定的道德规则和原则，任何关于德性的概念都是激进的幻想；同样，这些道德规则和原则不能仅仅是停留在社会规训的层面，还必须转化为个体的道德品质和实践，否则它们就仅仅是一种虚饰的摆设，失去了它们维系社会秩序和约束个体操守的功能；而且，在一定程度上说，德性比之道德规则和原则具有更为内在的、持久的、终极的意义，因为它反映了个体内部更为深层的、稳定的道德倾向和能力，在某种程度上甚至可以游离于特定规则的适用情境之外。正是在这种意义上，我们可以说，道德教育是介于规则与德性之间的。如果上述观点是可以接受的话，那么以德性养成为终极目的、以道德规则和原则为内容的道德教育应该是最可向往的。

第一，提供道德实践的机会。以"规则"为基础的道德教育过于关注知识性内容的传输，而对学生的道德选择与自律存有偏见和怀疑，由此造就的学生大都是"道德哲学家"而不是"道德实践者"，或者说是道德认知方面的"巨人"，道德实践方面的"侏儒"。如果我们坚持上述道德教育目的，那么学校和教师就有责任为学生的道德实践提供广泛的机会，使他们真正亲临道德现场，把握纷繁复杂的道德关系，从而做出合理的道德选择和行动。因为德性的养成不可能是"纸上谈兵"式，而必须走进个体真真切切的道德实践。常常可以听到人们对当下道德教育目标定位过高的抱怨，与此密切相关的是道德教育在内容上脱离了学生生活的实际，而在方法上背离了自身的主旨——道德教育的展开方式首先就应该是道德的，或者说是道德上可接受的。质实说来，学校和教师所提供的道德实践，至少必须满足两个方面的要求：一是贴近学生的道德生活，即所提供的道德实践应该来源于学生的生活、体现学生的内在需要，同时还应是学生力所能及的。为此，学校和教师可以把视野拓展到学生的道德生活本身，挖掘发生在学生周围的真实可感的教育资源，以期通过学生的实践、在学生的实践中培养学生的德性。二是道德教育方式本身是合乎道德的。教师提供了道德实践的情境之后，还要引发学生主动参与的兴趣，并确保他们在适当的时间和地点做出适当的行为。在这一过程中，教师本身的行为就应该是适当的，并具有教育学生的道德价值。如果

　　　　教育的道德基础——教育伦理学引论

教师强行代替学生做出道德选择，剥夺他们独立思考的权利和机会，又如何能培养学生在道德实践上正确选择的能力呢？又何以促进学生的道德自主和自律呢？尽管学生面对复杂的道德实践情境确有迟疑不决、错误选择的情况，但这却是学生走向德性生活的必经之路，因为只有通过反复的实践、不断的体悟，个体才可能形成一贯的道德品性。

第二，促进学生的道德审议。前面已经多次提到，在亚里士多德的传统中，德性意味着一种适度，一种相对于自身和对象的适度。它是处在"过度"与"不及"这两"恶"之间的中道。一个有德性的人就是能在恰当的时间、恰当的地点，以恰当的方式对恰当的人做出恰当的事情。尽管我们可以拥有明确的道德原则或规则，但是只有当这些原则或规则与具体的情境明智而审慎地结合起来，才能真正使自己的行动始终符合道德上的要求。这种适度需要理性，需要个体对自我和情境的道德敏感性和判断力。因此，要在学生身上培养德性，不仅需要让他们习得最为基本的道德原则或规则，需要引导他们反省这些原则或规则背后的价值或理由，而且需要发展他们进行道德审议（moral deliberation）的能力，以便他们可以在具体的道德情境中诉诸恰当的道德原则或规则，采取恰当的道德行动。这种审议意味着一种将普遍的原则与具体的道德情境结合起来的能力，意味着个体在各种备择的行动中做出明智决策的能力。

第三，融合传统美德的教育。美德或德性同一个社会的传统是紧密联系在一起的。德性的养成不能脱离传统，而必须在传统中、通过传统去实现。然而，随着社会的急剧转型，传统的道德价值体系面临着激烈的震荡、冲突和毁损，以至于许多具有深层或根本意义的美德传统处在消逝的边缘。道德教育也开始按照市场的利益来规划自己的体系，并愈来愈显现出严重的功利化倾向。对道德的传统抱一种虚无主义的态度，由此造成的后果是，学生的道德价值观念处在断裂与冲突之中，道德行为方式陷入失范的泥沼之中。关注孕育在道德传统中的传统美德，可以说是道德教育的当务之急。一个国家或民族的传统美德是生活于其中的一代代人的道德实践的结晶，它们承载了维系共同体生活的道德精华，并为个体的道德行为提供了历史的根基。尽管也有一些人在继续不断地关注传统美德的教育价值，但是他们只是试图建立起囊括各种传统美德的"美德袋"或"美德体系"，而不是从德性养成的角度来关注和倡导它；他们往往是站在社会延续的立场上呼吁教育者的关注，而不是从个体的道德观念和行为的形成本身来考察它。因此，传统美德虽获得了规则的意义，但失却了它内在的道德教育价值——个体的德性关怀。正是在这种意义上，我们有必要强调传统美德在个体德性养成方面的意义。

第四，运用道德叙事的方法。在德性伦理学中，要成为一个有德性的人，最好的方式就是向那些有德性的人学习，像他们那样去生活。培养德性的一种方式就是了解历史或现实中一些有德性的人物的生活经历和道德故事。由此道德叙事就构成了促进儿童学习美德的一种重要的教学方法。其实，在品格教育运动中，这种方法被应用于学校、家庭或其他社会机构中，其方式主要有四种：一是基于文学作品的品格教育课程，如哈特伍德研究所（Heartwood Institute）开发的"儿童伦理课程"，取材于获奖的儿童创作故事，涉及勇敢、忠诚、尊敬等道德价值观；二是"讲故事"，即教师结合自己的体会把故事说给儿童听，而不是让儿童"读故事"；三是家庭道德叙事；四是在课堂教学中用故事感动和激励学生。① 又如，卡尔等人在伯明翰大学"品格与美德研究中心"（The Jubilee Centre for Character and Virtues）进行了"骑士美德课程"（The Knightly Virtues programme）的理论与实践探索。他们遴选了4个中世纪的故事，而每个故事都蕴含着不同的美德（见下表）。课程主要面向5—6年级学生，通过故事的叙述与讨论，促进他们更好地理解美德与品格的概念。②

---

① 丁锦宏：《品格教育论》，人民教育出版社 2005 年版，第 233—234 页。
② Carr，D. and Harrison，T.，*Educating Character Through Stories*. Imprint Academic，2015.

表 4.2　"骑士美德课程"的故事与美德

故事	典型的美德
伽雷斯与莱尼蒂（Gareth and Lynette）	勇气、谦卑
首领（EI Cid）	谦卑、诚实
堂吉诃德	爱、侍奉（service）
威尼斯商人	自律（self-discipline）、公正、感恩

第五，发挥制度教化的作用。德性培育（这里是从施教的立场来说的）需要同制度教化结合起来。但二者并非并置的；制度教化只不过是德性培育的手段或补充。学校制度涉及的内容是多方面的，既有规范和约束学生的校纪校规，也有学生团队活动的章程、班级生活的守则以及各种例会制度等等。可以说，这些制度广泛渗透在学生日常的生活当中，不可避免地会对学生的观念和行为产生某种影响。那么，如何才能使其发挥积极的道德教化作用呢？这首先取决于这些制度本身的道德价值。很难想象一个专横的、粗暴的、不道德的学校制度能够培养出德性健全的学生。从这种意义上来说，优良的学校制度具有塑造和养成学生优秀道德品格的意义。与制度相关的伦理大体上可分为两类：一是制度的伦理，即关于制度是否正当、合理的伦理评价；一是制度中的伦理，即制度本身所蕴含的伦理追求、道德原则和价值判断。[①] 因此，要切实发挥学校制度的道德教育价值，就必须着眼于这两个方面：首先要确保学校制度是道德的、正当的、合理的，即学校制度建立的目的、过程、结果都是合乎道德要求的；其次要充分发掘学校制度内含的道德规则或原则，以及它们在道德方面的追求。前者对学生德性的影响是潜移默化的，而后者的作用则显得更为直接，甚至带有规训的色彩。就拿班级公约来说，要发挥它作为道德教化的功能，首先就必须考察它究竟在多大程度上体现了善的追求。这就涉及对以下一些具体问题的追问：制定公约的目的是不是合乎道德的？制定的程序是否符合正义或公正的原则？公约是否最大限度地体现了集

---

① 方军：《制度伦理和制度创新》，载《中国社会科学》，1997 年第 3 期。

体或每个成员的利益和需要？公约本身包含着哪些道德的规则和原则？公约是否实现了某种道德的目的？如此等等。必须指出的是，对学校制度进行道德方面的追问，目的不在泛化道德教育的概念或扩大道德教育的领地，而在于表明这样的事实：德性的养成离不开制度教化的支持；同时道德的学校制度不仅能起到凝聚和维系学生心灵的作用，而且于无形之中造就了学生的美德。

第五章　教育的道德要求

　　在第二章中，我们已经对教育作为一个道德领域进行了概要的分析。由于任何教育活动或过程都内在地关涉到他人的利益或福祉，因而考察这一活动或过程究竟在多大程度上是在道德上可以接受的，就是极为必要的。在进行这种道德考察之前，我们需要明确这个活动或过程的基本结构。从赫尔巴特到布雷岑卡，很多人都认为作为一个活动或过程的教育，实际上内含的是一个"目的—手段"的结构。也就是说，它必定内含或预设一个目的，同时隐含着实现这个目的的具体途径、方法或手段。就后者而言，又存在两种不同的路径：一是"内容"或"课程"的路径，即通过实质性的知识、经验或活动来实现教育目的。一般的课程开发都是沿着既定的教育目的进行内容选择和组织的过程。二是"方法"或"过程"的路径，即通过形式性的教育方法或过程来实现教育目的。从赫尔巴特的四段教学法（及莱因的五段教学法），到杜威的问题教学法，再到苏联教育学中的八个阶段，都是在描述教育目的落实的形式过程或阶段。但是，这里的"方法"并不完全局限于"教学"这一种途径，事实上还包括对儿童的"管理""指导"（或"辅导""咨询"）、"训练"等众多形式。这些形式构成了今天学校教育工作的重要部分。这一章要讨论的就是教育活动或过程本身（包括它的目的及其实现方式）所应考虑和遵循的道德要求或程序原则。

一、教育目的的伦理基础

在前一章，我们对教育的道德目的进行了探讨，其中已经涉及了几种道德哲学对道德教育的目的、内容和方式产生的影响。但是，这里要探讨的问题并不是某个具体的目的（如理智的、道德的、审美的发展）与道德哲学之间的关联问题，而是转向了对教育目的的价值取向的辩护，以及教育目的实际选择或厘定的伦理原则。

（一）教育目的的价值取向

我们可以像彼得斯那样对教育目的进行形式或纯粹概念上的理解，将教育目的看作是内在的，意味着"受过教育的人"的形成。但是，这并不意味着人们对"受过教育的人"的形象的认识就是完全相同的。事实上，即便是在理智发展或道德发展方面，任何优先性的选择都内含着人们对人的根本看法和对教育的价值认识的某种差异。无论从历史还是从现实来看，人们基于不同的价值立场，对教育目的的定位往往是多维度和多方向的。① 比如，从对象的角度，有个人本位论和社会本位论；从时间的角度，可以区分出"现世说"和"来世说"，而在"现世说"中又有"适应说"和"准备说"的分歧；从内容的角度，又有"职业"和"博雅"（或自由）的分别，如此等等。兹举一二，以为讨论。

第一，"个人"与"社会"。

个人本位论以法国的卢梭、瑞士的裴斯泰洛齐（Pestalozzi，J. H.）、德国的康德、美国的马斯洛（Maslow，A. H.）、法国的萨特（Sartre，J. P.）等为代表。这种取向把人的价值看作高于社会价值，把人作为教育目的的根本所在。该取向认为，教育目的的根本在于使人的本性、本能得到自然发展，使其需要得到满足；主张根据人的本性发展和自身完善这种"天然的需要"

---

① 详见布鲁巴克著，张家祥译：《西方教育目的的历史发展》，载瞿葆奎主编，丁证霖、瞿葆奎选编：《教育学文集·教育目的》，人民教育出版社 1989 年版。

来选择、确立教育目的，按照人的本性和发展的需要来规定教育目的。例如，裴斯泰洛齐说："教育是人类一切知能和才性的自然的、循序的、和谐的发展。"康德和密尔认为，教育就在于促进每个人的本性完善。[①]

社会本位论则以德国的纳托普、凯兴斯泰纳（Kerschensteiner, G.），法国的孔德（Comte, A.）和涂尔干（Durkhelm, E.）为代表。这种取向强调社会价值高于个人的价值，并把满足社会需要视为教育的根本价值。它认为，社会是个人赖以生存与发展的基础，教育是培养人的社会活动，教育培养的效果只能以其社会功能的好坏来加以衡量。如纳托普说："在教育目的的决定方面，个人不具有任何价值；个人不过是教育的原料；个人不能成为教育目的……教育的目的，只是社会化，因社会化而使一个民族的整个生活道德化。……离了社会，便没有教育存在。"[②] 涂尔干就说："教育是年长的几代人对社会生活方面尚未成熟的几代人所施加的影响。……教育在于使年轻一代系统地社会化——塑造社会我，这就是教育的目的。"[③]

不过，值得注意的是，个人本位论和社会本位论的分歧并没有表面上看来的那样不可调和，事实上它们只是在"个人"与"社会"两端选择了不同的出发点，前者认为社会从根本上来说是由具体的个人组成的，后者则认为个人不可能是原子式的，而从根本上来说是社会的，但是它们都没有否认另一端的必要性。在现实中，教育目的总是在个人与社会之间"钟摆"。具体摆向哪一端，往往与人们所处的社会背景和时代思想等方面联系起来。如卢梭之所以偏重个人本位，与他对于当时法国社会的丑恶、腐败等的观感和分析有着密切的关系。

第二，"现在"与"未来"。

从时间的维度来看，还有两种与生活密切相关的教育目的论：准备说和

---

① 康德著，赵鹏、何兆武译：《论教育学》，上海世纪出版集团2005年版，第6页；密尔著，孙传钊、王晨译：《密尔论大学》，商务印书馆2013年版，第1页。

② 转引自吴俊升：《教育哲学大纲》，福建教育出版社2011年版，第189页。

③ 涂尔干著，张人杰译：《教育及其性质与作用》，载张人杰主编：《国外教育社会学基本文选》（修订版），华东师范大学出版社2009年版，第8页。

适应说。准备说强调教育是为儿童的未来生活做准备的；适应说认为教育就是为了儿童的当下生活的。斯宾塞认为，教育在于为未来的完满生活作准备。这种完满生活按其重要性程度分为：直接有助于自我保全的活动、从获得生活必需品而间接有助于自我保全的活动、目的在于抚养和教育子女的活动、与维持正常的社会和政治关系有关的活动、在生活中的闲暇时间用于满足爱好和感情的各种活动。① 但是，杜威认为，教育就是生活本身，而不是为未来的生活作准备，为成人的生活作准备。生活是充满着变数的，是不确定的，一方面无法预知未来的生活状态，另一方面即便设想了未来的生活状态，也可能因为这个目标遥不可及，使人们看不到实现的可能性。所以，教育应该从现在的生活出发，并为了现在的生活。当然，这并不意味着，教育就排斥为未来生活作准备，只是在为现在的生活作准备就是为未来的生活作准备，因为生活本身就是连续的，未来的生活是基于现在的生活的。②

第三，"职业"与"博雅"。

教育究竟是培养一个职业人还是培养一个自由人？所谓"博雅"，即是"自由"（liberal），即寻求人的精神自由，追求人的高尚人格，这种自由和人格不受外物所役，不为物质生存所累；所谓"职业"，也就是"专化"，即为了谋生或职业的目的——这符合很多人的现实考虑和选择。博雅教育在西方有着悠久的历史。它是按照人类最大限度的能力来设计的，而并非是为他们的职业或专业作准备的。其目的是使每一个人学会独立思考，会作出明智而独立的决定。它之所以称为"自由的"，是因为它的目的是要把人从无知、偏见和狭窄的束缚中解放出来。在自由意义上受过教育的人应该是一个知识广博、理解透彻的人，一个思维严整、表达清晰的人，一个富于想象、善于洞察的人，一个尊重他人、追求崇高的人。"总之，自由意义上受过教育的人绝不止一种类型。他永远是一个独特的人，同其他同样受过教育的人比较起来，

---

① 斯宾塞著，胡毅、王承绪译：《斯宾塞教育论著选》，人民教育出版社 2005 年版，第 12 页。
② 杜威著，王承绪译：《民主主义与教育》，人民教育出版社 2001 年版，第 63—65 页。

他们虽然具备我们提到过的共性，但是他还是具备极鲜明的个性。"①

然而，是否存在这种可能：教育既是"职业的"又是"博雅的"呢？事实上，所谓"博雅的"通常也需要依托一些专门的领域——被人们列为通识（general）课程的知识（包括哲学）都是专门化的，倘若没有帮助学生获得彼得斯所说的"认知洞见"，这些通识课程也可能是没有博雅价值的，而不过是一些零散的专门训练而已。如果职业训练没有局限个体的思维，而且使他们认识到特定职业活动所包含的内部标准，同时帮助他们形成了对关乎这些活动的更为广泛的知识领域的兴趣，那么这种职业训练就是"博雅的"。② 从这种意义上说，两者的截然分立不仅是没有必要的，而且可能是有害的。

在教育目的上的这些分歧或偏重，不仅仅是理论上的，而且直接反映在现实的教育实践或工作中。据 2001 年 4 月 3 日《中国青年报》的报道，某重点中学一位语文老师在入学教育课中对学生说了这番话："你读书干什么？考大学干什么？总之你为了什么？也许你会说，为了实现共产主义，为了社会主义建设。而我要明确地告诉你——读书考大学，是为了自己，不是别人。读书增强了自己的本领，提高了自己的资本，将来能找到一个好的工作，挣下大把的钱，从而有一个美好的个人生活，比如生活愉快，人生充实，前途美好，事业辉煌，甚至找一个漂亮的老婆，生一个聪明的儿子。所以，我强调读书应该是为了自己！"③ 这番话引起了舆论的反响和讨论。如果按照上述框架，我们就可以看到，这位教师在教育目的上的立场是偏向"个人""未来"和"职业"一端的。然而，这种立场究竟在多大程度上是值得辩护的？这就需要回应偏向"社会""现在"和"博雅"一端的价值取向了。事实上，人们对这位语文老师的批评也在很大程度上是站在后者的立场上展开的。值

---

① 迪尔登著，周浩波译：《自主性与智育》，载瞿葆奎主编，施良方、唐晓杰选编：《教育学文集·智育》，人民教育出版社 1993 年版，第 592—609 页。

② Peters，R. S.，*Ethics and Education*. George Allen & Unvin Ltd.，1966，p. 43—45.

③ 吴湘韩：《某重点中学一语文老师这样讲入学教育课：读书是为了挣大钱娶美女》，载《中国青年报》，2001 年 4 月 3 日。

得注意的是，在这里重要的不是我们持有何种价值立场，而是如何确证所持有的这种价值立场的合理性，如何在与其他价值立场的批判性对话中进行重构。比如，我们需要反省我们对"美好生活"的看法：它是否只是个体的快乐或幸福，又是否内在地包含着德性？同时，我们也可能会追问通往"美好生活"的教育道路：教育究竟应该将学生引入知识或活动的内在价值，还是关注这些知识或活动的外部价值（如提升资本、找个好工作、赚钱）？这些都需要有理论上的辩护和实践上的答案。

面对这种理论或实践上的分歧，我们在多数情况下会采取"折中"的立场甚或"骑墙"的态度，以"既……又……"的程式进行论断。然而，这种做法未必能帮助我们处理这种二元的分立，因为这种分立常常面临来自现实的挑战或冲突，比如一个有道德知识的人未必有道德的行动、一个有德性的人也未必是幸福的。事实上，上面几组二元分立，既让我们看到了它们的分歧所在，也让我们看到了超越"二元对立"思维的其他方式。一是基于关联性的优先选择。比如，个人本位论和社会本位论都承认个人与社会之间存在关联，但它们的分歧仅仅在于何者优先，前者认为通过对个人发展的关注就可以带来社会目的的实现，后者认为考虑社会目的的实现就可以促进个人的发展。又如，杜威认为强调生活的连续性，主张教育需要经由现在才能为未来生活做准备。二是超越二元分立，寻求"第三条道路"。比如，个人本位论和社会本位论之外，就有整合个人与社会的所谓"文化本位论"；而且"社会本位论"在一定程度上也是平衡个人本位论和国家本位论的"第三条道路"。

（二）教育目的的伦理原则

从根本上说，教育目的表达的是对"受过教育的人"的理想。对于这个理想，不同的人从不同的立场出发可能有不同的看法。一旦某个特定的理想进入正式的教育系统，被国家、学校或专门从事教育工作的教师所认可或接受，它就变成了对教育过程具有直接约束或指导作用的"实际目的"。相对于一些思想家或教育家提出的"教育目的"，这些目的都是现实的，需要作为结果呈现在学生的内部发展和外部表现中，因此这些目的本身的定位是否合理，直接影响到学生在教育过程中的发展状态和在未来社会中的生活机会，而且关系到国家或社会的整体利益。比如，今天一些国家或国际组织都在关注"核心素养"（key competencies），都在重新界定教育的目标和内容，即是表明这种教育目的选择的重要性。正因为如此，教育目的的选择和厘清本身就构成了一个道德的领域，值得人们从道德的立场对它们的正当性进行必要的辩护。

首先，我们来考察一下国家层面的教育目的。在正式的教育系统中，国家颁布的教育目的都是最高的，构成教育政策制定、学校制度安排和教师专业实践的总指针。而且，这个目的体现为一种国家意志，通常以宪法或教育基本法的方式加以确认，比如我国的《教育法》对此就有明确的规定："教育必须为社会主义现代化建设服务，必须与生产劳动相结合，培养德、智、体等方面全面发展的社会主义事业的建设者和接班人。"这个目的试图将个人的发展与国家或社会的要求结合起来。其中，"建设者"和"接班人"主要是从国家或社会的层面提出的，体现了国家或社会对教育培养人的形象的总体要求，是对"又红又专"的新发展；同时，我国教育所要培养的"建设者"和"接班人"必须是面向个人的，是"德、智、体等方面全面发展的"。因此，这个目的具有法律的效力，对各级各类学校及其教师的工作具有约束、规范和指导的价值。

由于现实的政治体制、经济水平、社会文化、历史传统等方面的差异，不同的国家在教育目的上的总体定位也会有所差异。但是，仅仅从社会学的意义上描述或解释这些目的是不够的，还需要对这些目的本身的正当性进行辩护。在一个开放而多元的社会中，国家层面的教育目的尤其需要考虑几个重要的原则：一是融贯性原则，包括内、外两个方面：就内部而言，它是否体现了人的发展的核心要素（如德、智、美、体等），而且包含了这些要素之间的平衡；就外部而言，它是否与国家的整体目的或利益是一致的，同时与经济、政治、文化等领域的目的是相互协调的。二是包容性原则。这些目的是否在价值上具有足够的包容性，可以容纳多元社会中不同群体或个体的价值观？对于一个种族、民族或文化多元的社会，教育目的的选择就需要将这些不同的社群所拥有的核心价值观整合在国家的教育目的中。假如这些目的包含着促进文化宽容和理解、对话与互动的要求，那么它们本身就是开放性的。三是合法性原则，即它的厘定是符合法定程序的。当然，即便这个目的的厘定是合法的，但也有可能因为它所服从的法定程序本身并不是正当的，而使这个合法性本身面临道德上的挑战。也就是说，合法的未必是合道德的；正因为如此，道德上的考量就显得更为基础了。

让我们从国家层面回到学校层面。国家层面的教育目的通常具有总体性或整体性的特征，构成了确立各级各类学校培养目标的准绳，但它不能取代这些更为具体的培养目标，更不能兼顾到不同区域不同学校的发展实际。实际上，很多学校都在国家教育目的的总体指引下，确立了符合自身实际的培养目标。我们可以将这些目标理解为"校本的"教育目的。比如，"全面发展"是国家教育目的的重要内容，但它在不同学段的要求是不同的，在普通学校与职业学校的体现也是不同的。即便是在同一学段同一类型的学校，如示范高中和普通高中，"全面发展"也可能存在着程度上的差异，因为这些学校所面对的学生在社会背景和学业基础方面可能是有显著差异的，它们所拥有的支持学生全面发展的资源或设施也可能存在巨大的差距。正因为各个学校所拥有的办学传统、教育资源、学生基础、社区环境等方面不尽相同，它们对自身所要培养的人的形象进行"校本化"的诠释和扩展，也就存在差异。比如，有些学校在国家教育目的的框架下，或提出培养"世界小公民"，或主张培养"某某少年"，或强调"某某人"。

这种"校本化"的诠释和建构是否都是道德上正当的呢？这仍然是值得反省的问题。在判断学校层面的教育目的的正当性上，我们自然也可以诉诸功利主义的最大化原则或康德的平等尊重原则。其实，适用于国家层面的教育目的的伦理原则，也在很多情况下可以应用在学校层面的教育目的上。但是，这里还需要补充两个基本的原则。一是基准原则。这些目的的确定需要以国家教育目的为依据，且达到国家教育目的在特定学段的基准要求。这意味着，各个学校可以有个性化的培养目标，可以有多样化的实现方式，但是这一目标及其实现方式不能妨碍国家教育目的所要求的基准的达成。基准之上的部分，学校可以有更多的自主选择。假如这个基准原则是可以接受的，那么学校就不能因为特色建设和个性发展而降低基准，或者放弃对某些学生的基准要求。二是全纳原则。即便学校层面的教育目的是出于"校本"的考虑，这个目的也应该是适用于全体学生的，而不是服务于部分学生的，或者说，它将所有的学生都考虑在内，而不是将部分学生排斥在外。而且，学校需要为所有学生达到学校层面的教育目的提供最为基本的机会和资源。

如果我们将教育目的具体到教师层面，它就不可避免地会带有个人化的特征。与某些思想家或教育家个人所持有的教育目的不同，教师个人所持有的教育目的具有直接而现实的效应，因为它会影响教师对具体教育过程（如课堂教学、学生管理和评价等）的设计和安排，从而关涉到学生的发展可能性。与国家和学校层面的教育目的相比，这种目的也是与学生距离最近、效应最大的。既然教师层面的教育目的如此攸关，那么我们究竟可以在多大程度上允许教师在教育目的上进行自由选择呢？实际上，许多国家和学校都没有赋予教师在教育目的上进行选择的自由和权利，特别是在公立学校系统中，教师必须贯彻和执行国家和学校的教育目的，否则他就会失去在这个系统中生存和发展的机会。但是，他仍然拥有创造性地——而不是机械地——贯彻和执行国家和学校层面的教育目的（以及法定课程）的自由，即在专业实践中自主地选择特定的教育程序和方法。值得注意的是，很多国家和学校都可能要求教师服从它们设定的教育目的，但这并不意味着教师就真的没有他或她自己关于教育目的的个人化看法，毕竟他或她是一个具有自身知识、经验或文化的独特个体，同时也是一个具有多重身份和责任的社会主体——他们不仅仅是"教师"，而且是一个"人"和"公民"。这些背景和特征都可能会带入"教师"这个角色中，塑造着他们对国家和学校教育目的的个人化理解。因此，这里的关键问题并不是取消教师对国家或学校教育目的的个人化理解和建构，而是要探明这种个人化理解和建构的道德边界究竟在哪里。假如国家或学校层面的教育目的在正当性上是可辩护的，那么这个边界就应该定位在两个方面：一是它没有妨碍国家和学校层面教育目的的达成，二是它没有限制学生的基本权利和自由，没有妨碍学生的多样化发展。唯其如此，教师层面的教育目的就不会因为个人化的理解和建构而失去应有的正当性。

二、课程的价值维度

在教育领域,"课程"概念的复杂性和多样性不亚于"教育"概念本身。从词源上来说,"课程"意味着功课及其进程的安排。尽管这种原初的意义仍然内含在今天"课程"一词的用法中,但人们对"课程"的概念化已经接近于"教育"本身了。例如,麦克尼尔(McNeil,J. D.)列举了若干课程的概念:研制进行学习所需的产品、书籍和材料的一系列指南;活动的教学大纲,学程设置、单元、课程和内容的编目;由学校指导的所有活动;决定教什么的过程;对课程编制中使用的过程的研究;学习者在学校里实际学习的东西;为学习者制订的学习计划。① 又如,波斯纳(Posner,G. J.)罗列了课程的范围:针对不同年级的客观目标矩阵或一个共同的主题的分类组;一个包括原理、话题、资源和评价的计划;以有组织的大纲的形式列出的一系列话题;课程是要求所有学生都完成的一系列知识和技能;课程是用来指导课堂教学的教学材料;课程是学生必须完成的一系列的学习经历;课程是学校所计划的所有的学生的经验。② 如此等等。尽管课程概念具有如此广泛的包容性,其内核仍然是与教与学的内容直接相关的。因此,这里也主要围绕作为教育内容(matter of education)的课程,探讨其价值基础和价值原则。

(一)课程的价值基础

课程可以看作是通过精心选择和组织的内容实现教育目的的一种途径。因此,人们常常是从教育目的出发来为课程内容选择和组织的合理性进行辩护,以至于很多有关课程的讨论其实是在讨论教育目的问题。这意味着,国家、社会或个人对教育目的持有不同的看法,其在课程内容的选择和组织上也必定会有所不同。这一点在官方或正式的课程中是最为明确的,因为在正规教育系统中包括课程在内的教育安排都是为了国家教育目的的实现。众所

---

① 麦克尼尔著,施良方等译:《课程导论》,辽宁教育出版社 1990 年版,第 344 页。

② 波斯纳著,仇光鹏、韩苗苗、张现荣译:《课程分析》,华东师范大学出版社 2007 年版,第 12 页。

周知，这里存在一个纵向的教育目的系统，即从国家的教育目的到各级各类学校的培养目标，再到作为科目或活动的课程的目标，最后转化为课堂教学及其他教育过程的具体目标。在这个系统中，可以看到课程及其目标对国家教育目的和各级各类学校培养目标的依赖。实际上，课程对于教育目的的这种依赖，同样也可以在很多思想家及其理论主张中窥见一斑。比如，进步主义和改造主义强调教育要解决社会问题，因而主张课程应该包括社会问题；永恒主义强调教育要促进理智的发展，因而在课程上主张阅读"名著"；要素主义强调文化传递和基本的理智训练，在课程上突出基本知识和基本技能（见表 5.1）。

表 5.1　四种教育哲学的教育目的观和课程观①

	教育目的	课程
进步主义	学会解决民主社会中的问题	与社会和儿童相关的问题；儿童感兴趣的问题
改造主义	解决关键性问题，以促进社会平等、正义和民主	共同体和更大的社会问题，并对社会政治行动负责
永恒主义	发展理智，灌输永恒的美德，促进对真理的追求	永恒的观点，普遍的真理，经典的智慧成果（如"名著"）
要素主义	传递文化，进行基本的理智训练	保存文化并使个体具有建设性的参与能力所必需的知识和基本技能

从教育目的出发考察课程内容选择和组织的合理性，是符合教育目的—手段结构的基本逻辑的。这意味着，课程所内含的内容本身并不具有自足的价值，或者更明确地说，这些内容是否有价值取决于它们在多大程度上有助于教育目的的达成。但是，值得注意的是，这仅仅是从课程的总体或整体来说的。如果具体到学生的层面，就会发现课程可通常具有两个方面的价值：

---

① 奥克斯、利普顿著，程亮、丰继平等译：《教学与社会变革》，华东师范大学出版社 2008 年版，第 108 页。

一种是工具性的外部价值，另一种是非工具性的内在价值。① 对这两个方面的不同关注和侧重，就形成了课程领域工具论（instrumentalism）和非工具论（non-instrumentalism）的分歧。

工具论认为，课程的价值在于帮助学生获得某种外部的"功利"或"利益"，如升学、就业或获得某种权力或荣誉，至于课程中知识、经验或活动本身并不具有自足的价值。在这方面，典型的代表是斯宾塞。他根据完满生活的需要，对各种学科的知识进行了价值排序，认为（自然）科学的知识最有价值，而文学、艺术则处在较低的价值层面（见表5.2）。② 这种价值论在现实中很有影响力，比如，过去有所谓"书中自有千钟粟""书中自有黄金屋""书中自有颜如玉"之说，现在不少教师、学生、家长以及社会人士都倾向于从外部"功利"或"利益"来评判学校课程的价值。

表 5.2　斯宾塞的知识价值序列

完满生活的构成	知识	重要性
直接有助于自我保全的活动	生理学	高
从获得生活必需品而间接有助于自我保全的活动	数学、自然科学	
目的在抚养和教育子女的活动	生理学、心理学	
与维持正常的社会和政治关系有关的活动	社会学、历史学	
在生活中的闲暇时间用于满足爱好和感情的各种活动	文学、艺术	低

这种工具论的立场可能会带来几个后果：第一，这种立场会直接导致一些纯粹的或形式性的学科退居次要地位，而一些实用的或就业前景看好的学科居于中心地位。以前是"重理轻文"，所谓"学好数理化，走遍天下都不怕"，而今天甚至连"数理化"（更不要说典型的文史哲）也开始受到工程、

---

① 参见施良方：《课程理论：课程的基础、原理与问题》，教育科学出版社 1996 年版，第十二章中的"课程与价值"。

② 斯宾塞著，胡毅、王承绪译：《斯宾塞教育论著选》，人民教育出版社 2005 年版，第 6—46 页。

医学、法律、商学等更具实利性或实用性的学科的挤压。甚至在升学考试的压力下，会出现两种情形：一些不是升学的必考科目，在学校中沦为"副科"，连同任课的教师都处在较低的地位；即便是必考的科目，其中与考试标准关联不大的内容也常常不被重视。第二，也是最为严重的一点，当公众只是关注学校课程的外部利益而不关注它所内含的促进人（甚至公民）的发展的责任，那么当这些课程未能实现个体对外部利益的预期（如找不到工作）时，就会导致"读书无用论"或"教育无用论"的悲观论调。比如，有些人发现中小学英语或数学课程中学习的内容在后来的工作和生活中基本未用上，或大学课程未能帮助我们找到一份满意的工作，或者没有看到它们在工作中的直接效用，我们就开始怀疑和批判这些课程的价值。第三，它可能伤害到学生对课程中知识、经验或活动本身的兴趣。在工具论的框架下，我们读《红楼梦》，不是因为它本身是有价值的，而是因为它对我们未来的考试有用。尽管这种立场并不否认知识有内在的价值，可以促进个体内在的完善，但是它反对"为知识而知识""为教育而教育""为读书而读书"的纯然态度和做法。所谓的内在价值，要么是实现外部利益时所带来的副产品，要么是为了实现这些外部利益的。这可能导致学生对课程中知识、经验或活动的兴趣完全受制于外部利益的驱动，而无法体验到课程中知识、经验或活动本身的趣味和价值。不可否认，现代学校无疑承担着帮助个体谋求职业、实现人生幸福的功能，但是这并不意味着教育或课程只是为了这些外部利益的实现。因此，这种立场可能错误地将教育或课程所具有的工具价值泛化为教育或课程的全部利益或根本利益。

另一种立场是非工具论，认为课程中的知识、经验或活动本身就是有价值的，用麦金太尔的话来说，包含了内在的善或内在的利益。首先，这些知识、经验或活动的根本价值在于个人的内在完善，而不是获得外部的功利或利益。比如让学生学习拉丁文，并不是因为学生在日常生活中要用它进行沟通和交流，而是为了思维的训练和文化的陶冶。就像培根所说："读史使人明智，读诗使人灵秀，数学使人周密，科学使人深刻，伦理学使人庄重，逻辑修辞之学使人善辩；凡有所学，皆成性格。"这些科目并不是因为它们会给一个人带来外部的"功利"或"利益"才是有价值的，相反，恰恰是因为它们本身是有价值的才可以为一个人带来外部的"功利"或"利益"。其次，每个科目都具有属于自身的内在善（参见第三章），这种内在善决定了每个科目都具有其他科目所没有的独特价值。严格来说，一个人从语文学科中获得的某些东西是数学学科无法提供的，反之亦然；同样，一个人从音乐、美术中获得的审美体验是历史、地理所无法提供的——实际上后者也不是将审美作为它的对象的。这意味着，学校的各个科目都是不可或缺的，而且是彼此不可替代的。对不同学科或知识的价值排序，从根本上说是误导性的。再次，课程中知识、经验或活动的内在价值或内在善与它的外部"功利"或"利益"之间是相容的。真正获取课程中知识、经验或活动的内在价值或内在善，也可能会使它的外部"功利"或"利益"最大化。这就好比一架钢琴之所以昂贵是因为它本身能演奏出最为动听的音乐、一个篮球运动员之所以身价很高是因为他具有高超的篮球技艺一样。因此，强调课程的内在价值，并非否定它的外部"功利"或"利益"。由此看来，课程中的知识、经验或活动就具有自身所独有的价值或内在善，至于它的外部"功利"或"利益"，只是我们在追求和获得这些内在价值或内在善的过程中附随而来的。

（二）课程的价值原则

课程需要以教育目的为参照和指引，但是仅有教育目的并不足以确证课程本身在道德上的正当性或合理性。在很多时候，我们可以对课程所要达到的目标达成共识，但是却很难在什么知识、经验或活动最能实现特定目标的问题上有一致性的看法；甚至，有时我们可以在什么知识、经验或活动最能实现特定目标的问题上达成共识，但也可能在以怎样的方式呈现这些知识、经验或活动的问题上出现分歧。这种状况在很大程度上与课程本身的复杂性有关，它不仅仅关涉到学生个体发展的可能性，而且牵涉到国家或社会的整体利益。因此，关于课程内容的任何增减都可能引发公共的讨论。比如，在语文教材中，减少鲁迅作品的数量，增加文言文篇目，增加某些流行的文化元素，等等，都引起了广泛的争论，而这些争论往往聚焦的是课程的不同关系，诉诸的价值原则也是不尽相同的。为了讨论的便利，这里主要以过去十多年中有关语文教材的公共讨论为基础，尝试厘清课程所涉及的基本关系，以及在这些关系层面应考虑的价值原则。

一是课程与政治的关系：政治正确性原则。在现代学校系统中，课程与政治的关联性是不言而喻的。许多激进的课程政治学者认为，课程不仅是一种知识形式，更是一种经济的或文化的"资本"，甚至体现为一种意识形态的霸权，其背后总是隐藏着社会权力和控制的因素，总是体现了某些社会群体（特别是支配阶层）的价值诉求和根本利益。在民族国家的背景下，不管我们是否认同这种立场，我们似乎没有理由否认课程在形成政治认同方面的重要功能。我国也不例外，同样要在课程的体系中融入国家、民族或政治认同的要素。这一关系层面，维持课程内容在政治上的正确性是必要的。比如在有些国家，不能公开地（更不能在教材中）表达与性别或种族平等相悖的观点。值得注意的是，这一原则并未成为公众对课程内容合理性辩护的依据，相反，在多数情况下是公众反思现有课程内容政治性过重的靶子。

二是课程与社会的关系：适应性原则。课程要适应社会发展和科技进步的需要，这似乎也是一个判断课程价值的自明原则。在今天的课程改革中，着力要解决的一个问题就是，怎样在课程与社会生活之间建立起内在的联系。但是，对于什么知识、经验或活动可以帮助学生适应当下或未来社会生活的需要，人们往往有不同的立场。例如，有人认为，一些在旧社会背景下形成的作品或故事，由于其所反映的社会内容与当前学生所面临的生活语境截然不同，而学生不具有与其有关的社会生活经验，同时他们所面临的未来生活也不是回复到过去，因此这些作品或故事应该从课程体系中剔除出去。但是，反对的意见是，尽管这些作品或故事针对的社会场景来自不同的时代，然而社会的发展是连续的，而且设置这些作品或故事的目的不在于重建过去的生活经验，重要的是让学生发掘这些作品或故事背后的基本价值和经验，而这些社会价值和经验本身并不是随社会变化而变化的。如果有变化，那也是它们的表现形式，而不是它们本身。

三是课程与实存的关系：真实性原则。无论是何种类型的课程或科目，如果其所呈现的是某个真实存在的人物或事态，那么它就应该与该人物或事态的实际存在相一致。例如，在语文课程中，以真实人物或事态为主题的课文应该是真实的，而不应该是"虚构"的。即便这种"虚构"可以在一定程度上有助于对学生进行政治、思想或道德教育，它也是不可以接受的，因为这种做法无助于教育目的的实现。实际上，这种"虚构"在一些学科的教科书中是存在的。[①] 比如，比较典型的是这样一篇课文，讲述的是华盛顿砍了家里的一颗樱桃树，向父亲承认错误，并得到父亲原谅。这个故事旨在向学生传达诚实的品质，但是问题在于，在华盛顿童年生活的地方并无任何证据显示这里曾经种植过樱桃树。又如，"乌鸦反哺"的课文也缺乏事实的根据；如此等等。[②]

四是课程与原作的关系：忠实性原则。特别是在语文课程中，还涉及一组特殊的关系，即课程与原始作品之间的关系。具体来说，那些选编的课文究竟应不应该忠实于原始的作品？如果应该，究竟在多大的程度上忠实于原始的作品？以往公众甚至课程编制者认为，选编的课文不能简单地从原始作品中直接搬用。有些是从容量上考虑，即有些原始作品篇幅过大；有些是从功能上考虑，即某些部分不具语言典范性；有些是从教育上考虑，即某些内容不利于儿童健康发展。然而，在新近的讨论中，有人开始重申忠实性的原则，强调课文应该尊重原始作品的完整性，删节或修改原始作品中的某些所谓"糟粕性"的字句，表面看来是让学生免受这些"糟粕"的影响，但是可能却在另一方面欺骗了学生，呈现给学生的作品不是一个真实或完整的东西。如有人指出，朱自清的《荷塘月色》选入教材时，删掉了"像刚出浴的美人"，将采莲的少女"荡着小船，唱着艳歌"，改为"载歌载舞"；《红楼梦》节选《葫芦僧判断葫芦案》删去了冯渊"酷爱男风，不喜女色，这也是前身冤孽"一句。

五是课程与学生的关系：教育性原则。大概没有人会反对课程对于儿童

---

① 参见洛温著，马万利译：《老师的谎言：美国历史教科书中的错误》，中央编译出版社 2009 年版。

② 参见郭初阳、蔡朝阳、吕栋：《救救孩子：小学语文教材批判》，长江文艺出版社 2010 年版。

或学生的发展性或教育性价值：它应该促进学生个体在认知、道德、情感方面的发展。而要达到这一点，课程内容就应该是真实的，是道德的，是审美的。尽管课程要反映政治、经济和社会发展的需要，要体现特定的社会文化和价值观，但是不能为了这些外在的目的而伤害了教育的内在目的。文学作品带有一定的虚构性质，但是这并不意味着我们可以罔顾事实、违背常识，甚或为了适合儿童的特征和趣味，编造一些与真实人物、时间或空间有关的故事。一些课文可能是为儿童理解和把握某些道德或价值观，但是如果课文所宣扬的道德或价值观本身不是建立在真实的叙事基础上，那么当儿童某一天突然发现这些叙事缺乏真实性的时候，他们有可能因为这种"善意的谎言"而产生对学校教育的不信任。也就是说，以不道德的方式去传递道德，本身在逻辑上就面临着矛盾。

在诸如此类的讨论中，人们通常会从不同的立场出发，诉诸这些不同的原则，对课程中的知识、经验或活动的正当性进行批评和捍卫。当然，并非每个学校科目都需要根据上述五个层面及其相应的原则进行确证。比如，语文、英语、历史之类的学科涉及与原作的关系，需要考虑忠实性的原则，而数学、物理、化学之类学科似乎较少涉及这个关系。即便涉及同一个原则，不同学科的立场也会呈现出强弱的差别，物理、化学在真实性上的要求要强于语文、英语等学科。但是，所有的学科都必须充分考虑它们对学生发展的价值和意义。

（三）课程的正当性问题

在当代的语境中，人们有关课程的讨论，逐渐从斯宾塞的经典问题"什么知识最有价值"转向了阿普尔提出的"谁的知识最有价值"。这一问题的转换意味着，课程不只是一个认识论、教育学的问题，而且是一个社会学或政治学的问题。英国伯恩斯坦（Bernstein，B.）将课程称为"合理的知识"（valid knowledge），而阿普尔将它称作"法定的知识"（official knowledge，或称"官方知识"），并认为"不论我们是否意识到这一点，在美国和世界上其他的国家里，课程和更普遍的一些教育问题总是陷入阶级、种族、性别和宗教冲突的历史泥沼中"。① 在他们看来，课程并不是客观的或中立的，而是体现了特定群体或阶层的价值观念和意识形态，反映了某种支配性或控制性的社会关系。它在很大程度上反映的是社会中支配阶层或集团的根本利益和价值观；体现的是白人中产阶级的文化经验，而将少数族群的文化经验排斥在外；凸显的是男性的思维方式和品质，而压制了女性的思维方式和品质；等等。根据扬（Young，M.）的观点，学校的课程在这里构成了一种机制，"知识正是通过这种机制在'社会上得到分配'"，从而达到社会分层或控制的目的。②

从直觉上来说，通过课程机制所形成的这种知识分配，对于处在社会"边缘"的底层群体、少数族群以及女性而言是不公平的；这些群体的子女在学校中的失败，并不是他们不够聪明或努力，而是因为法定的课程将他们的文化经验甚至思维方式排斥在外。这种排斥会导致他们在课程的学习中处于不利的境地，而那些处在支配地位的群体或阶层，由于其文化经验或思维方式整合在课程中，更容易在学校教育中取得成功。比如，伯恩斯坦通过语言编码的分析，发现中产阶级儿童采用精密型的语言编码，而工人阶级的儿童使用的是封闭型的语言编码。③ 当他们同时进入学校时，前者比后者更容易适应并取得成功，因为学校课程本身采用的编码与前者是一致的。这意味着，学校课程与不同群体的文化经验或思维方式越贴近、越敏感、越具包容性，就越有可能缩小不同群体之间的差距，并促进不同群体在学校教育中取得成功。

这里的包容性理想看起来是值得辩护的，因为它很大程度上符合人们在文化或教育上平等主义的直觉和诉求：每个群体都拥有自身独特的文化经验

① 阿普尔著，黄忠敬译：《意识形态与课程》，华东师范大学出版社 2001 年版，第二版序言。

② 麦克·F·D·扬主编，谢维和、朱旭东译：《知识与控制——教育社会学新探》，华东师范大学出版社 2002 年版，第 35 页。

③ 详见伯恩斯坦著，唐宗清译：《社会阶级、语言与社会化》，载张人杰选编：《国外教育社会学基本文选》（修订版），华东师范大学出版社 2009 年版。

或生活方式，其中都内含着某种值得珍视的东西，而这些东西不仅是值得其他群体尊重的，而且可能是值得其他群体学习和借鉴的。但是，问题在于，是否所有群体的文化经验都具有同等的价值呢？如果不是，那么这种包容性的要求就是不合理的。一些激进派就反对这种包容性的理想，如马克思主义者强调无产阶级文化的先进性，社会进化论者推崇白人社会的文化，精英主义者强调社会精英阶层的文化和价值观，而国家主义者强调国家身份的认同和统一；等等。这些立场旗帜鲜明地都将某种文化经验看作是高于或优于其他文化。假如所有群体的文化经验都值得在课程中予以同等的考虑，学校的课程是否就有足够的容量将它们纳入进来呢？实际上，课程的容量总是有限的，因此在这些不同的文化经验之间进行选择或整合是不可避免的。但是，这里的困难在于，既然每种文化经验都值得同等的考虑，我们又如何在它们之间进行选择或整合呢？主要有三种备择的路径：一是在这些不同的文化经验中寻求共同的要素，从而将这些共同的要素作为课程的主体内容。二是特别是不同的文化经验之间相互冲突的时候，就需要诉诸更大的社会共同体的价值来进行平衡。三是传递一种促进不同群体间相互尊重和理解、积极对话与共同参与的价值观和方法，而不是简单地将各种文化经验都吸收到课程的体系中来。假如包容性并不是指从不同群体的文化经验中抽取一部分拼凑在课程体系中，而是在平等尊重不同群体文化经验的基础上，寻找共同的经验，面向更大的共同体，以及促进它们之间的共同对话与参与，那么具有包容性的课程就是合乎道德的。相反，一种在文化经验上封闭的、排他的、等级的课程，必定会阻止对话、妨碍价值分享，因而也缺乏应有的道德正当性。

三、教育过程的合道德性

在学校教育中，无论是教育目的的实现还是课程内容的传递，都离不开具体的活动或过程。赫尔巴特把教育的手段区分为管理、教学、训育等活动或过程。在所有教育活动或过程中，最为核心的当是（课堂）教学了，除此还涉及对学生的管理、指导、训练等各种不同性质的活动。按照彼得斯的观点，所有这些活动或过程都不能简单地等同于教育本身，而只有当它们真正促进了儿童在理智、道德、审美等方面的成长和发展，才能称为教育活动或过程。在现实的学校生活中，确实会存在某些教学、管理、指导、训练等没有体现出教育性或者不具有教育价值，因此一些学校提出要发挥（学科）教学的育人价值、要实现管理的育人功能。

按照这种说法，教学、管理、指导、训练等活动或过程在体现它的本体功能的同时，必须观照到它的教育价值。我们在考虑这些活动或过程的道德基础时，不可避免地要观照到这两个层面，即它们本体功能的实现度和教育价值的达成度。比如，某个学生无端做鬼脸，扰乱了课堂教学的秩序，此时教师需要对该生的不当行为进行制止甚或惩罚。如果该生在课堂上不再出现该行为，那么教师的课堂管理就是有效的。但是，只有当该生形成了对自身行为不当的合理认识并趋向于采取更为积极的行为时，教师的这次处理才会显示出教育价值。显然，这里涉及了两个评判教学、管理、指导、训练等之类活动或过程的重要价值标准，即有效性和教育性。

但是，这两个标准侧重这些活动或过程的结果，而没有明确地指向它们在具体实施中呈现出的程序本身究竟在多大程度上是合乎道德的要求的。这也就意味着，这些活动或过程是有效且有教育价值的，但其所采取的做法或行为本身可能是道德上失当的。这就像洗脑或灌输的技术一样，它完全可以将某种有价值的东西"植入"你的头脑，同时将某种糟糕的东西从你头脑中移除掉，达到你想要的目的、获得你追求的发展。但是，这种方式在道德上是不可接受的。实际上，你也并不想通过这样的方式去获得有价值的东西或去掉不良的习惯。有鉴于此，在这里，我们将重点放在对这些活动或过程本身在程序上合道德性问题的探讨上。

（一）基本的程序原则

让我们先来进行一些整体的探讨，即是否存在一些基本的程序原则，需要教学、管理、指导等在具体实施中予以遵循呢？如果再回到教育伦理学领域一些重要人物及其著作那里（如彼得斯的《伦理学与教育》、巴罗的《教育的道德哲学》、斯特赖克等人的《教学伦理》和《学校管理伦理》等），同时考察一些国家的教育专业伦理准则，我们就可以提出诸如自由、平等、公正、关怀之类的程序原则，但其中最为基本的一条原则，应该是"尊重人"的原则，这不仅是因为它屡屡被提及，更因为它构成了其他程序原则的重要基础。这个原则要求，各种教育活动或过程都需要在它们所采取的具体方式或方法方面体现出对学生个体或群体的基本尊重。用康德的话来说，它们需要真正把学生当作是目的本身，而不仅仅是手段。

那么，这里的"尊重人"究竟意味着什么？要明确这一点，就必须考虑这些活动或过程所面对的具体对象的性质和特征。在学校情境中，答案似乎是不言而喻的，即是学生。但是，就像一般的社会角色一样，学生这个社会角色也具有多重性，他或她同时也是一个有内在尊严的个人，是一个成长中的儿童，以及一个法律意义上的公民。就此而言，在这些活动或过程中，尊重自然也涉及四个层面：一是尊重学生作为一个独特个体的"人"所具有的尊严和内在价值；二是尊重学生作为一个未成年的"儿童"所具有的发展特征、成长需求和基本权利；三是尊重学生作为一个专门化的社会角色所拥有的社会权利和功能；四是尊重学生作为一个国家或社会的"公民"的基本权利和尊严。这意味着，各种教育活动或过程一方面需要考虑上述不同层面的尊重，另一方面也需要在这些不同层面的尊重之间保持某种平衡。

由"尊重人"这个程序原则，可以衍生出另外两个基本原则：权利原则和公正原则。其中，权利原则涉及的是如何对待学生个体，即任何教育活动或过程不得侵犯学习者的基本权利。违背这个原则不仅在道德上会面临谴责，而且会受到法律的制裁。相对于成人来说，儿童拥有更多的权利。比如，联合国《儿童权利公约》赋予了儿童四大权利：生存权，充分发展权，免受有害影响、虐待和剥削权，充分参与家庭、文化和社会生活权。就像我们在第三章中讨论的那样，由于教师拥有专业的权威，与学生之间是非对等的关系，因而在日常的教育教学工作中容易出现教师权威对学生权利的压制或僭越。为了保护学生的权益和维护专业的地位，很多教师专业组织都在它们的伦理准则中要求教师坚守自己的权威边界，不得妨碍在学校生活中的思想自由和行动自由。

这个权利原则，构成了所有教育过程必须遵循的一条底线要求。它意味着，这些教育过程也许不能使每个学生都获得充分的发展，但是至少需要确保他们的基本权利不会受到侵犯。尽管如此，我们仍然会对教育过程在学生权利问题上提出更多的要求。不侵犯学生的基本权利，还只是一个消极的要求。由于所有的教育过程都需要指向学生成长或发展，因此教师还需要为保护和发展他们的基本权利作出恰当的努力。特别是发现学生的基本权利受到外部的威胁（如发现家长虐待孩子）时，教师需要为保护学生采取一定的行动。更为重要的是，还需要通过教学、管理、指导等活动让学生认识到自己的权利并学会维护自身的权利，同时让学生获得更多的发展权利和机会。因此，这里的保护和发展既是尊重的体现，也是对尊重的扩展。

公正原则涉及的是如何对待学生群体。在很多时候，教师面对的并不是单个的学生，而是一群有不同背景或能力差异的学生。对于每个学生而言，教师及其对待方式本身就是直接的教育资源。在专业关系中，维持一种公正或不偏不倚的态度，对于维持教育过程和达成预期的教育效果都是必要的条件。一旦教师在学生心中丧失了公正的形象，就可能很难维系自己与学生的教育或教学关系。在许多国家或地区的教师专业伦理规范中，都要求教师避免不公正地对待学生。比如，我国的《中小学教师职业道德规范》明确规定，教师要"平等公正对待学生"；对此，美国 NEA 的《教育专业伦理准则》规定得更为具体：教育者"不得以种族、肤色、信条、性别、原有国籍、婚姻状况、政治或宗教信念、家庭、社会或文化背景或性别取向为由，不公正地：（1）排斥任一学生参与任何课程；（2）剥夺任一学生的任何利益；（3）给予任一学生以任何有利条件"。在具体的教育活动或过程中，我们很容易确定哪些做法是不公正的，却很可能对"哪些做法是公正的"存在意见上的分歧。避免各种显见的不公正，也许就是通往公正的基本道路。

（二）多元的正当性

虽然诸如教学、管理、指导之类的活动或过程，都需要以教育目的为指向，并服膺一些基本的程序原则，但它们在性质与功能上仍是相对独立的。根据美国政治哲学家沃尔泽在正义问题上的多元主义立场，我们也可以看到，学校中的各种活动都拥有独特的教育目的和意义。相对于学生的成长或发展来说，这些活动提供的是不同的"善物"。下面主要从面向学生的教学、管理、指导等活动或过程出发，概述这些活动或过程各自在道德上应该进一步遵循的正当性原则，从而呈现它们在正当性上的多元特征。

第一，教学伦理：理智的自主。

对于作为教育过程的"教学"，存在各种不同的界定；但无论是何种界定，似乎都不否认它内含着对学生学习的预期和要求，或者更为明确地说，教学就是教师引起、维持和促进学生学习的活动或过程。要实现教学的目的或功能，就需要学生最为基本的理智自主（intellectual autonomy）。

这种自主在很大程度上是教学本身所内含的。从彼得斯的分析来看，违背学生的自知和自愿就是道德上不可接受的。比如灌输、洗脑、训练，都是因为没有考虑到学生的自知和自愿，而变成一种外在的强制的力量，这种力量是道德上不可接受的。这里隐含了一个正面的结论，道德上可接受的方法应该是那些能激发学生自知、自愿，尊重学生自主性的方法。谢弗勒通过概念分析，认为"教学"（teaching）"至少在某些时候，应当提供给学生理解和独立判断的机会，满足他们对理性的追求，给他们所认为的适当的说明"。①当我们在教人事实的时候，并不仅仅是使他相信这个事实，还需要向学生说明我们的理由，藉此把我们的理由交由学生去评价和批判；当我们教某人怎样做某事的时候，通常意味着指示他怎样做（通过描述和范例），要使处在某个阶段的他能够理解我们要他做此事的理由和意图，而不仅仅是为他学习怎样做创设环境。因此，谢弗勒说，教学就是要承认学生的"理性"，承认学生对理性的需求和判断。②

而且，教学从根本上说是关乎"理智的"，以学生的理智发展为目的——即便理智不是它唯一的目的，但也是其最为重要的目的。历史上，夸美纽斯、赫尔巴特以至要素主义者和永恒主义者，都强调心灵的陶冶、理智的训练，

①　谢富勒著，林逢祺译：《教育的语言》，桂冠图书股份有限公司 1994 年版，第 54—55 页。

②　谢富勒著，林逢祺译：《教育的语言》，桂冠图书股份有限公司 1994 年版，第 55 页。

而要实现这一点，就需要通过严格的形式学科（如数学、文法），吸取人文社会科学领域那些丰富的经典学术遗产。① 所谓"教是为了不教"，所表达的都不过是教学应该造就自主的人。当然，自主既可以是理智的自主，也可以是道德的自主（或自律）、情感的自主（或自制）。根据克里滕登的观点，最为主要的是理智自主，而道德自主和情感自主都在一定程度上服从于理智的自主；这种自主至少意味着"一个人不应该在他人的权威之下去接受自己的任何一种重要信仰，而是应该根据他自己的经验、他自己对于论据和论点的反思、他自己对于什么是真实与正确的感觉判断"。② 而要造就这种自主的人，就很难通过缺乏对学习者自主性基本尊重的方法来实现，这就像是在说通过专制的手段培养民主的精神一样不可思议。

如果"理智自主"的原则在教学上是值得辩护的，那么是否可能会存在某些教学方式或方法比其他教学方式或方法更符合这个原则呢？比如，一些"参与式"的教学方法（如让学生进行小组讨论、实验操作、角色扮演、教育戏剧、互教互帮等），是否比一些"旁观式"的教学方法（如讲授、演示或示范、观摩等）更能体现或更有助于促进学生的理智自主呢？从一般或绝对的意义上说，我们很难做出这种比较和评判，因为在具体的教学情境中，这些方法的效应是教师、学生、课程以及它们所在的环境之间交互作用的结果。如果面对的是一群在学习上动机强、习惯好、基础牢的学生，一个善于讲授的教师同样可以激发学生的理智参与；如果课堂讨论流于形式、过于机械，也很难说它促进了学生的理智自主。但是从另一个角度来看，人们更青睐于让学生浸润或参与其中的课堂，而不是让学生静听或静观的课堂。这种"青睐"的合理性就在于，我们希望更多的学生能够"卷入"或"介入"课堂教学的过程，发生有意义的学习。对于学习好的孩子来说，对教师的要求更多是内容上的；但是对于学习动机不强、习惯不好、基础不牢的孩子来说，对

---

① Brameld, T., The Anti-intellectualism in Education. *Journal of Social Issues*, 11 (3), 1955.

② 斯特赖克、伊根著，刘世清、李云星等译：《伦理学与教育政策》，北京大学出版社 2013 年版，第 80 页。

教师的要求更多的是方法上的。这意味着，采用更多参与式的教学方法，尤其对那些学习不良的孩子来说具有重要的作用——这似乎有点促进公平的意思。事实上，诸如合作学习之类的方法，最初也不完全是出于教学上的考虑，还具有促进社会中不同群体之间相互融合的目的，如阿伦森（Aronson, E.）提出的"拆拼制"（jigsaw）即是如此。

第二，管理伦理：自由与正当。

在学校生活中，管理涉及的范围甚广，可以涉及教师和学生两类对象，即它包括了对教师的管理和对学生的管理。作为教育过程或手段的管理，主要是针对作为受教育者的学生而言的；相对来说，对教师的管理可以是为了促进学生的发展的，但也可以是与学生及其发展没有直接的关系。这里主要强调的是面向学生的、作为教育手段的管理，意味着一种通过计划、组织、控制、领导等方式影响学生行为的方式。

从功能上说，除了大量的针对学生日常事务的常规性管理（如组织和领导学生参加各种学校或班级活动），还有两类管理值得在伦理上进行考量。一类是针对"规范维持"的预防性管理，即防止学生出现违规违纪的行为问题。这类管理是事前的管理，指向的并不是学生已经发生的行为，而是学生可能会出现的违反学校或班级规范的行为。尽管这些规范是面向所有学生提出的要求，但并不意味着所有学生都会出现失范的行为——也许只是少数人会出现这种行为。因此，在这里就需要考虑一种重要的伦理问题：学校或教师是否可以以学生可能出现的失范行为来限制学生的自由？或者说，是否可以以少数学生可能出现的失范行为来限制多数学生的自由（又或者相反）？比如，有些学校出于学习的考虑禁止学生带手机进入学校或课堂，出于安全的考虑禁止学生在课间休息的时候进入操场，或在学校内部的各个空间（甚至洗手间）安装摄像头。这些预防性措施确实可以在很大程度上规约某些学生潜在的失范行为，但另一个方面却限制了学生在学校生活中的基本自由。

另一类是针对"过错行为"的惩罚性管理。这类管理是发生在事后的，指向的是学生已经发生的"过错行为"。对于"过错行为"，学校或教师通常出于公正性的考虑，会采取某种惩罚或处罚的措施。要维持这种公正性，学校或是教师施加的惩罚必须满足四个重要的原则：一是采取的惩罚应该而且只能是针对当前学生的过错行为的；二是罪罚应该是相当的，即给予学生的惩罚与他犯下的过错是匹配的；三是程序正当，即给予学生的惩罚应该满足于某些程序上的要求，特别是一些涉及对学生的严厉惩罚（如开除），需要给予学生申诉的机会；四是教育性，即给予学生的惩罚应该有助于学生改正自己的错误行为，并形成与之相应的正确行为。举例来说，对于一个迟到的小学生，直接罚他把新学的课文抄10遍。这种做法就可能违背了上述原则，因为用抄课文（或学习）的方式来处理学生的纪律问题，与第一个原则不符；即便相符，罚抄课文10遍是否与他所犯的过错相匹配呢？而且，教师缺乏相应的程序去了解学生迟到的原因或过程，更缺乏教育性的考虑——与罚抄课文相比，罚他多做一些班级考勤的工作也许是更好的选择。

第三，指导伦理：需要的关怀。

在日常生活中，我们常常也会接触到"指导"这个词，其意义不外是从旁给他人以"指示""引导"，有别于"控制""灌输"之类具有鲜明强制意味的概念。由于其具有不排斥指导者明确的目标导向同时诉诸个人理性自主的双重特征，这个概念也被逐渐引入学校教育领域，成为当代学校教育工作的重要组成部分。当学生面临人生价值的冲突、职业选择的困难、课业学习的障碍、心理发展的不适时，学校教师都需要辅助学生确立合理的目标，选择恰当的方法，形成良好的自我概念。

在学校生活中，指导作为一个教育活动或过程，主要是指对某个或某些有发展需求或障碍的学生给予方向或方法的指示或引导。因此，它与课程和教学不同，不是向学生传递系统的知识和技能，而是为学生提供方向或方法的指引；它与通常的学生行为管理不同，是一种非强制性的引导。[1] 它既可以面向正常的学生，也可以面向特殊问题或障碍的学生，但关注的都是学生在教育或学习、生涯和生活方面的真实需要。其任务主要包括：指导学生选课

---

① 陈桂生：《"学生行为指导"简论》，载《南通大学学报》（教育科学版），2007年第4期。

及改进学习方法与技术，指导学生进行职业准备或给予工作介绍，以及指导学生解决个人问题及改进生活的适应方式。①

严格来说，对学生的指导是以需要（needs）为导向的。只有当学生在教育或学习、生涯和生活方面出现了某些发展的需求或障碍的时候，才有必要进行相应的指导活动；换句话说，学生的需要构成指导活动赖以建立的正当基础。而且，满足这种需要的方式还必须是非强制的。与前述教学或管理活动不同，指导活动并不完全是由指导者发起和维持的，而是在很大程度上依赖于学生的自愿，甚至在很多时候学生可以自由地选择参加或退出。这意味着，指导活动首先需要尊重学生作为独特个体的尊严和价值，尊重他们所具有的发展特征和发展需求，尊重他们进行自我指导和自我发展的权利。其次，指导活动要满足学生个体或群体在教育或学习、生涯发展、个性和社会性发展的需要，以促进他们潜能的最大化发展。再次，指导活动应该是为学生提供发展方向或方法的指引，而不是替代他们进行方向和方法的选择，因此指导教师应避免将个人的信念、价值观或生活方式强加给学生。此外，指导活动还需要遵循保密性原则，即指导教师应避免将在专业服务中获得的与学生有关的个人信息透露给其他人（甚至包括家长），除非这样做有助于学生特定发展需求的满足和特定发展障碍的解决。实际上，这些已经构成了学校指导教师的专业伦理要求。比如美国学校咨询者协会（ASCA）在其伦理准则中就强调，专业的指导应该遵循以下原则：第一，每个学生都有权获得尊重与尊严，都有机会获得全方位的学校指导课程；第二，每个学生都有权得到信息和帮助，并确保其在团体中的地位，以便让他们进行自我指导与自我发展；第三，每个学生都有权了解其教育选择的意义，以及这些选择对未来所面临的各种机会的影响；第四，每个学生都有权保护隐私；第五，每个学生都有权要求学校环境的安全，在接受指导时免于虐待、欺凌、忽视、骚扰及其他形式的暴力。②

---

① 朱益明主编：《普通高中学生发展指导研究》，华东师范大学出版社 2012 年版。
② 杨光富：《国外中学学生发展指导制度历史演进》，华东师范大学出版社 2015 年版，第 326—327 页。

下编　教育中的伦理议题

　　根据艾德勒（Adler，J.）的观点，自由、平等与正义是指导人们行动的"大观念"。在现代社会，这些观念与作为共同生活形式的民主，已经成为人们珍视和追逐的重要理想或核心价值。本编主要立足现代学校的语境，探讨这四个理想或价值在教育领域呈现的基本特征、存在的主要限制以及超越这些限制的可能路径。

第六章　教育中的自由

在现代社会中，自由（freedom 或 liberty）也许是人们最为向往和珍视的观念和价值之一。自由构成了现代国家的政治价值，法国大革命和美国独立战争无不高举自由的旗帜，而在当下中国，它不仅是一种政治价值，而且是一种社会层面的核心价值观。不仅如此，自由也是我们获得美好生活的基础，是我们承担道德责任、感受友谊、享受爱情、体验荣辱感等的前提。倘若我们的生活是预定好的或被决定了的，我们就不应该被要求为我们的过错负责，就不会珍视我们的友情、爱情甚至亲情，也不会为自己获得的成功或荣誉自豪，因为这一切都不是我们自己可以支配或决定的。自由是如此的重要，以至于美国爱国者亨利（Henry, P.）发出了"不自由，毋宁死"的呼号，诗人裴多菲也有这样的赞美："生命诚可贵，爱情价更高；若为自由故，二者皆可抛。"然而，自由究竟意味着什么？可能很少有人将它等同于一个人"为所欲为"的状态或者一个社会"放任自流"的情形。既然如此，自由就可能会面临某些限制。问题在于，什么样的限制并不意味着对自由的妨碍或压制呢？这是现代道德哲学和政治哲学在讨论自由时必然要回答的。在教育领域，我们对自由的讨论也在很大程度上是在回答这一问题："什么样的教育限制并不意味着对儿童自由的妨碍或压制？"本章即是对这一问题进行初步的回应。

一、自由概念及其教育问题

"自由"这个概念并没有因为它的社会重要性而变得清晰，确实，它属于一个本质上充满争议（essentially contested）的概念。很多道德哲学家和政治哲学家，从亚里士多德到康德，从密尔到伯林（Berlin, I.），从马克思到布鲁姆（Bloom, A.），都对它进行了广泛而深入的探讨。总体来说，对于自由的讨论，主要有两类：个体或形而上学意义上的意志自由（free will）和社会意义上的自由（liberty）。前者主要是相对于必然性或者因果性而言的，主要探讨"人究竟在多大程度上是自由的"，特别是涉及自由意志的问题。这一问题是在回应宿命论、预定论及其他决定论挑战的过程中出现的。[①] 后者更多是在社会的框架下讨论自由问题，主要探讨"个人在社会中究竟（应该）拥有哪些自由"，用密尔的话来说，它关涉的是"社会所能合法施用于个人的权利的性质和限度"。[②] 在这里，我们着重探讨的是后一种自由。

在社会自由问题上，如果密尔的《论自由》是古典自由主义的范本，那么当代最有影响的论述也许就是英国政治哲学家伯林的《两种自由概念》（*Two Concepts of Freedom*）一文了。在这篇檄文中，伯林将自由分为两类：消极自由和积极自由。前者意味着他人或群体的干预、约束或限制的阙如，是一种"免于……"的自由（free from），如免于宗教压迫、思想钳制、饥饿或恐惧等，它要回答的问题是"主体（一个人或人的群体）被允许或必须被允许不受别人干涉地做他有能力做的事、成为他愿意成为的人的那个领域是什么？"后者意味着自我导向或理性自主，是一种"去做……"的自由（free to），比如追求崇高的目标，它要回答的问题是："什么东西或什么人，是决定某人做这个、成为这样而不做那个、成为那样的那种控制或干涉的根源？"[③] 不过，伯林对积极自由十分警惕，因为在他看来，这种自由易于让社会将某种理想、价值观或生活方式当作是唯一正确的，而要求每个人都去追求它们，从而陷入集权主义的境地。但是就像斯威夫特（Swift, A.）所评论的那样，

---

① 有关自由意志的讨论，详见徐向东编：《自由意志与道德责任》，江苏人民出版社2006年版；徐向东：《理解自由意志》，北京大学出版社2008年版。

② 密尔著，许宝骙译：《论自由》，商务印书馆2007年版，第1页。

③ 伯林著，胡传胜译：《自由论》（《自由四论》扩充版），江苏人民出版社2003年版，第189页。

"假如自主就是对人的所作所为能够清醒地思考和做出精明的判断，那么发现伯林所担忧的东西是困难的，发现在那里会产生集权主义的威胁也是困难的"。①

伯林对自由的两分，激起了广泛的讨论，也引起了很多批评。在这些批评中，至少有三种路径试图超越这种两分的困难。第一种路径是在这两种自由之外寻找"第三种自由"。佩迪特（Pettit，J.）认为，伯林的两分处理的仅仅是非干涉的自由（freedom as non-interference），而无法涵括另一种自由，即免于他人支配或压迫的自由。这是一种反权力的自由（freedom as anti-power），意味着"不能处在他人权力的控制之下，不能毫无防范地受到他人的干涉"。一个人处在非干涉的状态也可能不是自由的。比如，一个开明的君主可以给它的臣民充分的消极自由和积极自由，同样一个开明的奴隶主也可以让奴隶在他的庄园里享有广泛的自由。然而，我们并不认为这个国家的臣民、这个庄园的奴隶真的是自由的，因为在君主和臣民之间、奴隶主和奴隶之间存在着支配甚至隶属的关系，君主或奴隶主随时可能会取消臣民或奴隶所享有的自由。概括来说，这种非支配的自由可以这样来表述："我是自由的，因为没有人拥有干涉我的权力：即使我缺乏获得自主的意志与智慧，也没有其他人是我的主人。"②

第二种是整合的路径。麦卡勒姆（MacCallum，G.）认为，伯林的区分仅仅是观念上的，实际上任何自由都意味着"免于（free from）……去做或成为（to do/be）……"的自由。他说："不管是谈论某个行动者的自由还是某些行动者的自由，它始终是指行动者摆脱某些强迫或限制、干涉或妨碍，去做或不做什么、成为或不成为什么的自由。"③ 用公式来表示，即是"X在摆脱Y去做（或不做，成为或不成为）Z上是自由的"。其中，X是行动者，

---

① 斯威夫特著，萧韶译：《政治哲学导论》，江苏人民出版社2006年版，第68页。
② 佩迪特著，彭斌译：《第三种自由》，载应奇、刘训练编：《第三种自由》，东方出版社2006年版，第221页。
③ 麦卡勒姆著，李丽红译：《消极自由与积极自由》，载应奇、刘训练编：《第三种自由》，东方出版社2006年版，第41页。

Y是约束、干预或障碍，Z代表人或环境的行动或条件，是目标或目的。比如，宗教信仰自由是指一种免于国家、社会或他人的强制或干涉去信奉自己选择的某种宗教的自由。

第三种路径是寻找一些替代性的框架。斯威夫特认为，伯林的两分并不是一个清晰的区分，也不足以涵盖各种自由的观念。根据麦卡勒姆自由公式中的三个要素，斯威夫特提出，"假如我们要对自由观的见解中的差异加以思考，我们应该集中在它们是如何看待行为者的，它们将什么东西看做是对行为者的约束，它们将什么东西看做行为者的目标或者目的"。① 由此，斯威夫特提出了三组替代性的区分：（1）在行动者（X）的层面，可以区分"作为自主的自由"与"作为去做需求的事情的自由"；（2）在约束（Y）的层面，可以分为"实际自由"与"形式自由"；（3）从目的或目标（Z）的层面，可以分为"作为政治参与的自由"和"开始于政治终结的自由"。

实际上，人们对于自由概念的这种理解分歧，从根本上反映了他们在理论立场上的分野。有些是从自由主义的立场出发，强调自由是个人的自我所有物，意味着他人强制或干涉的阙如；共和主义的传统从政治安排来界定自由，强调自由就是政治参与，意味着集体的自我决定；理念主义者则关注个体行为的内在力量，强调自由就是理性的自主或自我导向。② 要寻找有关自由概念的共同理解，就不能不回应这些理论立场在国家或社会和个人及其相互关系上的认识分歧。尽管我们很难在这些理论立场之间进行有效的整合，但是这里还是可以采用米勒对自由概念给出的一个较"薄"的界定："一个人的自由取决于向他或她敞开的选择项的数目，以及他或她在这些选择项中做出选择的能力。"③ 这个界定在一定程度上将自由的外部条件和内部自主结合起来。由此来看，个人的社会自由是具体而有条件的：外部限制相同、内在的能力不同，或者，内在的能力相同、外部限制不同，我们所拥有的自由是彼

---

① 斯威夫特著，萧韶译：《政治哲学导论》，江苏人民出版社 2006 年版，第 60 页。

② 米勒，刘训练译：《〈自由读本〉导言》，载应奇、刘训练主编：《后伯林的自由》，江苏人民出版社 2007 年版，第 24—29 页。

③ 米勒著，李里峰译：《政治哲学与幸福根基》，译林出版社 2008 年版，第 55 页。

此不同的。考虑个人的自由问题，其实也就是在考量他面临的限制和他拥有的内在能力。

无论我们从何种意义上理解自由，自由在教育领域都是一个难题。首先，我们不得不审慎地考虑我们究竟在哪里讨论自由的问题。从广义上来说，除了正规的教育机构（特别是学校）之外，家庭及其他社会机构（如博物馆、图书馆、科技馆等）都承担着某些教育的功能。在这些不同的场所，教育者和受教育者各自究竟应该享有怎样的自由，似乎并没有一个统一的答案。比如，学校教育对儿童来说具有明显的强制性，而社会教育对他们来说可以有更多的自由。其次，即便我们在同一场所中，我们仍然需要考虑我们究竟在讨论"谁的自由"问题。比如，在学校中，教师和学生都是社会主体，都享有一定的自由，但是他们除了共同享有一般意义上的社会自由以外，更多的是享有不同的自由，即教师享有从事教育教学的专业自由，而学生享有的则是学习自由。这两种自由不仅在性质上是不同的，而且可能是彼此牵制甚至冲突的——教师专业自由的扩大可能会带来学生学习自由的减少。再次，如果我们只是考虑儿童或学生的自由，那么问题就接踵而来：作为未成熟的或发展中的个体，他们究竟在什么意义上是自由的？他们应该拥有哪些自由？确保他们的自由真的重要吗？假如是重要的，这种自由与教育的强制性之间究竟是何关系？如此等等。这些都意味着教育中的自由并不是简单的社会自由，而是有其特殊性和复杂性，因而也值得细致地探讨。面对如此广泛的议题，这里不可能、也无必要面面俱到，而是将聚焦点放在第三个层面，考察教育过程中儿童的自由问题。

二、教育的自由

在现代社会中，我们可能很少会否定教育对于儿童发展的重要性。无论是身体还是心理方面，他们具有很强的可塑性，都具有广泛的潜能，都处在成长的过程中，但是相对成人社会而言，他们又都是有待社会化的，还不是独立自主的社会成员。因此，无论是个体的人性完善还是社会化，教育都是不可或缺的。但是，儿童究竟应该在家庭还是在学校接受教育？他们自己可以决定和选择吗？假如他们不能自己决定和选择，那么谁可以或应该为他们做出选择呢？这些选择是否会妨碍他们的自由？如此等等，这些问题都涉及儿童在教育选择上的自由问题。然而，这种选择实际上并不是由儿童做出的，在多数情况下是由他们的父母决定的。由此就引发了一个重要的问题：父母为子女选择教育甚或按照自己的方式对孩子进行教育的正当性基础究竟是什么？它们是否构成了对儿童自由的限制？这即是接下来要讨论的。

（一）父母教育权的基础

历史地看，随着现代国家的出现，对儿童的教育权逐渐从家庭向学校转移，而教育的性质也逐渐从私人生活转为公共事务，以至于所有适龄儿童都需要进入到国家举办或认可的学校中接受义务教育。这意味着，至少在义务教育阶段，儿童有相当长的时段是在学校中接受教育的——当然这并不意味着家庭就完全让渡或放弃了对儿童的教育权；而这个过程既非儿童自己的自由选择，也不是家庭或父母的自觉自愿。实际上，确有一些父母出于各种原因并不愿意送孩子去公立学校上学，而选择回归家庭，在家里对孩子进行系统的教育。在西方（尤其在美国），就出现了一种新的教育形式，被称之为"在家上学"（homeschooling）；而在中国，一些对学校教育不满的父母也采取类似的方式对孩子进行他们认为对孩子未来发展重要的教育。那么，这种做法在什么意义上是值得辩护的？

这里有一个"桃花源式教育"的案例。据报道，武汉 7 对父母放弃孩子接受城市公立学校的教育，在黄陂木兰山脚下找到一所闲置小学，将教学楼的一楼改建成各家的宿舍，二楼当作孩子的学习场所。这里没有塑料玩具，更没有小汽车、变形金刚或芭比娃娃之类，活动室里摆放的都是家长们的手工作品，如用木头、竹子制的积木和用布缝的手工娃娃。这里没有专门的教师，全是由家长授课。孩子主要是诵读四书五经之类的经典，3 岁以下的孩子主要是玩，稍大的孩子要学习数学、书法、英语等课程。除了每天两个多小时的课堂学习外，孩子们大部分时间都在户外。这里也没有考试，但孩子们需要跟家长一起刷墙、布置教室、填埋垃圾、种菜浇水等，大点的孩子要自已手洗简单的衣物。"很多人以为教育就是上学考试。而我们认为，让孩子跟父母在一起劳动、读书，就是最好的教育。孩子们可以在自然中学习，从模仿父母中学习。"这些家长也表示，此举实属无奈，只因对现行的教育体制失去信心，不得已只好去摸索一条能够保护孩子们天性的教育之路。[①]

这7对父母的做法，引来了广泛的争议。在直觉上，我们确实都会同意，当现有的学校教育不能为我们的孩子提供适合或促进他们发展的教育，又看不到这种局面得到积极改变的可能的时候，我们选择逃离现有的学校教育而另寻他途，也是合情合理的。但是，也有批评或反对者指出，这种做法是有违（义务）教育法的，同时可能将孩子从现实的社会中抽离出来，而使他们无法适应未来的社会。但是，这些批评并未进一步深究：即便他们违背了教育法的规定，但是这是否意味着他们的做法在道德上就是错误的呢？这就带来了一个基本的问题：父母究竟在多大程度上可以为自己的孩子选择上学或不上学、选择什么类型的学校？他们凭什么可以做出这样的选择？

对于父母在子女教育上的选择权，存在几种辩护。首先是一个比较显而易见的理由，即儿童是一个未成年人，是一个在理智和道德上还不够成熟或自主的个体，因而缺乏为自己选择恰当教育所需的知识和能力，难以做出一个真正有利于自身未来生活机会的选择。克里滕登也说："儿童没有自行决定其是否应受教育的道德权利，甚至不能自行决定其受教育的条件。自决的道德价值前提是人们至少处于能够作出明智的、负责任的决定的地位。"[②] 在这方面，一个正常的家长作为成年人往往具有更为广泛的社会经验和更为充分的教育认知，可以为孩子做出合理的选择。但是仅凭这一点似乎也不足以为家长之于子女的教育选择权进行辩护，因为某些专家可能比家长具有更多的教育决策的知识和能力——这是否意味着他们就有权取代父母为他们的孩子接受何种教育进行选择呢？答案也是否定的。

---

① 廖君、李劲峰：《逃离——武汉7个家庭选择"桃花源"式教育引争议》，载《科技日报》，2013年1月10日。

② 克里滕登著，秦惠民、张东辉、张卫国译：《父母、国家与教育权》，教育科学出版社2009年版，第81页。

其次是因为父母与他们的孩子之间存在一种抚育关系，一方面在这种持续的抚育活动中，父母比其他人更为了解孩子的心理倾向和行为习惯，更清楚孩子的成长需要和个性特征；另一方面父母与子女之间构成了一种依赖性或依恋性的亲密关系，其直接的表现就是父母对子女的爱，这两者都决定了在子女教育问题上，他们拥有比其他人更多的决定权。在一些特殊情况下，比如一个孩子既有养父母又有生父母，谁应该拥有为孩子选择教育的权利？从抚育关系的角度来说，这一权利应归之于养父母，尽管生父母拥有对孩子的自然权利。

还有一些其他的理由，认为父母对子女的教育权既是家庭自主的一种体现，也是促进社会多样性和思想自由的一种要求。但是，在这些辩护的背后，更为基本也更为正当的理由也许是基于儿童利益的考量。严格来说，儿童仍然拥有选择教育的自由，只是因为他还缺乏进行自决的权利和条件，而由父母代理行使这种教育选择的自由。父母之所以可以代理，并不是因为他们和子女之间的自然关系或法定义务，而是因为相对于其他人，父母更为关切也更为了解孩子的利益。倘若父母的选择伤害到儿童的利益，那么父母的代理权就很难得到辩护和维持。实际上，上述 7 对父母为自己做法的辩护正是从孩子的利益出发的，因为他们认为学校束缚了孩子的自由和天性，让孩子"逃离"学校回归家庭，就是为了保护孩子的自由和天性。但问题在于，这些家长的选择究竟是为了维护孩子的利益，还是基于自己的某种教育偏好？他们的做法真的是在保护孩子的天性或自由吗？是否足以让自己的孩子获得人性的完善，扩展孩子的生活机会呢？这些问题可能都需要更多的经验事实或证据来回答，但可以肯定的是，在父母代理子女选择教育的正当性问题上，儿童利益可能不是唯一的标准，却是最为重要的标准。

（二）父母教育权与儿童自由

即便父母可以代理子女进行教育选择，但是这种选择是否会妨碍儿童的自由呢？我们再来看发生在美国的尤德案（Wisconsin v. Yoder）。1968 年，三个阿米什（Amish）人因拒绝让其 14 岁和 15 岁的子女上高中，而遭到威斯康星州政府的逮捕，因为该州法律规定每个孩子都必须接受义务教育直至 16

岁。阿米什的父母认为，强制其子女上高中，既有违宪法赋予他们的宗教自由，而且威胁到他们所在的宗教社群的存续。此事闹上了最高法院，最终判决威斯康星州败诉。① 尽管最高法院的判决是明确的，但是这个案例在社会政治哲学和教育哲学领域还是引起了争议。这三个阿米什人诉诸所在社群的维系和宗教自由，坚持让自己的子女不接受完义务教育而回归所在的社群，这是否真的是像最高法院的判决那样确定无疑的呢？尤其是对阿米什人的孩子们来说，父母及其社群的这种决策是否会妨碍到他们自己的自由呢？

这里涉及两个问题。首先我们来讨论第一个问题：父母是否真的可以按照自己的价值观念和生活方式来教育自己的子女？实际上，在现代学校出现以前，家庭按照自己的方式教育子女似乎是不言自明的（也许斯巴达教育是个例外）。即便在现代学校出现以来，也有不少自由主义者为父母对子女的教育自由进行辩护，甚至认为这种教育自由是不容干涉的。密尔就说："人们在思想上几乎认定了谁的子女就实实在在是（而非从譬喻的意思说来是）谁的一部分，一见法律稍稍干涉到家长对于子女的不容外人过问的绝对控制，就表现出特别的关切和不安，甚至比当他们自己的行动受到干涉时还要厉害。"②

第一，从促进整个社会的（思想）自由的角度进行辩护。比如，英国的普利斯特里（Priestly, J.）就认为，没有思想的差异就没有思想的自由。如果每个人的思想都是一致的，思想自由也就失去了它应有的意义。让每个家庭按照自己的思想、信念或价值观来教育子女，就可以避免思想的统一，而呈现出差异性和丰富性。在古特曼看来，这个辩护是值得怀疑的，因为父母传递给孩子的价值观可能是非民主的，甚至可能是对思想自由的压制。但是普利斯特里认为，即便父母教给子女的是非民主的价值观，但是由于并不是每个人都具有同一套价值观，这就可以使人们对彼此的价值观甚至对思想自

① Spinner, J., *The Boundaries of Citizenship*. The Johns Hopkins University Press, 1994. p.87—88.

② 密尔著，许宝骙译：《论自由》，商务印书馆 2007 年版，第 125 页。

由本身提出质疑成为可能。① 即便民主的价值观是好的，但当所有人都具有这种价值观时，人们就没有对这种价值观本身进行反思的可能性了。按照这种观点，阿米什人按照自己的方式来教育子女，不是对社会民主价值观的威胁，相反这种方式的存在本身即是民主社会中自由价值的体现。

第二，从儿童成长需求的角度进行的辩护。伯特（Burrt, S.）认为，尽管儿童作为未来的公民必须接受学校的公民教育，需要有参与民主社会所需要的理性自主能力，但是儿童同时是一个具有多方面成长需求的个体，既包括身体、认知、情感等方面的发展，也涉及道德、精神或文化方面的成长。这意味着，仅仅强调国家或社会的需要是不够的，还需要观照儿童作为道德或精神存在者的需求。父母的教育权威并不是通过他们自身的价值观来进行确证的，而是由满足儿童的成长需求来进行辩护的。尤其是在一些宗教家庭中，父母在家庭及其社群中为孩子的道德或精神成长提供了重要的资源。按照这种观点，允许父母按照自己的方式教育子女，是基于儿童利益的考虑，因此一个自由民主的社会应该包容而不是阻止家庭的这一努力。② 不过，这个辩护的困难在于，人们很难对什么是真正的儿童利益或成长需求形成一致性的看法。父母也许在长期的接触中比其他人更了解孩子的利益或需求，但这并不意味着他们真的会尊重或观照孩子的利益或需求。

第三，从文化社群的角度进行辩护。在尤德案中，阿米什人除了从宗教信仰自由角度进行辩护之外，还有一个重要的理由，就是社群的存续。事实上，阿米什的父母并不反对他们的子女上小学或初中，但他们主张子女 14 岁时就脱离公立学校的教育，以免他们受到"世俗"观点的污染，从而使他们抛弃传统的生活方式。依据阿米什的宗教训令，这些孩子应该由社群自己进行训练，使他们学习传统生活所需的技能。确实，每个儿童都生活在或隶属于某个特定的社群，这些社群不仅为他们提供了生活的资源或精神的环境，

---

① 斯普林格著，贾晨阳译：《脑中之轮——教育哲学导论》，北京大学出版社 2005 年版，第 58—59 页。

② Burtt, S., Religious Parent, Secular Schools: A Liberal Defense of an Illiberal Education. *The Review of Politics*, 56 (1), 1994.

而且使他们获得了特定的文化身份和认同。从这种意义上说，这些社群的孩子在分享社群文化经验的同时，也对社群的维系承担着一定的责任。但是，问题在于这些儿童不只是这个阿米什社群的一分子，同时也是更大的美国社会的一部分。尽管阿米什人过着非常传统的甚至是封闭的生活，也不参与整个社会的民主生活，但实际上，不管他们是否承认，都分享了更大的社群所带来的利益（比如对他们生活方式的宽容，提供社会安全保障），因而也不可避免地负有对社会更大的责任。他们的孩子仍然是一个公民，而在成为公民的道路上，所有人都有同样的需要。当这些孩子拥有更多的参与民主社会生活的知识和能力，并有更多的政治参与时，他们极有可能防止整个社会或其他社群对他们权益的侵犯，从而使这个社群在整个社会中谋取更多的利益、争取更优越的环境。

即便我们可以从诸如此类的立场来为父母按照自己的方式教育子女进行辩护，但是我们仍然会怀疑，父母将自己的信仰或价值观传递给自己的子女，是否会妨碍他们子女的自由呢？我们可能会认为，阿米什父母的做法在一定程度上是将自己的或所在社群的价值观强加给他们的子女，让他们回到自己的社群中接受适应未来社群生活的教育；这可能限制了他们的子女更多地接触所在社群以外的其他价值观和生活方式的可能性。对此，阿米什人可能会有不同意见，因为他们并没有完全将这些孩子限制在所在的社群中，而且这些孩子在 18 岁左右可以自行决定是留在这个社群中还是离开这个社群。但是，假如这些孩子并没有在选择之前接触到多样化的价值观和生活方式，我们就很难说他们拥有真正的自由选择。让孩子进入公共学校的目的，并不完全是为了获得适应社会生活和实现个人发展所必需的基本知识和技能，而且有助于他们接触到来自不同社群的孩子及其价值观和生活方式，并在共同生活中学会相互尊重和理解、积极对话和互动。

事实上，某些父母传递给孩子的信仰或价值观确实构成了对孩子自由的明显限制。一个典型的案例就是莫扎特案（*Mozert v. Hawkins*）。1983 年，美国田纳西霍金斯县有一些基督教原教旨主义者控告地方教育委员会，原因是，在公立小学的阅读课程中，存在贬抑他们的宗教观点。虽然教材中没有直接主张某种宗教，但是其内容和呈现方式使他们的子女暴露在不同的宗教观点之下，从而干扰了他们的家庭信仰自由。不同于尤德案，法院并没有对这些父母的诉求予以支持，理由是让这些孩子暴露在不同的想法中，并不等于教导、灌输或鼓励这些观点，因而不妨碍个体的信仰自由，同时公立学校可以教给孩子民主社会的价值观（如宽容）。① 这个案例直接显示出，一些家庭完全有可能将孩子局限在父母的信仰或价值观之下，避免孩子接触其他的信仰或价值观，而且将这种自己的信仰或价值观灌输或强加给自己的孩子。在这一情形中，即便孩子从父母那里习得的信仰或价值观是正确的，但也很难说这是孩子的自由选择。所有的教育都可能带有某种强制，但是有些父母施加给孩子的强制在道德上是不可以接受的——尽管这些强制是现实的，甚至是有效的。

当然，我们不可能将孩子从他所生活的家庭中剥离出来。除了少数孩子，绝大部分孩子都是在家庭中生活和成长，家庭所提供的亲密关系是任何公共的或职业的生活都很难给予的。在很多时候，父母正是基于这种亲密关系而对孩子施加某种教育，有意或无意地将自身的价值观和生活方式传递给自己的孩子。对生活在家庭中的孩子来说，这种教育是无法避免的。从这种意义上说，父母对子女拥有一种天然的教育权利或义务。但是，如何让父母施加的教育不至于妨碍到孩子的自由呢？这自然是值得考量的。

首先，父母需要尊重孩子在家庭生活中的基本权利或利益。尽管家庭的亲密关系（特别是爱）可以为父母施加的教育提供重要的基础，但是这并不意味着父母不需要考虑孩子的权利或利益。在很长一段时间，很多人将孩子仅仅看作是父母的"所有物"，甚至将其当作是实现自己的生活目的的手段，从而否定了孩子在家庭生活中的独立性，缺乏对孩子作为个体人的基本尊重。在今天，这种观念开始发生转变，人们不仅在学校生活中而且在家庭生活中承认和保护孩子的基本权利或利益。比如，联合国《儿童权利公约》和我国

---

① Macedo, S., Liberal Civic Education and Religious Fundamentalism: The Case of God v. John Rawls. *Ethics*, 105, 1995. 林火旺：《少数族群可以拒绝政府的教育？——自由社会公民教育的意义与限制》，台湾大学哲学系教育哲学学术研讨会，2000 年 10 月。

的《未成年人保护法》等，都赋予了孩子在包括家庭在内的所有生活领域中的基本权益。克里滕登就说："父母权威的行使必须尊重儿童作为完全的人所具备的道德地位，同时必须根据其发展中的能力变化而加以调整。"①

其次，父母应该避免将孩子完全局限在自己的价值观或生活方式中，而是让孩子走出家庭、走进社会，接触各种不同的社群或个人，从而为孩子未来选择属于自己的价值观或生活方式提供良好的基础。没有选择的地方就不可能有孩子的自由。

再次，父母应该鼓励孩子追求客观上有价值的生活，并促进孩子从内部反思这种生活的合理性。② 这可能对父母提出了一个高标的要求，但却是值得向往的一条路径。每个父母都可能有自己的价值观或生活方式，但是并不意味着所有这些价值观或生活方式都是值得辩护的，都具有同等的价值；否则，我们就可能陷入到道德或价值相对主义的"泥潭"——这个"泥潭"让所有的教育都失去了基础，因为任何教育都必定预设了某个值得欲求的目的和有价值的内容。实际上，存在着客观上有价值的东西，比如真、善、美或幸福；这些东西本身就是有价值的，而不取决于我们个人的主观欲求。不过，即便我们希望孩子追求客观上有价值的生活，也需要诉诸孩子的理智自主，经由孩子自己的认真思考和不断反思来认可或接受这种生活，而不是简单地将有价值的东西灌输给孩子。

三、自由的学校

前面提到一些父母会因为对学校教育的不满，而选择在学校以外的地方对孩子进行教育。但是，现代学校仍然是对孩子实施教育的机构和场所。如果说，父母会把自己所拥有的某些信仰或价值观强加给孩子，从而限制了孩子的信仰自由或者价值观选择的可能性，那么把孩子交给学校难道就不会有

---

① 克里滕登著，秦惠民、张东辉、张卫国译：《父母、国家与教育权》，教育科学出版社 2009 年版，第 82 页。

② Bridghouse, H., *On Education*. Routledge, 2006, p. 16—17.

这样的风险吗？一些持激进立场的人们对学校持批判态度，认为所有的（官办）学校都意味着对儿童自由的干涉，特别是妨碍人的思想自由；也有自由主义者认为，即便官办学校存在某种支配或控制，但在官办学校之外仍然可以建构一种尊重、保护和促进儿童自由的学校。具述如次。

（一）免于国家控制的教育

在现代学校出现的早期，一些无政府主义者或自由主义者开始推崇思想自由，认为这一自由不仅有助于推进科技文明的进步、促进社会的繁荣，而且对于促进政治权力的平衡、实现"人人皆主权"的国家具有至为重要的价值。他们正是从这一自由的立场出发，对国家控制的教育进行了激烈的抨击，认为这种教育只是在维护支配阶层的利益，制造的是思想统一，要求的是公民的服从。在这些反对国家控制教育的人中，特别值得一提的是德国的无政府主义者施蒂纳（Stirner，M.）和英国自由主义的思想家密尔。

施蒂纳在很大程度上是一个激进的个人主义者。他对任何形式的教育都是表示担忧，因为它们都是对思想自由的潜在威胁，都可能将某种特定的思想或信仰灌输到人们的头脑中。当人们接受了这些思想或信仰，并无力摆脱它们的时候，这些思想或信仰就变成了"大脑中的轮子"（wheel in head），构成了对个体思想自由的控制。他说："一个思想，只有当我无论何时都不再顾虑可能会导致它的破灭时，只有当我不再把它的失去当成一种损失乃至自我迷失时，它才算真正为我所拥有。"① 这意味着，真正的自由是个体自由地支配思想，而不是被思想所支配的。就此而言，一个受过教育的人未必是一个自由的人，因为他或她可能将教育中传递的知识变成了自己大脑中的轮子，从而受制于国家或社会。相反，一个自由的人只是用这些知识来辅助或谋求自身的不断解放，而不是受到它们的钳制和宰制。

在施蒂纳看来，无论是教会和国家都试图通过包括教育在内的各种方式，在人们的大脑中安装某种轮子，教导人们服从某种教义和法律，甚或献身某

---

① Stirner, M., *The Ego and His Own*：*The Case of the Individual Against Authority*, trans. S. T. Byington. Libertarian Book Club, 1963, p. 342. 转引自斯普林格著，贾晨阳译：《脑中之轮——教育哲学导论》，北京大学出版社 2005 年版，献词与标题说明。

种理想。为了抵消这些轮子的控制作用，显然不能通过学校来获得知识和信仰。施蒂纳认为，这需要通过个人意志。这些知识和信仰是为了个体的福利，而且必须以它们对个人的价值来加以考量和选择。施蒂纳要取消的不只是学校教育，而且包括国家本身，主张代之以自我主义者的联盟——一种由自由的个人组成的社会团体。在这里，所有的个人都是平等和独立的，所有的社会安排都建立在个人需要的基础上，所有的知识都只是自我拥有的工具。①

施蒂纳早年与马克思同处于青年黑格尔派的阵营，但后来遭到马克思主义的强烈批判。但是在国家教育问题上，马克思也有相近的主张。在《哥达纲领批判》里，他这样写道："'由国家实行国民教育'是完全要不得的。用一般的法律来确定国民学校的经费、教员资格、教学科目等等，并且像美国那样由国家视察员监督这些法律规定的实施，这同指定国家为人民的教育者完全是两回事！相反地，应该把政府和教会对学校的任何影响都同样排除掉。"②

相对早期的无政府主义者来说，密尔的观点并没有那么激进。他坚信，对于确保每个人的个性和自由而言，教育是必要的；但他同样反对把教育全部或大部分交给国家，这会造成对心灵的暴政。他说："要由国家主持一种一般的教育，这无非是用一个模子把人们都铸成一样；而这个模子又必定是政府中有势者——无论是君主、是牧师、是贵族，或者是现代的多数人——所乐取的一种，于是就不免随其有效和成功的程度而相应地形成对于人心并自然而然跟着也形成对人身的某种专制。"③ 即使在民主国家，它也可能使教育被某些有权势的政治精英所利用，或者变成"多数人暴政"的工具。在这一点上，密尔与早期的无政府主义者有同样的担忧。

为此，密尔建议由家庭担负起教育的责任。父母的这一责任是自然的。

---

① 斯普林格著，贾晨阳译：《脑中之轮——教育哲学导论》，北京大学出版社2005年版，第64—72页。

② 马克思：《哥达纲领批判》，载《马克思恩格斯选集》（第三卷），人民出版社1995年第二版，第316页。

③ 密尔著，许宝骙译：《论自由》，商务印书馆2007年版，第126—127页。

"一个人只顾把孩子生育出来而没有不仅能喂养他的身体并且能把他的心灵教练好的相当预计，这对于那个不幸的后代以及整个的社会来说都是一种道德上的犯罪。"① 父母可以自由地为子女选择在哪里接受教育，接受怎样的教育。国家可以要求每个儿童都受到良好教育，但不必自己操办这种教育。尽管如此，密尔认为，国家仍需要对父母履行对子女的教育的责任进行监督和指导。第一，国家帮助家境比较困难的儿童支付学费，对完全没有人负担的儿童代付全部的入学费用。第二，实施公开的考试。这里涉及两种情况：一是强制的考试，即所有儿童到特定的年龄阶段都要参加的，是为了使他们都获得一定的"最小限度的普通知识"；二是在最小限度之外的自愿考试，对于精熟程度达到一定标准的人可以发给证书。为了避免国家的思想或意识形态的控制，应该将考试的内容限定在事实和实证科学的范围之内。第三，对于那些未能通过强制考试的儿童，国家要对他的父亲进行罚款，必要时要他用劳动来筹措缴纳，并自费将孩子送入私立学校学习。第四，即便国家要开办教育，这种教育只应是示范性和鼓励性的，也就是说"只应作为多种竞赛性的实验之一而存在，也只应以示范和鼓舞其他教育机关达到某种优良标准为目的来进行"。除非整个社会的状况落后到没有任何适当的机构来举办教育，国家主办教育都是最后的选择。

（二）面向儿童自由的学校

与无政府主义的激进立场相比，一些自由主义者在这个问题上显得更为温和些。他们认为，即便从自由的意义上来说任何国家机器都意味着恶，但是这种恶也是"必要的"。可以设想一下，没有国家或学校，我们的生活是否真的会变得更好呢？至少在霍布斯（Hobbs）等人看来，不仅不会变得更好，而且会更糟。因此，关键的问题不是取消国家或学校，而是要寻求一种确保或增进我们每个人自由的国家或学校。在 19 世纪末 20 世纪初，一些"新教育"的倡导者开始对传统学校中的束缚和压制进行猛烈的批判，主张建立面向或保障儿童自由的学校。但是，由于他们所强调的"自由"是不同的，因

---

① 密尔著，许宝骙译：《论自由》，商务印书馆 2007 年版，第 126 页。

而有关"自由学校"的建构也是有差异的。① 兹举几种路径，以为说明。

　　建构"自由学校"的第一种选择，就是不强加思想或信仰。按照一些无政府主义者的观点，传统学校对于儿童来说之所以是不自由的，就在于它们将某种支配性的思想或信仰灌输或强加给儿童。因此，要建构真正自由的学校，就需要避免这种思想或信仰的灌输或强加。这实际上是费勒（Ferrer，F.）的学校理想。他在巴塞罗那创办了一所"现代学校"（Escuela Moderna，1904－1907）。他公开挑战天主教会对教育的控制，宣称"我不会在他们（学生）的头脑中灌输教条。我不会对他们隐瞒一点儿事实。我要教给他们的不是思考什么而是怎样思考"。② 这所学校向所有人开放，没有系统的考试、奖励和惩罚，更没有对学生的等级划分，甚至也没有对学生发展的预设和计划（如固定的课表）。在这里，费勒拒绝树立某种确定的教育目标，因为任何这样的目标都可能是教条的，而且会将某种理想强加给儿童。由于不存在特定的目标或意图，孩子可以自由地成为他或她想要成为的人。不过，"现代学校"并没有像他所宣称的那样，纯然没有自己的目的；相反，费勒认为这种学校应该是理性的，是为了个人自身的自由和解放的。要达到这种目的，一方面在教育内容上需要借助于科学，因为科学是客观的，可以为人们的理想提供稳固的基础；另一方面在教学方法上要使学生对知识的理解和运用服务于创造一个自由而公平的社会，而不是导致学生对他人的依赖，更不是维持专制和奴役。

　　第二种选择是不强制学习。费勒的"现代学校"试图避免向学生强加某种思想或信仰，但又将自身的思想或信仰当作是当然的，并强加给学生。这种困境意味着所有的知识都可能潜藏着某种思想或信仰，学校在思想或信仰上必定存在特定的立场。因此，自由的学校不是免于思想或信仰强加的学校，而是允许儿童对思想或信仰进行自由选择的学校。在这里，"教育便可以具有

---

　　① 有关"自由学校"的详细讨论，参见：斯普林格著，贾晨阳译：《脑中之轮——教育哲学导论》，北京大学出版社 2005 年版，第四章"自由学校"。

　　② Avich，P. *The Modern School Movement：Anarchism and Education in the United States.* Princeton University Press，1980，p. 20.

政治意识，却不会强加思想和信仰，因为对于某一知识体系，学生可以自由选择学或是不学，接受或是反对"。① 持这一立场的是托尔斯泰（Tolstoy, L.）。作为基督教无政府主义者，他同样反对国家教育对心灵的控制。在托尔斯泰看来，"文化"和"教育"都在塑造个人的品格，但区别在于：前者是没有强制的，后者带有明显的意图，具有强制性。从这种意义上说，学习更多的是一个文化的过程，而不是一个教育的过程。因此，若要保持儿童的自由，学校应该遵循一种非干涉原则，给学生选择学习内容的自由，而教师要避免教学生他们不需要或不想学的东西。这种学校与官方学校不同，它是一种非强迫或非义务的学校，就像是博物馆或公共讲座一样，尽管它有明确的目的，但是学生可以自由选择是否参与其中。由此，托尔斯泰的自由学校是一个文化场所，而不是教育场所，是一个学生可以自由选择学什么或不学什么的学校。

第三种选择是帮助学生做出自由的选择。在前面两种路径中，自由学校都意味着一种对儿童学习自由的非干涉或非强制，其中教师的功能通常是被动的——只有当儿童选择了他或她的时候，他或她才能教授自己的科目，而且应该允许学生自由退出或接触不同的思想或信仰。在一定程度上，这是一种自由放任的学校。针对这种状况，一些自由学校开始在强调非强迫学习的同时，强调教师应该主动地帮助学生进行自由选择。这种立场主要体现在美国斯德尔顿的"现代学校"中。斯德尔顿的"现代学校"也是按照非强迫学习的原则组织起来的，学生可以自由地选择自己想学的课程，甚至可以接触某些支持保守立场的材料，鼓励学生自由地提问和质疑。但是，斯德尔顿的"现代学校"毫不避讳自身的激进立场，而且教师要主动地帮助学生进行选择，有意识地引导学生达到自我觉悟和自由拥有，帮助学生运用知识，而不是被知识所控制。值得注意的是，这里的"帮助"不是"替代"学生进行选择；即便它具有一定的强制性，但是如果这种强制性是为了扩展孩子的自由、

---

① 斯普林格著，贾晨阳译：《脑中之轮——教育哲学导论》，北京大学出版社 2005 年版，第 51 页。

实现他们的自主的话，那么这种强制也是可以接受的。

第四种选择是让儿童免于支配或压迫。对于"自由学校"的探索，尼尔（Neill，A. S.）走得更远。他不仅希望建构让儿童自由学习的学校，而且希望通过自由学校解决由专制家庭所带来的儿童问题。在精神分析学派（特别是赖希）的影响下，尼尔认为，儿童的主要问题都与对本能冲动的压抑有关，而这种压抑与道德观念的强制有直接的关联，因此他反对任何形式的道德教育。尼尔希望促进人们的自我拥有的能力，并由此消除经济压迫和专制政府。要从专制国家和父权家庭中出来，就需要给孩子们充分的自由，而给他们自由就意味着给他们成长的机会。在尼尔看来，"学校中的自由就是，只要你不破坏他人的安宁，就可以去做任何你喜欢做的事情"。[1] 在夏山学校中，每个孩子都拥有自我选择和自我管理的权利，而不被某些道德、信仰或意识形态所控制。所有形式的压迫都在自由学校中被剔除。

从这些有关学校中自由问题的探索中，斯普林格发现，它们所内含的有关自由的假定存在着一些重要的差异，而这种差异又与它们试图抵制或接触到的限制有关。"自由主义－无政府主义运动首先所关注的问题是，政治领导利用教育来维护自己的权力并控制公民。'自由'于此指的是摆脱国家对教育的控制的自由。第二个关注的问题是要避免在头脑中安装轮子。此处的自由意味着自由地选择信仰和理想。第三个问题关注的对象是要保障知识被用来在人们中间平均分配权力并促进所有人的幸福。在这里，'自由'是获取知识的机会，这些机会将帮助人们认识到他们缺乏自由这个事实，并使他们知道如何获得自由。换言之，应当使教育具有政治意识。第四个问题是，为了政治和经济统治者的利益而压抑人们的生理欲望和物质需求。于是，自由是一种能力，它使人们获得一个可以满足个人需要和愿望的世界，这与人们被教育去为国家或经济利益而牺牲自身的世界正好相反。"[2] 在这里，我们也可以看到，前述有关自由概念的各种分歧已经深入并具体体现在教育领域中。最

---

[1]　Neill，A. S.，*The Free Child*. Herbert Jenkins，1953. p. 103.

[2]　斯普林格著，贾晨阳译：《脑中之轮——教育哲学导论》，北京大学出版社 2005 年版，第 122—123 页。

初，人们对人的自由或儿童自由的考虑就是免于国家及其控制的学校在思想或信仰上的控制，他们可以不受约束地选择自己想学的学习内容或方式。这种自由显然是伯林所谓的"消极自由"；我们也可以从施蒂纳那里，可以在斯德尔顿的"现代学校"中发现"积极自由"的痕迹。而在所有这些自由学校的探索中，都可能包含免于政治、经济或家庭支配或压迫的成分。在很大程度上，这些不同的自由观是混杂在自由学校的探索和实践中的。这种"混杂"意味着，自由学校需要在允许孩子拥有更多选择空间的时候，也不能不考虑它究竟应该让孩子学习什么以及将他们引向何方的问题。

四、促进儿童自由的教育

在自由学校的探索和实践中，一直面临着一个现实的困境：当学校允许孩子进行自由的选择时，孩子开始选择不学习，我们又该如何是好呢？在这种情况下，我们是否应该尊重孩子们做出的这种自由选择呢？除了一些激进的自由主义者，也许我们很多人都不会承认孩子们的这种选择是我们应该尊重和保障的自由。实际上，前面提到的斯德尔顿学校和夏山学校，都开始强调教师引导的重要性。

这个困境，实际上是由儿童自由本身的特殊性决定的。对于一个在心智上正常的成人来说，只要没有来自内部或外部的不可控的因素的支配或威胁，妨碍到他的意愿或行动，他都需要为自己的自由选择和行动承担责任。即使是基于无知做出的选择，他也需要为自己因为无知而犯下的错误承担责任。比如，一个人可能不知道捕捉和买卖燕隼是违法的，但只要他实施了这一行为，都会受到法律的制裁。在这里，我们假定了他是一个具有自主性的个体，而不管他是否真的拥有这种自主性。但是，对于儿童来说，我们却不能做出这样的假定，因为他们在身心两方面都是未成熟或未完成的，这一特征构成了对他们意愿或行动的内在限制，从而使他们处在不完全自由的状况。确实从消极自由的角度来看，孩子在学习的选择上是自由的，但是当孩子自由地选择不学习时，他就有可能因为学业的荒废或缺乏必要的知识和技能，而在未来生活中失去更多的自由。这也是我们需要通过教育来提升或扩展孩子自由的重要原因。实际上，这一点对于那些因为无知而做出错误选择的人，也是适用的。假如一个人知道燕隼是国家二级保护动物，且了解捕捉和买卖是违法的，那么也许他就不会去捕捉和买卖燕隼了。要改变一个人的无知或者增进他的知识，就可能需要通过教育的机制了。

但是，这里需要解决两个问题。第一个问题是，凭什么可以诉诸教育的强制来限制孩子的自由？密尔认为，对一个人的自由的强制，仅仅在避免对他人造成伤害的意义上是正当的。他说："对于文明群体中的任一成员，所以能够施用一种权力以反其意志而不失为正当，唯一的目的只是要防止对他人的危害。……要使强迫成为正当，必须是所要对他加以吓阻的那宗行为将会对他人产生祸害。"① 不过，密尔认为，这仅仅适用于能力成熟的人，而不是幼童或者法定未成年人（甚至对于那些未开化的社会）。但是，我们仍然可以运用不伤害原则为教育对儿童自由的限制提供合宜的基础，但是这不是唯一的理由。也许更为正当的理由是因为自由本身而对自由提出限制，即教育的强制是可以接受的，仅仅是因为它可以扩展一个人在当下或未来生活的自由。

事实上，教育也确实可以扩展一个人的自由。一个受过教育的人可能比一个没有受过教育度的人拥有更多的自由。根据斯威夫特的观点，这种扩展可以体现在增加实际自由和作为自主的自由两个方面：首先，教育可以帮助一个人获得更多有利于他的机会。比如，一个能阅读或会计算机编程的人实际上可以自由地去做各种与阅读或计算机编程有关的事情，显然没有这些技能的人尽管也拥有形式的自由（没有人干涉或阻止他去做这些事情），但实际上并不能自由地去做这些事情。这意味着教育可以增加一个人的实际自由。这就像给他金钱一样，他可以用通过教育获得的东西去做他在没有这些东西的情况下不能去做的事情。其次，教育可以促进作为自主的自由。一个人通过教育获得了相关的知识，并能运用这些知识，具有独立思考、考虑后果、评价行为过程的能力，比那些缺乏这些条件的人更为自主，也更能对生活负

---

① 密尔著，许宝骙译：《论自由》，商务印书馆 2007 年版，第 11 页。

责。因此，斯威夫特认为，教育扩展了有利于他的机会的空间，带来了两个方面的结果："一个是它增强了你的自由，开启了在其他情况下向你关闭的门；另一方面它使你变得更为自主，并且告诉你哪些门是存在的，把你放在较好的位置上去决定穿过哪扇敞开的门。"①

第二个问题涉及的是一个悖论：我们如何通过教育的强制来提升人的自由呢？康德就说："教育中最重大的问题之一是，人们怎样才能把服从法则的强制和运用自由的能力结合起来。因为强制是必需的。我怎么才能用强制培养出自由来呢？"② 在其他重要的社会价值上，我们很少碰到这种理论或逻辑上的困难。我们可以要求教育通过平等、公正、民主的方式来促进人在平等、公正、民主方面的意识和行动，但是我们似乎很难要求教育以自由的方式来促进人的自由，因为相对于儿童的自由来说，教育本身就意味着一种限制或强制，它必定在将某种被国家、社会或教育者个人视为有价值的东西传递给儿童。在这一点上，即便是前述的自由学校，也不能例外。对于这个悖论，康德的方案是："我应该让儿童习惯于忍受对其自由所施加的强制，并应同时指导他去良好地运用其自由。不这样的话则一切都是机械性的，离开了教育的人就不知道如何运用其自由。"③ 这意味着，教育的强制对于儿童走向自由来说不仅是不可避免的，也是不可或缺的。因此，问题的关键不在于教育的强制是否可能提升儿童的自由，而在于怎样的教育强制更有助于提升儿童的自由。

那么，促进儿童自由的教育应该具有哪些特征呢？根据前面米勒对自由的界定以及斯威夫特的上述观点，教育对于个人自由所具有的内外两个方面都具有实质性的意义，因为一个人通过教育获得的知识和技能既可以增加他的选择项的类型或数量，也可以提高他在这些选择项之间进行自主而负责的决策和行动的能力。促进儿童自由的教育必须将这两个相互关联的方面考虑

---

① 斯威夫特著，萧韶译：《政治哲学导论》，江苏人民出版社 2006 年版，第 67—68 页。

② 康德著，赵鹏、何兆武译：《论教育学》，上海世纪出版集团 2005 年版，第 13 页。

③ 康德著，赵鹏、何兆武译：《论教育学》，上海世纪出版集团 2005 年版，第 13 页。

进来。传统学校的问题在于没有给儿童选择的自由空间，因为人们认为儿童还没有自由选择的能力，而教育就是为了发展这种选择能力的；相反，自由学校的问题就在于仅仅强调了向儿童敞开了学习的选择空间，却缺乏对增进儿童选择能力的应有关注。

第一，提供自由的空间。我们很难想象，一个不允许儿童进行选择的学校或家庭会促进儿童的自由。当教育的强制包含着让儿童进行自由选择的机会，即便它是我们刻意安排的，也不妨碍我们说这种强制是可以接受的。如果我们在学校或家庭中，给儿童提供的知识、经验或活动在类型上是丰富多样的，是允许儿童在这些不同的知识、经验或活动中进行选择的，那么这就在很大程度上扩展了儿童在教育中的自由空间。如果我们将孩子局限在一种价值观或文化经验中，就很难说他们是自由的。今天越来越多的学校在国家课程的基础上开发了类型多样的选修课程，既是对学生个性化特征的观照，也在一定程度上是对学生学习自由的尊重。

康德也认为，"应该从孩子一进入童年开始，只要他没有妨碍别人的自由，比如大喊大闹以致影响到别人，就在各方面都给他以自由（只有在他有可能损害自己的情况下例外，比如他要去抓锋利的刀刃时）"。在这里，康德提醒我们，在教育中给予儿童的自由必须满足两个限制：一是不妨碍他人的自由，二是不伤害自己。一旦儿童对自由的运用妨碍到他人的自由或伤害到自己，教育就需要对他的自由提出某种限制。尽管如此，教育还需要向儿童表明这种限制对于他的自由的意义，由此康德又发展出了另外两个原则：一是"必须向他表明，只有在他让别人也实现自己的目的时，他才能达到他自己的目的"；二是"必须向他证明，对他施加一定的强制，是为了指导他去运用自己的自由，人们对他进行培养，是为了他有朝一日能够自由，即不再依赖他人的照料"。[①]

第二，提升自由的能力。在规范的意义上，教育可以提升儿童的自由；但是在实然的或描述的意义上，存在着各种不同的教育安排，而这些安排在

---

① 康德著，赵鹏、何兆武译：《论教育学》，上海世纪出版集团 2005 年版，第 14 页。

增进儿童自由方面的作用是大为不同的。与第一个方面不同，这里所要增进的自由是个体的内在方面，涉及的是作为自主的自由。这种作为自主的自由，常常被看做是教育的内在理想或目的。① 比彻姆认为，这种自主至少要意味着三个要件：一是行动是有目的的，二是行动包含着理解，三是免于对行为产生控制的各种影响。② 迪尔登（Dearden，R. F.）认为，自主包含三个方面的特征：一是个体独立做出判断；二是批判性地反思这些判断的倾向；三是依据这些独立的、反思的判断将信念与行为整合起来的倾向。③ 实际上，这种自主与伯林的"积极自由"相当，都意味着一种合乎理性的自我引导、自我约束和自我支配的能力或状态。

教育要真正促进这种作为自主的自由，就需要特别关注以下几个方面：首先，教育需要为儿童提供客观上有价值的知识、经验或活动。就像前面对父母提出的要求一样，这个要求也是适用于所有类型的教育。特别是在学校课程中，教师应该引导学生了解并理解这些知识、经验或活动的内在价值或内在善。其次，教育需要帮助儿童批判性地反省这些有价值的知识、经验或活动的合理性。米勒就说："它鼓励儿童对自己从父母那里继承来的或从社会网络中吸收来的信仰和价值进行批判性的思考，同时还通过把来自不同社会群体的儿童安排在共同的学校中，使他们接触到不同的信仰和不同的文化价值。"④ 这就回到了普利斯特里等人的观点那里，多样性对自由来说至为重要，倘若没有这种多样性，我们就很难对自己所持有的信仰、价值观或生活方式进行思考或反省。再次，教育应该引导儿童的共同参与。就像康德所说的那样，只有在与他人接触的过程中，儿童才能意识到自己自由的边界或限制；同样也只有在考虑他人目的的时候，儿童才能认识到自由的实现条件。格林（Green，T. H.）也认为，自由是一种积极的力量或能力，它意味着"一种每

① 康德著，赵鹏、何兆武译：《论教育学》，上海世纪出版集团 2005 年版，第 14 页。
② 康德著，赵鹏、何兆武译：《论教育学》，上海世纪出版集团 2005 年版，第 14 页。
③ 迪尔登著，周浩波译：《自主性与智育》，载瞿葆奎主编，施良方、唐晓杰选编：《教育学文集·智育》，人民教育出版社 1993 年版，第 27、32 页。
④ 米勒著，李里峰译：《政治哲学与幸福根基》，译林出版社 2008 年版，第 61 页。

个人靠自己同伴给予帮助和安全才能运用的力量，同时也是他反过来为他们提供帮助和安全的力量"。① 作为自主的自由确实是一种内在的能力或状态，但是它的发展或实现绝不是完全内在的，而是需要在与他人的共同生活和积极互动中建构或展现出来。从这种意义上，在前面提到的"桃花源式的教育"和尤德案中，父母也许可以将孩子从学校领回家中进行教育，但可能都忽略了学校作为公共的机构为孩子提供的共同生活的重要性——这种重要性不仅是为了孩子的社会适应，也是为了扩展他们的自主。

---

① 格林著，马德普译：《论自由主义立法与契约自由》，载应奇、刘训练主编：《后伯林的自由》，江苏人民出版社 2007 年版，第 137 页。

第七章 教育中的平等

与自由关联甚至相对的另一个重要的社会价值和理想，即是平等（equality）。一方面，自由在一定程度上内含着对平等的要求——我们强调的自由通常是面向每个人的，唯其如此，自由才如此值得我们去珍视和保护；另一方面，自由又可能带来人与人之间的差异或分化，从而构成对平等的威胁。在社会生活中，人们不仅期望彼此之间在自然权利上是平等的（即"人人生而平等"），而且渴望在资源分配中获得平等的对待或得到相同的东西。对于国家或公共制度的安排来说，平等甚至是一种"至上的美德"。① 在教育领域中，对平等的追求是如此的强烈，以至于人们不仅期望每个孩子——无论他们在家庭或社会背景上有多大的差异——都能有同等的机会进入学校，而且期望他们都能在学校生活中获得同等的对待、实现最大化的发展甚至是同等程度的发展。作为个体实现个性发展和社会升迁的重要通道，学校若不能保证让每个孩子在其中都得到平等的对待，就不可能改变他们原本的家庭或社会背景方面的差异，因而也就难以实现真正的社会平等。确实，我们从直觉上都认为平等在教育领域是重要的，但问题在于，这种平等的诉求究竟意味着什么？它又在什么意义上是合理的？实现教育平等的条件或路径又在哪里？如此等等，都是接下来要探讨的。

---

① 德沃金著，冯克利译：《至上的美德——平等的理论与实践》，江苏人民出版社2012年版。

教育的道德基础——教育伦理学引论

一、从平等到教育平等

与"自由"概念不同，平等是一个关系性或相对性的概念。我们可以说某个人是自由或不自由的，但是极少说他是平等或不平等的，因为平等这个概念必定涉及两个或两个以上的人或人群。不过，这并没有使平等概念变得比自由概念更为繁难：我们不太容易认定某种状态是自由的，却可以很容易地判定人们之间是不是平等的。作为判断或评价两个或两个以上的人或人群之间关系的标准，平等通常用在两个领域或层面：一种是作为社会关系理想的平等，或称"基础性的平等"（foundational equality），意味着人与人之间在道德或社会上的对等地位，它反对的是那种支配性的、压迫性的和隶属性的非对等关系；另一种是作为社会分配原则的平等，或称"分配性的平等"（distributive equality），意味着各种社会资源或机会、权力或利益在人与人之间的平等分配。就像我们对自由概念的讨论一样，这里也主要在社会分配意义上讨论平等概念。

无论是汉语中的"平等"一词，还是英语中的"equality"，所表达的意义都是十分明晰的，意味着两个事物之间的"齐一""同一""相同""等同""均等"，或者无差别的状态。但是，平等似乎并不要求两个或两个以上的人或人群之间的完全或绝对相同——这种"完全"或"绝对"的要求不仅是不可能的，而且在道德上也是不可接受的。"平均主义"也可以让所有人都得到相同的份额，但是这是否就是我们要追求的平等理想，仍然是值得讨论的。实际上，作为社会分配理想的平等，主要是指两个或两个以上的人或人群应该在某个或某些方面（而不是所有方面）获得相同或相近的对待，或取得相同或相近的结果。具体来说，这里涉及"平等对待"和"平等结果"两个方面，前者意味着人们在获取社会善物的过程中拥有相同或相近的权利、机会、条件、资源或福利等，后者意味着人们在相关的分配领域取得了相同或相近的实际利益或成就。前者承认人们之间的差别，但这些差别在某些方面或领域并不构成区别对待的理由；后者则认为人们之间不应当有差别，而应该回到最初的无差异状态。这两个方面是相关的，但又是可分离的。一个孩子拥有与其他孩子相同的教育权利、机会或资源（如平等的入学机会），但并不意味着他与其他孩子最终都能获得相同的教育成就（如相同的学业成绩）；反之也是可能的。

单纯从概念上理解"平等"并不困难，但还不足以揭示分配平等的全部意义。这个概念还涉及"谁的平等"（equality of whom）问题：我们究竟在哪些人中进行平等的分配？或者说，平等对待谁？使谁获得平等的结果？有一类平等是属于所有人的，即让所有人都得到相同的份额，它与人们的个体特征或社会背景（如种族、民族、宗教信仰、性别、家庭背景）没有直接的关系。所谓"法律面前人人平等"，以及作为个体的人或公民的基本权利，即属于此类。然而，在社会生活中，这种"简单平等"尽管是基本的，但是在数量和类型上仍然是有限的。我们在更多的时候，需要用平等来处理人与人之间存在的各种差异或不同。事实上，没有两个人是完全相同的，高矮胖瘦、贫穷富有、勤奋懒惰、平庸卓越、内敛张扬，皆是不同。面对人与人之间的这些事实性差异，如何实现分配的平等呢？

在这一问题上，我们通常会诉诸亚里士多德提出的基本原则：给相同的人以相同的对待，而给不同的人以不同的对待。如果两个学生在解题或作文上表现得同样的好，他们应该获得相同的分数或评定；倘若他们在解题或作文上表现是不同的，我们就应该给他们不同的分数或评定。毫无疑问，在前一种情况下对他们区别对待，与在后一种情况下给他们同等对待，同样是道德上不可接受的，因而也是得不到辩护的。亚里士多德认为，对平等者以不平等的份额，对相同者以不同的份额，是违背自然的，而没有什么与自然相悖的东西是善的。① 但是，问题在于，我们可以根据人们所具有的哪些特征或差异对他们进行区别对待，而不会被看作是不平等呢？根据萨托利（Sartori, G.）的罗列，主要涉及四种可以接受的差别化平等的情形："a. 成比例的平等，即按照现存不平等的程度一成不变地分配份额；b. 对可以接受的差别，

_____

① 亚里士多德著，吴寿彭译：《政治学》，商务印书馆 1965 年版，第 167 页。

给予不平等的份额；c. 按照每个人的功绩（品德或能力）分配份额；d. 按照每个人的需要（基本的或其他的）分配份额。"① 简单来说，人们在社会角色、品德或能力、实际贡献、实际需要方面是不同的，通常基于这些差异给人们分配不同的份额是可以接受的，因而也不被看作是不平等的。但是，这里的困难在于，这种差异化的分配不意味着不平等，是否就意味着平等呢？如果这意味着平等，那么平等就与作为"应得"的正义基本相同。

之所以我们在讨论平等的时候需要考虑人际或人群的实际差异，目的主要在于辨明我们究竟应该在哪些方面是平等的。这就关涉"什么的平等"（equality of what）的问题。从历史上平等的进步或发展出发，萨利托列举了五个方面的平等：一是法律－政治平等，即让每个人都有相同的法律或政治权利；二是社会平等，即让每个人都有相同的社会尊严；三是作为平等利用（access）的机会平等，即让每个人都有相同的进取机会，依靠自己的功绩获得利益（如职务向才能开放）；四是表现为平等起点（或平等出发点）的机会平等，即为了平等的利用机会，使每个人从一开始就有足够的物质条件，以便得到相同的能力而与其他人并驾齐驱；五是经济相同性，即使所有人都有相同的财富，或者一切财富归国家所有。② 严格来说，这五个方面的平等包含了两个不同的维度：其一是分配所发生的领域，如政治或法律、经济、社会等；其二是分配的内容，如机会或条件。阿尼森（Arnesen，R. J.）侧重从分配的内容上呈现各种不同的平等，包括权利平等、民主平等、机会平等、条件平等、实现能力的平等、资源平等、福利平等。③ 这些不同的平等所要求的东西是不同的，但是它们之间存在着直接或间接的关系，逐渐从权利、公民身份、机会等较为形式化的层面，进入到能力、条件、资源或福利等相对实质性的层面。有关平等的各种理论对于"什么是平等"和"谁的平等"的回答通常不会有根本性的分歧，但是对于究竟何种平等是基本的或首要的，却

---

① 萨托利著，冯克利、阎克文译：《民主新论》，东方出版社 1998 年版，第 392 页。

② 萨托利著，冯克利、阎克文译：《民主新论》，东方出版社 1998 年版，第 388 页。

③ 西蒙主编，陈喜贵译：《社会政治哲学》，中国人民大学出版社 2009 年版，第四章"平等"。

有不同的偏好和选择。比如，自由至上主义（如洛克、诺齐克）重在自然权利的平等，自由平等主义（如罗尔斯、德沃金）强调机会、能力、条件或资源等方面的平等，民主主义关注平等的公民身份或政治参与，社会主义则强调经济的平等。①

按照上述有关平等的界定，教育平等所表达的不外是这样一种理想或要求：每个人都应该在教育上获得相同或相近的对待，或取得相同或相近的结果。在这里，"平等对待"和"平等结果"都有相对明确的所指：前者意味着每个人都有权利和机会进入学校接受教育，并在学校中得到相同或相近的对待，后者意味着每个人通过教育都能获得相同或相近的发展或成就。瑞典教育学者胡森（Husen，T.）将教育平等的这两重含义，进一步细化为三个方面：首先，教育平等可以指个体的起点，意味着"每个人都有不受任何歧视地开始其学习生涯的机会，至少是在政府所办的教育中开始学习生涯的机会"；其次，它也可以指"中介性的阶段"，意味着在教育政策或学校安排上以平等的方式对待每个人。再次，还可以指最后的目标，意味着使学业成就更加平等。②

然而，教育平等的理想或要求真的是值得辩护的吗？这仍然会面临很多理论或现实的挑战。布瑞豪斯（Brighouse，H.）认为，至少有三个反对教育平等的立场：第一种反对是基于"应得"原则，认为有些人比其他人应该得到更多的教育，因为他们更为努力，更具天赋，表现更为卓越或优异；第二种反对是基于经济或社会的"效率"或"功利"原则，认为教育的不平等分配是可以接受的，因为每个人都可以从这种不平等中获得实际的好处或利益，那些有天赋或才能的孩子获得了更多的教育，也会创造更多的社会财富，从而惠及最弱势的群体；第三种反对是基于"家庭自主"原则，认为每个家庭都可以自由地为子女选择教育，通过多种方式（如选择昂贵的私立学校、请

---

① 米勒、邓正来主编：《布莱克维尔政治思想百科全书》（新修订版），中国政法大学出版社 2011 年版，第 156－157 页。

② 胡森著，张人杰译：《平等——学校和社会政策的目标》，载张人杰主编：《国外教育社会学基本文选》（修订版），华东师范大学出版社 2009 年版，第 160 页。

　　　　教育的道德基础——教育伦理学引论

家教或参加社会培训）支持或扩展子女的教育机会。在这些立场看来，教育平等从根本上会妨碍那些有天赋或才能的孩子的充分发展，造成社会或经济效率的低下，威胁家庭自主的价值。

但是，布瑞豪斯认为，这些反对的立场都是不够充分的。首先，即便那些有天赋或才能的人应得到更多的教育，也不意味着那些没有多少天赋或才能的人就应该得到更少的教育，因为后者之所以缺乏天赋或才能，可能不是他们自主选择的，而是由他们所在的家庭、学校或其他因素带来的，要求他们对自己不能控制的因素承担责任或后果，是不可以接受的。其次，教育在很大程度上是一个位置性的善物，占有它就可以让一个人形成对另一个人的社会优势。教育不平等意味着弱势群体比其他群体拥有更少的教育，这就导致了弱势群体在社会竞争中处在不利的位置，拥有较少的扩展生活的机会。而且，这种不平等也不可能使弱势群体在总体上获得与优势群体同样的利益。再次，教育平等并不必然与家庭自主或自由相冲突，它完全可以在不威胁或损害家庭价值的情况下进行设计和实践。总之，在布瑞豪斯看来，教育平等是值得捍卫的，因为维持和促进这种平等，对于扩展每个人的生活机会、增进其他社会价值（如自由、公正），都有所助益。[①]

教育平等之所以值得辩护，还因为教育所具有的社会重要性以及社会不平等的严峻现实。作为一个系统或整体，教育在现代语境中具有突出的社会重要性。这并非只是我们的直觉，事实上许多经验的研究已经揭示了教育对国民经济的贡献率、对政治社会化的价值、对文化传承和更新的作用，以及它在社会成层或流动方面的功能。尤其是功能主义与再生产理论表明，学校教育正在维持、复制和固化现有的社会结构。[②] 正处在转型期的中国不仅面临着社会阶层两级分化不断加剧的现实——阶层边界逐渐形成、阶层意识日趋强烈、阶层流动开始减少，而且这种阶层结构也正在通过学校教育等社会机

---

① 布瑞豪斯著，邵燕楠译：《为教育平等辩护》，载金生鈜主编：《教育：思想与对话》（第 2 辑），教育科学出版社 2007 年版。

② 杨昌勇：《新教育社会学：连续与断裂的学术历程》，中国社会科学出版社 2004年版。

制在年轻一代那里得到复制。① 但是，这里存在一个"黑箱"问题：到底在教育内部发生了什么，以至于它在不断复制、固化甚至扩大既定的社会阶层结构？课程知识社会学、抵制理论、符号互动论等认为，学校教育中的课程、教学、师生互动等本身体现并建构了社会的控制和压迫关系。② 这意味着，教育本身即是不平等的。如果教育不能回归平等，那么它不仅不能在建构一个平等或公正的社会中发挥积极的作用，而且可能会加剧社会的不平等；相反，假如我们对这些系统或结构因素具有敏感性和反思力，那么通过教育本身的改变，是有可能缩小来自不同阶层的孩子在未来生活前景方面的差距，从而促进社会的平等。

二、教育平等：从机会到结果

很少有一种社会理想像平等那样，既目标明确，又充满争议，因为很多人担心为了实现平等，不得不牺牲个人的自由、经济或社会的效率。在某种意义上说，平等确实"是我们所有理想中最不知足的一个理想"。③ 它常常要求从权利或机会的平等，不断扩展到能力或条件的平等，再到资源或福利的平等，希望从"平等对待"进入到"结果平等"层面。相对来说，在所有这些平等的要求中，最少争议的可能就是机会平等了。即使是那些最为激进的自由主义者或精英主义者，都不否认每个人应该在社会生活中享有平等的机会。在教育领域，人们对平等的关注，在很多时候也是聚焦在教育机会的层面。但是，究竟什么是教育机会？教育机会平等又意味着什么？它真的不需要诉诸教育结果平等予以辩护吗？这些都是需要清晰化的。

相对于平等而言，教育机会这个概念并不明晰。胡森从测量的角度罗列

---

① 孙立平：《重建社会：转型社会的秩序再造》，社会科学文献出版社 2009 年版，第250 页。

② 扬主编，谢维和、朱旭东译：《知识与控制——教育社会学新探》，华东师范大学出版社 2002 年版。

③ 萨托利著，冯克利、阎克文译：《民主新论》，东方出版社 1998 年版，第 380 页。

了五组教育机会的变量：一是学校外部的各种物质因素，包括学生家庭经济状况、学习开支总额、学校地理位置和上学的交通工具；二是学校的各种物质设施，包括学校建筑物总的质量、实验室、图书馆和教科书等；三是家庭背景中的某些心理因素，主要包括家长对子女在学习方面的期望，家庭对掌握知识所持有的总的态度，以及家庭为子女提供的独立自主的口头表达等习惯；四是学校背景中的某些心理因素，如教师的能力、教师对不同学生群体的态度、教师对学生成绩和学习动机的期望；五是学习机会，主要是指学校情境中所固有的机会（即教学条件）。[①] 就这个界定而言，教育机会涵盖了学校和家庭中对学生学习具有直接或间接影响的几乎所有因素，其中有些因素已经扩展到了教育的条件、资源等方面；而且，胡森并没有将人们广泛认可的"入学机会"列入其中，这使得他的"教育机会"概念与教育中的"平等对待"基本相同。诚如石中英所说，这个关于"教育机会"的概念过于宽泛。他认为，从受教育者的角度来说，教育机会意味着三个方面：一是"人们（特别是青少年儿童）接受某种教育的可能性（access to some sorts of education)"；二是"这种可能性的提供和配置与一组相关的社会条件如政治条件、法律条件、经济条件、文化条件等相联系，并受到后者的制约，或者说是由后者生产的"；三是"这种可能性的把握及其实现也有赖于人们包括青少年儿童自身的素质条件，并不必然地、命定地导致预期的教育结果"。[②] 在这里，教育机会主要意味着每个人"接受某种教育的可能性"，因而与教育过程或教育结果是不同的；而且，这种可能性的实现与社会条件和个人条件有密切的关联，因此特定的教育机会并不必然地产生特定的教育结果。

实际上，对于教育机会的这两种理解仅仅是广狭、厚薄的区别。如果从个人或公民的立场来看，教育机会首先意味着他们拥有进入或获得学校教育的可能性。当这种可能性在法律层面得到了确认，它就构成了他们的一项基

[①] 胡森著，张人杰译：《平等——学校和社会政策的目标》，载张人杰主编：《国外教育社会学基本文选》（修订版），华东师范大学出版社 2009 年版，第 162 页。

[②] 石中英：《教育机会均等的内涵及其政策意义》，载《北京大学教育评论》，2007年第 4 期。

本权利。但是如果我们不考虑他们所拥有的这种可能性的实质内容，那么它就变成了一个纯粹形式性的概念，我们就无从判断国家或社会提供给孩子的教育机会究竟在多大程度上是平等的甚至是充分的。换句话说，所有人都有进入或获得学校教育的可能性，但是国家或社会提供给他们的学校教育可能是低水平的，也可能是差异巨大的。试想一下，对于那些有特殊的身体或心理障碍的孩子来说，他们也与正常的孩子一样拥有进入或获得学校教育的可能性，但是国家或学校并没有为这些孩子提供从事特殊教育的教师、设置无障碍的学校设施，这种可能性就失去了它应有的价值。从这种意义上说，胡森所列的"教育机会"尽管是宽泛的，却也在一定程度上增加了"教育机会"概念的实质性意义——特别是在形式性的教育机会得到保障的情况下。

对于教育机会的界定不同，自然会影响到我们对教育机会平等的主张。如果我们采取较为狭义的理解，那么教育机会平等就意味着每个人都享有同等的进入或获得教育的可能性。我们不能基于人们在种族、民族、性别、阶层、宗教信仰等方面的差异，限制甚至剥夺一部分人获取国家或社会提供的教育（特别是公共教育）的可能性。在这种可能性上，我们不能排斥或歧视任何人。这相当于斯威夫特所谓的"最低限度的"理解。如果采取较为广泛的理解，那么教育机会平等就不能只是满足于这种同等地进入或获得教育的可能性，而且需要考虑每个人所进入或获取的学校教育本身是否为孩子提供了同等的接受教育的可能性，包括经费投入、物理条件、师资力量、课程资源、教学安排等是否在学校之间或孩子之间进行了平等的分配。对孩子们来说，这些因素的平等分配就意味着赋予他们同等的接受教育的可能性。

但是，这种平等的教育机会未必能保证他们获得平等的教育结果，因为个体对平等教育机会的利用是有差异的。同一班级的两个孩子可能拥有相同或相近的教育机会，但是他们在学业成绩或其他方面的发展上却是极为不同的。一个孩子更有天赋、更为勤奋，成绩更好，而另一个孩子天赋一般，也不够努力，成绩也较差。假如他们在起点条件上也是平等的，那么这种差异也许反映的只是个人的偏好或趣味，而不会被当作是不平等。因此，斯威夫特说："只要人们真正做出选择，并且完全了解选择的结果，机会的平等就等于结果的平等。"① 实际上，孩子们在这里是否真正做出了选择，并了解选择的结果，仍然是值得怀疑的。但在很多时候，两个孩子在教育机会利用上的差异，并非完全是个人偏好或趣味问题，而是与他们各自拥有的能力以及所处的家庭或社会环境有关。在共同的学校生活中，一个孩子善于利用各种教育资源、合理安排学习时间、积极与老师进行沟通，拥有良好的学习能力，而另一个孩子刚好相反，缺乏相应的能力。就教育本身来说，它在这里要做的显然不只是提供给他们相同的教育机会（如以同样的进度学习同样的内容），而是要缩小他们在学习能力上的差距，或者更准确地说，要提升第二个孩子的学习能力，使之接近第一个孩子的水平。设若如此，那么这里的教育机会平等就暗含着对教育结果平等的诉求，否则提升第二个孩子的学习能力就是没有必要的。更进一步说，所有孩子看起来拥有同等的教育机会，但是他们在起点条件上却是不同的，有些来自富裕的家庭，而有些来自贫穷的家庭，这些家庭提供给他们的经济资本、文化资源或教育支持可能有很大的差异，这种差异使得他们在平等教育机会的利用上存在不同。如果教育对于这些由于家庭背景不同所造成的孩子们之间的差异置之不理的话，那么它就只是给所有孩子提供了一个竞技场，而在比赛之前有些孩子已经跑出了一段，而另一些孩子还没有出发。进入学校的那一刻，孩子们之间就不是平等的。教育平等所要求的，无疑是要改变这种不平等，使他们之间的差异趋向最小化，否则教育就不过是在复制社会的不平等。

事实上，无论中外，今天我们所面临的社会结构分化或固化，已经不只是一个事实的问题，而且引起了公众（尤其社会底层群体）对社会秩序及其教育安排的不公正感。② 但是，这些都是在现代国家确保每个孩子拥有平等的受教育权或入学机会的背景下发生的。这意味着，教育平等要求的绝不只是要求政府为每个孩子提供平等的教育权利或入学机会。教育机会平等如果不诉诸实质性的结果平等，那么它就只能是形式性的，而且也很难促进社会的

① 斯威夫特著，萧韶译：《政治哲学导论》，江苏人民出版社 2006 年版，第 114 页。
② 多林著，高连兴译：《不公正的世界》，新华出版社 2014 年版；邓正来、郝雨凡主编：《转型中国的社会正义问题》，广西师范大学出版社 2013 年版，第 1—3 页。

公平。举例来说，对于农民工随迁子女来说，是否意味着确保他们在流入地有平等的入学机会就足够了？显然，平等原则要求的更多，也许我们仍需要考虑：随迁子女究竟被允许在何种学校就读？即使可以与流入地学生在同一所学校学习，他们在学校是否会受到教师或学生的歧视或排斥？即便他们没有在学校受到不公正的歧视或排斥，学校及其教师是否应该为这些学生融入流入地生活或实现充分的发展提供更多的关怀、支持或帮助？或者更进一步说，我们是否期望他们在学校教育中获得同样的成功？如果这种结果上的平等考虑是值得向往的，那么教育上的同等对待甚至补偿性的差别对待的要求就是必要的。这意味着，人们对教育平等的追求是整体性的，是形式平等与实质平等的统一，涉及权利平等、机会平等、资源平等、条件平等甚至能力平等等诸多方面。因此，我们对于教育机会平等的解释需要从强调入学机会提供的形式的（formal）机会平等或主张教育投入均衡的水平的（horizontal）机会平等，转向诉诸教育结果的垂直的（vertical）机会平等。①

三、教育机会平等：多元的阐释

在诸多教育平等的理想中，教育机会平等同样也是最少争议的，甚至在一些社会中构成了教育分配的同行标准。但是对于这个理想的解释，却不是单一的，而是多元的。古特曼认为，问题不在于存在诸如此类的不同解释，而是如何从这些不同的解释中发展出一种适合分配民主教育的、值得辩护的教育机会平等的理想？为此，古特曼从民主社会的立场出发，认为基础性的学校教育（primary schooling）的社会目的是培育所有公民的民主品格。她对美国社会存在的有关教育机会平等的最大化解释、平等化解释和精英化解释进行辨析，进而发展出了一种有关教育机会平等的民主主义的解释。② 这里主要简述一下古特曼对这些解释的梳理和评析，增进我们对教育机会平等的丰

---

① Howe，K.，Equality of Educational Opportunity. In Denial Philips（Ed.），*The Encyclopedia of Educational Philosophy and Theory*. Sage，2013.

② 详见古特曼著，杨伟清译：《民主教育》，译林出版社 2010 年版，第 140-154 页。

富性和多样性。

（一）最大化解释

最大化解释对教育机会平等原则的阐释是："自由主义国家应当为基础教育投入尽量多的资源，并且在分配这些资源以及孩子时，要着眼于促使其未来所有公民的生活机会最大化。"① 这个解释与自由主义最为吻合，因为它强调每个人都具有自己的发展潜能，尊重每个人的价值观，而一个自由的社会应该为每个人潜能的最大化提供足够的机会。

但是在古特曼看来，这个解释存在道德绑架的嫌疑，即为了实现孩子生活机会的最大化，国家就需要将更多的资源都投在教育上，而舍弃其他值得珍视的善物（如医疗保健、公共安全、文体设施等），因为国家的资源总是有限的。即便由此带来的生活机会的实质性增进是巨大的或压倒性的，也并不意味着公众和家长会愿意为孩子未来生活的最大化，而缩减他们所珍视的其他非教育的追求。

对此，最大化的解释可能会做出修正和辩护，促进孩子生活机会的最大化并不只是要求国家将钱直接投在教育上，也要求国家提供其他与增进生活机会有关的善物。然而，问题在于，在资源有限的情况下，国家如何在这些与教育有关的善物之间进行优先性的选择呢？最大化解释可能诉诸更具包容性的善物（如功利主义的幸福观念）进行选择。这意味着，只有这个更具包容性的善物值得最大化实现，其结果可能是教育与其他善物的非最大化的实现。在古特曼看来，这个解释仍然不能为我们在这些不同的善物之间进行优先性选择提供清晰的答案。这个答案显然不能从某些自明的哲学原则中推演而来，而需要通过民主的程序才能确定这些善物之间的优先性问题。

在古特曼看来，最大化解释的错误就在于建立在一个普遍的谬见之上，即一个社会应当促使它所最为珍视的东西最大化实现。然而，"没有任何一个尘世的善物，甚至是宽泛意义上的教育机会，是如此的珍贵，以至于值得予以最大化实现。如果国家无需运用促使孩子的生活机会最大化，那么，民主

---

① 古特曼著，杨伟清译：《民主教育》，译林出版社 2010 年版，第 141 页。

社会中的公民就不仅可以自由地确定可用来扩展教育机会的各项善物之间的优先性排序，而且可以自由地在教育机会和教育机会以外的其他善物之间做出选择"。①

（二）平等化的解释

平等化的解释直接从字面上解释教育机会平等，提出一种促进所有孩子在结果上平等化的要求："国家在分配教育资源时，应当尽可能地促进处于最不利境地的孩子的生活机会，使这些孩子的生活机会能够尽可能地接近那些处于最有利境地的孩子。"② 根据这种解释，如果孩子在教育成就上的差异或不平等，是由于他们自己不能选择或控制的自然的或环境的因素（比如天赋或遗传缺陷、家庭环境）造成的，这种差异或不平等是道德上不可接受的，因此应该对那些在教育中处境不利的孩子予以补偿。平等主义并非否认由个人勤奋或努力所带来的结果上的不平等，但是如果个人的勤奋或努力也依赖于外部环境的话，平等主义甚至要求这种勤奋或努力的平等化。

要实现这种平等化的理想，就需要国家消除各种道德上任意的因素所引发的生活机会方面的不平等。在古特曼看来，假如没有其他竞争性的道德要求，这个理想也许是可以实现的；但是在一个民主的社会中，还有其他的道德要求（如自由、民主）。比如，就像我们在前一章讨论的那样，家庭的自由或自主性也是至为重要的，实现平等化的要求可能会允许对家庭生活的干预，剥夺他们"自由地教育自己孩子的机会"。就像最大化解释的错误一样，平等化解释同样把平等看作是一种值得最大化实现的理想。事实上，无论是自由还是平等都只是自由主义的一种理想。如何平衡这些相互竞争的自由主义理想？直觉主义认为这并没有一个统一答案，需要人们在具体的情境中直面和处理。但问题在于，应该诉诸谁的直觉？而且人们之间的直觉可能是不同的。

因此，古特曼认为，即便平等化的要求与其他自由主义的理想是不冲突

---

① 古特曼著，杨伟清译：《民主教育》，译林出版社 2010 年版，第 144 页。
② 古特曼著，杨伟清译：《民主教育》，译林出版社 2010 年版，第 141 页。

的，也不意味着这一要求需要得到完全的实现。这种完全实现，会要求国家将所有的教育资源投给那些能力较低的孩子，直到他们在教育成就上与那些能力较高的孩子相当。在教育资源有限的情况下，国家可能不会给那些能力较高的孩子提供充分的教育资源。然而，这种做法同样是道德上不可接受的，因为相比较平等的结果，促进不同能力水平的孩子都得到充分的发展，也许是更为重要的价值。试想一下，"假定我们知道孩子们教育成就方面的每一种差异都是不由自己控制的，并且可以通过某种高昂的但却有限的补救教育所矫正，那么，我们是否要创造一种取消孩子教育成就方面所有差异的教育体系呢？"[①] 在一个开放的社会中，这种差异或多样性对于孩子自身以及他人的生活来说是重要的。但是，如果孩子缺乏基本的知识，没有能力和机会参与民主的决策，那么这种充满多样性的社会也可能是有问题的。

古特曼认为，"平等化解释中存在的一个民主真理是：所有的孩子都应当学习足够的知识以使自己不仅能够过一种最低限度的体面的生活，而且能够有效地参与民主决策过程，正是通过这些过程，个人的决策融入了社会的结构。故而，一个民主国家应当采取措施避免这样一些不平等，这些不平等剥夺了孩子有效地参与政治过程所必需的教育成就"。[②]

（三）精英主义的解释

与平等化解释相反，精英主义的解释强调"国家在分配教育资源时，应当与孩子展现出来的自然能力以及学习愿望成比例"。[③] 根据这种解释，国家应该为那些自然能力和学习愿望都很强的孩子提供更多的教育资源，相反那些自然能力和学习愿望都很低的孩子就只能分配到很少的教育资源。这种做法既给予那些有能力的孩子应得的东西，又可以增加社会生产力。但是在民主社会中，这种解释会遭到很多人的反对，因为它并不要求甚至可能会忽略为那些缺乏能力和愿望的孩子提供最基本的教育，从而使他们达到社会所认可的基本的认知水准，或具备民主社会公民所需要的基本知识和技能。

---

① 古特曼著，杨伟清译：《民主教育》，译林出版社 2010 年版，第 147 页。
② 古特曼著，杨伟清译：《民主教育》，译林出版社 2010 年版，第 148 页。
③ 古特曼著，杨伟清译：《民主教育》，译林出版社 2010 年版，第 142 页。

为了应对这些挑战，精英主义可能会提出一种受限的精英主义模式，也就是说，"一旦培养公民身份的任务已经完成，那么剩下的教育资源可以按照孩子们展现出来的理智能力和学习愿望来分配"。[①] 这意味着，教育资源的分配首先确保每个孩子都具备成为民主社会公民所需要的基本知识和能力，然后再根据"应得"原则来分配，即那些有能力或有动机的孩子可以比那些能力或动机弱的孩子获得更多的教育。这种受限的精英主义分配模式似乎很有吸引力，兼顾了民主和平等的要求，又没有放弃它对那些有能力或有动机的孩子的关注。

但是，精英主义所诉诸的"应得"基础仍然面临一些挑战。第一个挑战来自更具平等意识的民主主义者。如果那些能力或动机强的孩子所具有的能力或动机是某种遗传的或环境的因素带来的，那么他们是否还可以因此而得到更多的教育呢？但是，精英主义给予的回应是：即便这些能力和动机自身不是应得的，它们仍然是应得更多教育的恰当基础。就像勇敢的士兵应得荣誉奖章，即便勇气不是他们应得的。同样的，能力和动机强的孩子应得更多的教育，即便能力和动机强本身不是应得的。但是，在古特曼看来，在基本教育满足之后，按照应得的原则分配教育资源是一种合理方式，但不是唯一合理的方式。我们完全可以像平等主义那样按照补偿的原则，将剩下的教育资源投给那些缺少天赋和动机的孩子；也可以采取普惠的方式，利用这些资源去培育所有孩子的新技能和新兴趣。即便是要将资源投给那些有天赋和动机的孩子，也未必需要以应得为理据，比如我们也可以按照功利原则来分配。这意味着，基准之上的教育资源分配可以有多种方式，而不是必须以应得为理据。

即便按照应得的原则进行分配是最合理的方案，也是正确的，这也不意味着这个方案就是民主社会的政策偏好。古特曼认为，在这些不同的方案中，究竟选择哪种进行基准之上的教育资源分配，并不是由这些方案的合理性本身决定的，而是需要通过民主的程序予以决策。这样一来，基础之上的教育

---

① 古特曼著，杨伟清译：《民主教育》，译林出版社 2010 年版，第 149 页。

资源分配可以以应得为理据进行分配，而不是像受限的精英主义模式那样认为必须以应得为理据进行分配。

（四）民主主义的解释

这是由古特曼在批判前三种解释的基础上发展起来的。她认为，对教育机会平等的理解需要回到民主社会的教育目的上来，即至少在基础性教育的层面，需要致力于培养具有民主品格的公民。这一目的要求我们在教育机会均等问题上遵循两大原则：第一个是民主的权威原则，即通过民主制度去确定教育之于其他社会善物的优先性问题，由此克服了最大化解释在优先性问题上的困难；第二个是民主的基准原则，即"对教育善物之不平等分配可以得到确证，当且仅当它不会剥夺任何一个孩子有效地参与民主过程所需要的能力"[①]，由此避免了平等化解释和精英主义解释的错误。在古特曼看来，基准原则所确立的领域不能通过民主权威来裁决，它要求为教育投入充足的资源，以确保每个孩子都能具有参与民主过程的能力。民主的权威原则可以帮助确立基准以上的部分。

尽管这里的基准原则不是民主决策的领域，但是古特曼认为，民主程序仍然可能帮助人们确定这个基准应该划定在哪里。我们可能期望每个孩子在基准的层面都能获得充足的教育，而要确定这里的充足，就要诉诸公共的辩论和审议的民主程序。有人怀疑，这个基准如果事先就确定好了，那么这个标准是否还是真正的民主标准呢？如果定得过高，那么它留给民主决策的空间是不是变得很小，因为基准的部分会耗费过多的资源，民主权威可以发挥作用的基础之上的部分就会很好。但是古特曼认为，在为每个孩子提供充足的教育方面，民主的制度比非民主的制度更为可靠，而且也没有充分理由认为人们为了基准的部分，就会减少对基准之上的部分的投入——事实上，这同样需要通过民主的审议和决策。

但是，这里的民主标准并不是绝对的，而是具有社会相对性的。在不同的民主社会中，甚至在同一社会的不同阶段，它都可能发生重大的变化。民

---

① 古特曼著，杨伟清译：《民主教育》，译林出版社 2010 年版，第 150 页。

主的权威原则要求，通过民主审议来确定基准之上的教育的优先性及其分配问题；而基准原则要求，学校为每个孩子提供足以使他们参与民主决策过程的教育。这两点都对所在的社会的特征有深刻的依赖。在特定的社会中，确实存在着某个绝对的最低限度的基准，以保证每个人都能参与到民主社会中，但是这并不意味着一个民主社会只是或只要满足于这个最低限度的基准——实际上，我们可能要求民主社会提供更多更好的教育。

从这四种阐释中，可以看到，即便在教育机会平等上，它们都没有简单地要求所有人都应该得到同等的对待或获得平等结果。人与人之间的差异或不平等既然是存在的，现在的问题是："什么样的差异或不平等是道德上可以接受的？"这四种解释给出的答案也并不相同。最大化解释并没有直接探讨教育善物在个体或群体之间分配的问题，但是根据其自由主义的立场，我们可以将之概括为：不平等是可以接受的，当且仅当每个学生都获得了实现自身生活机会最大化的机会或资源。平等化的解释认为，不平等是可以接受的，当且仅当它为那些处境不利的学生带来了最大的利益。精英主义的解释认为，不平等是可以接受的，当且仅当它以应得为理据来分配资源。而民主主义的解释则认为，不平等是可以接受的，当且仅当它没有剥夺任何学生参与民主过程所需要的能力。

四、教育平等的实现

在为教育平等辩护之后，布瑞豪斯说："教育平等事关重大。关键的是，教育平等原则的要点在于指导政府如何促进教育平等。如果我们把教育平等当作最为重要的教育追求，政府就必须对教育资源和机会进行公正的重组。"[①]确实，很多人都认为，促进教育平等，首先需要政府的努力，需要通过公共政策的调整，优先保障教育机会的平等。但是，政府或公共政策既不能保证

---

① 布瑞豪斯著，邵燕楠译：《为教育平等辩护》，载金生鈜主编：《教育：思想与对话》（第2辑），教育科学出版社2007年版，第43页。

教育的道德基础——教育伦理学引论

也不能取代学校教育本身的平等化努力，甚至学校教育本身的平等化努力也可以在一定程度上矫正教育机会上的不平等。那么，在学校层面究竟应该如何维持和促进教育平等呢？

根据沃尔泽的观点，维持学校的封闭性或自主性，对实现教育平等具有重要的作用。他通过日本学校的例子表明，在基础性的强制教育阶段，学校越是维持自身的教育自主性或独立性，抵制外部力量的腐蚀，就越有可能实现教育的平等；同时，他通过乔治·奥威尔的例子表明，专门学校即便受制于外部的压力、体现出对财富和权力的依附（向权力和市场开放的环境），也不得不回到教育的内在特征（必须是封闭的环境）上来，关注那些最有能力的学习者。因此，沃尔泽认为，"学校决不能是完全自由的，但如果它们要想得到完全自由，就必须有对其他分配领域的限制。"[①] 同样，我们也可以说，要实现教育平等，就需要维持学校及其教师在教育上的自主性，避免来自其他分配领域的过度支配。

首先，在学校层面应坚守自身的教育立场，维持自身对外的相对自主性和对内的相对开放性。如前所述，学校是个中介性的过程，一端连着家庭，另一端连着社会或国家，而且它们都在儿童身上有利益所在，因此各种社会关系或力量都可能渗透在学校生活中。学校越是维持自身作为一个教育机构的独立性和自主性，而对外部的各种社会力量保持适当的距离，就越有可能实现学校过程的平等，使所有学生都得到平等的对待。回到当前的中国学校现实，我们同样也会发现，真正可能回归教育本身、关照全体学生、走向师生民主平等的，恰恰是那些抵制外部压力的学校和校长。而从学校内部来说，也需要明确行政关系、专业关系和人际关系的边界，避免行政权力对专业生活、人际交往的僭越或支配。显然，在学校的管理或行政领域，科层本身所蕴含的层级性或等级性是必要的，但是在学科教学或教研等专业领域中，校长或管理者只是作为某个学科的专业人员参与其中，而不能滥用自己所拥有的行政权力。其实，当前所谓学校"去行政化"，并非要取消行政权力，而是

---

① 沃尔泽著，褚松燕译：《正义诸领域》，译林出版社 2002 年版，第 284 页。

将行政权力限定在它所属的领域，避免泛化或扩展到其他领域。

其次，学校中各种教育机会或资源的直接分配者主要是教师。这意味着，教师是维持和促进教育平等的责任主体，学校过程正义究竟能在多大程度上实现，在很大程度上依赖于教师这个专业群体实际承担起的专业责任。如同学校在面对外部压力时需要维持一定的封闭性或自主性，教师在面对来自学校内部或外部的压力时也需要坚守专业的自主性。来自外部的压力是社会的或结构性的（structural），儿童踏进学校时就已经处在特定的经济、社会或文化阶层中，而且会将其所属阶层的观念和行为方式带进学校教育过程，并有可能导致其在学校教育过程中处在相对优势或不利的处境。更为直接的现实是，今天的家长对子女在学校教育过程中的利益（及其最大化实现）有着更加紧迫和多样的诉求，这种诉求在一定程度上是"自然的"，根源于父母与子女之间的亲密关系，因此家长总是期待教师对自己的子女有更多的关注甚至偏爱，但是师生之间的关系严格来说是一种专业关系，教师可能会偏爱某些学生，但是这种偏爱必须以不伤害自身在学生群体中的公正形象为前提或边界。因此，在专业实践中，教师要对学生的背景差异及家长或社会的要求保持一定的敏感性，一方面避免学生的某些优势社会背景为其在学校教育过程中获得更多的利益，另一方面也要避免学生的某些劣势地位使其在学校教育过程中处于不利的地位。同时，来自内部的压力是制度性的（institutional），主要来自于学校本身的组织架构及其制度形式。按照麦金太尔的观点，教师专业实践一方面需要制度的支持，但另一方面也容易受到制度的腐蚀，也就是说，制度可能迫使教师只关注外部的利益而忽略专业实践本身的内在善。①为此，教师需要对制度安排本身持有一定的反思性甚至采取一定的抵制策略。唯其如此，才能真正从儿童或学生的立场促进教育的平等。

综上，假如教育平等是一个值得追求的理想，那么学校就需要坚守教育的内在立场，教师就需要承担其作为教育者的专业责任，自主抵制其他领域

---

① MacIntyre, A. and Dunne, J., Alasdair MacIntyre on Education: In Dialogue with Joseph Dunne. *Journal of Philosophy of Education*, 36（1），2002.

对教育领域的支配和僭越，逐步推进各种教育善物的平等分配，从而在一定程度上促进社会的公平正义。

第八章　教育中的正义

　　无论是在个人层面还是在社会层面，相对于自由和平等，正义都是更为基本的要求。① 更为明确地说，艾德勒认为，自由和平等都是有条件的或受限制的，而正义是不受限制的；换句话说，自由太多，平等太过，对于个人或社会来说未必就是善的，但人们对于正义的渴求可以是无止境的——没有人会嫌正义太多或太过。正义之所以是至上的，还在于它构成了对自由和平等进行限制的理由和原则。② 当代政治哲学的巨擘罗尔斯更是在《正义论》中开宗明义："正义是社会制度的首要价值，正像真理是思想体系的首要价值一样。一种理论，无论它多么精致和简洁，只要它不真实，就必须加以拒绝或修正；同样，某些法律和制度，不管它们如何有效率和有条理，只要它们不正义，就必须加以改造或废除。"假如这个判断是可以接受的，那么正义也无疑是教育制度或安排的重要（即便不是首要）价值，因而也是我们在这里不能回避的。

一、平权行动：两种正义观的分野

　　对于"什么是正义"以及"如何实现正义"之类的问题，同样也很少有人能完全形成一致的认识。麦金太尔在《谁之正义？何种合理性?》中就对当

---

　　① 罗尔斯著，何怀宏、何包钢、廖申白译：《正义论》（修订版），中国社会科学出版社 2009 年版，第 3 页。
　　② 艾德勒著，郝庆华译：《六种观念》，生活·读书·新知三联书店 1998 年版。

前哲学传统中存在的有关正义的观点之间的相互竞争甚至不可兼容的特征有过这样的评论："有些正义观以应得概念为核心，而有些根本否认这个概念的意义。有些正义观诉诸不可剥夺的人权，有些则诉诸某种社会契约观，有些则诉诸某种功利的标准。而且，各种相互竞争的正义理论不仅内含着这些相互竞争的观点，而且对于正义与其他人类善物的关系，对于正义所要求的平等类型，对于正义考虑所涉及的交换和个人的范围，对于人们在没有上帝法则的认识的情况下对正义的认识是否可能，往往莫衷一是。"① 尽管存在各种有关正义的建构，但其中影响较大甚至最大的（至少在自由主义传统中），当是罗尔斯倡导的"作为公平的正义"（justice as fairness）和诺奇克（Nozick，R.）捍卫的"作为资格的正义"（justice as entitlement）。这里简要陈述一下他们各自提出的正义原则，进而结合平权行动的实践案例呈现两者的分野。

众所周知，罗尔斯有关正义的建构，是以社会契约论为基础的。在他看来，人们原初建立契约的目标就是为了确立社会基本结构的正义原则。"这些原则是那些想促进他们自己的利益的自由和有理性的人们将在一种平等的最初状态中接受的，以此来确定他们联合的基本条件"。② 因此，他将这种看待正义原则的方式称之为"作为公平的正义"。那么，这些正义原则是如何确定的呢？罗尔斯设想了一个原初状态。其中，每个人都是理性的和相互冷淡的，并且处境都是相同的："没有人知道他在社会中的地位——无论是阶级地位还是社会出身，也没有人知道他在先天的资质、能力、智力、体力等方面的运气。……各方并不知道他们特定的善的观念或他们的特殊的心理倾向。"正义的原则就是在这样一个"无知之幕"后被选择的。据此，他认为，人们会选择两个安排社会基本结构的正义原则：第一个原则："每个人对其他人所拥有

---

① MacIntyre, A., *Whose Justice? Which Justice?* University of Notre Dame Press, 1988, p. 1.

② 罗尔斯著，何怀宏、何包钢、廖申白译：《正义论》（修订版），中国社会科学出版社 2009 年版，第 9 页。

的最广泛的基本自由体系相容的类似自由体系都应有一种平等的权利。"① 这些基本的自由包括了政治自由、言论和集会自由、良心自由和思想自由、个人自由、拥有个人财产的权利以及依法不受逮捕和没收财产的自由。罗尔斯认为，所有人在这些自由上应该是平等的。因此，这个原则也被称之为自由平等原则。第二个原则：社会的和经济的不平等应该这样安排，使它们被合理地期望适合每个人的利益，但适合于最少受惠者的最大期望利益；并且依系于机会公平平等的条件下地位和职位向所有人开放。② 这个原则涉及的是差别对待原则，包括补偿原则和机会平等原则。其中，第一个原则优先于第二个原则，而机会平等原则又优先于补偿原则。

相对而言，诺奇克在自由主义的道路上走得更远。在他那里，正义并非是在想象的原初状态中建立的公平原则，而是对每个人私有权的尊重，让他们对自我拥有的东西进行自由支配。尽管在《无政府、国家与乌托邦》中辟有"分配正义"一章，但是诺奇克认为"分配正义"这个词不是个中性词，暗含着使用某些原则或标准分发某些东西，然而没有人有权或有资格对我们进行这样的分配。因此，诺奇克决定用"持有（holdings）正义"这个中性词代替它，并提出了以资格或权利为中心的"持有正义的完整链条"。这个"链条"是由三种正义组成的：首先是获得正义原则，这个原则涉及的是"持有的原初获取，对无主物的占有"，意味着一个人最初的所有物是通过正当的方式获取的，而不是得自抢夺、诈骗或压榨。其次是转让正义原则，这个原则涉及的是"从一个人到另一人的持有的转让"，意味着用自己的所有物进行的交换或赠与是自由、自愿、合法的，而没有任何的强权或欺诈。再次是矫正正义原则，这个原则是针对原创获得或转让过程中出现的不正义而进行的矫正。整体来说，"如果一个人根据获取和转让的正义原则或根据不正义的矫正原则（由头两个原则所规定的）对其持有是有资格的，那么他的持有就是正

---

① 罗尔斯著，何怀宏、何包钢、廖申白译：《正义论》（修订版），中国社会科学出版社 2009 年版，第 47 页。

② 罗尔斯著，何怀宏、何包钢、廖申白译：《正义论》（修订版），中国社会科学出版社 2009 年版，第 47、65 页。

义的；如果每一个人的持有都是正义的，那么持有的总体（分配）就是正义的"。① 这就是诺奇克有关持有正义的资格理论。与罗尔斯的正义理论不同，这种理论是"历史的"，它认为"一种分配是否是正义的，依赖于它是如何发生的"。②

为了更好地理解这两种正义观，下面我们来审视一下美国的平权行动（Affirmative Action）。这个行动要求在教育、就业、文化等领域给少数族群和妇女提供更多的机会或份额（如通过配额制），从而改变他们由于历史上的排斥或歧视而导致的处境不利，扩大他们的生活机会，促进社会的公平。然而，这个措施一经提出，就引来争议，如有些人指责它造成了"逆向歧视"。这里例举一个简单的例子。霍普伍德（Hopwood, C.）来自一个并不富裕的家庭，由单亲妈妈抚养长大，并努力读完了中学、社区大学和加州州立大学，后来移居德州，申请了德克萨斯大学奥斯汀分校法学院。尽管其年均分为3.8，且在该法学院入学考试中表现也不错（第 83 个百分位），可是她仍没有被录取。然而，与她成绩差不多甚至比她低的非裔和墨西哥裔美国学生都被录取了，因为根据平权行动，州立大学需向少数族群倾斜（要求 15％）。霍普伍德拒绝接受这一结果，认为这对她来说是不公平的。③

显然，这个措施是符合罗尔斯所提出的"作为公平的正义"观的。在没有平权行动之前，白人和少数族群都拥有平等的自由权利，都有同等的申请入学机会，但是白人在学业或综合表现上优于少数族裔，因而他们也在大学中占有更大的份额，而少数族群的人数很低。相对这些少数族群在整个社会中的人口分布来说，他们被大学录取的比例是不相称的。但是，大学在招生时并没有根据性别、种族等因素进行刻意的筛选，而主要考虑的是申请者的

---

① 诺奇克著，姚大志译：《无政府、国家和乌托邦》，中国社会科学出版社 2008 年版，第 183—184 页。

② 诺奇克著，姚大志译：《无政府、国家和乌托邦》，中国社会科学出版社 2008 年版，第 184 页。

③ 桑德尔著，朱慧玲译：《公正：该如何做是好?》，中信出版社 2011 年版，第 191—192页。

学业或综合表现。在这里，完全符合罗尔斯的自由平等原则和机会平等原则，前者确保所有人不分种族或性别都拥有平等的自由和权利，后者强调在入学机会向所有人开放的前提下，根据能力来确定谁最终有机会进入大学——这种不平等是可以接受的。但是平权行动的支持者认为，仅仅提供给所有人平等的自由和机会是必要的，但却是不充分的。与白人相比，少数族群在学业或综合表现上的处境不利并不是由他们本身造成的，而是他们自身不可选择或控制的社会因素（如排斥或歧视）带来的。要求他们自己对这些不可选择或控制的因素造成的个人处境不利负责，在道德上是任意的或专断的。可能所有人都希望出生在一个优渥的家庭中，但这并不是我们可以自由选择的。对于这些因素造成的不利处境，一个正义的社会应该在政策或资源上有所倾斜或补偿。这就是罗尔斯正义原则中的补偿原则所要求的，即给予那些处境不利者以最大的利益。然而，霍普伍德可能并不认同。尽管她是一个白人，但她的家庭环境并不富裕，也是由单亲妈妈抚养长大的。也许相对于那些成绩比她低的成功申请者来说，她的生活处境还要糟糕，而且她可能比他们更为努力，在学业或综合表现上也更为卓越。从这种意义上说，补偿原则同样适用于她。因此，罗尔斯的"作为公平的正义"就需要回答谁才是真正的处境不利者，否则我们就很难诉诸补偿原则为平权行动进行辩护。

在这个问题上，诺奇克可能并不同意罗尔斯的补偿原则。假如霍普伍德本人并没有对少数族群实施歧视、排斥或压榨，甚至她的先辈也可能没有诸如此类的不正当行为，那么她现在的持有就是正义的。要求她对自己没有实施过的持有承担责任或进行补偿，也是不可以接受的。当然，假如霍普伍德本人及其先辈采取了不正当的方式对待少数族群，那么她现在的持有就是不正义的。为了维持整个社会的正义，就需要对这种不正义进行矫正。还有一个为平权行动提供辩护的理由是，大学招生中使用的标准化考试隐含着种族的偏见，它更有利于白人群体，而不利于少数族群。尽管霍普伍德本人可能并没有施加任何不正当的行为，但是让她更高分数的考试工具本身存在着歧视或偏见，由此她所持有的分数并不是正义的。就此而言，平权行动是为了矫正这些考试工具的不正义。总之，根据诺奇克的观点，即便平权行动是合

教育的道德基础——教育伦理学引论

理的，也不是为了补偿或再分配的考虑，而是对优势群体持有的不公正的一种矫正。然而，我们究竟应该如何去考察这个持有正义的完整链条，以确定出人们当下持有的正义呢？这是一个极为困难的问题。

二、教育作为正义领域

事实上，教育作为正义领域并未引起充分的哲学关注。这可能与两个方面有关：一方面，前述正义理论的建构都带有普适性，因而可以涵盖或应用于教育领域。无论是罗尔斯的"作为公平的正义"还是诺奇克的"作为资格的正义"，实际上都在很大程度上试图为社会分配寻找普遍的规范基础，显示出"基础主义"的某些特征，因此具有超越具体而多元的分配领域及其物品或善物特性的倾向。按照这种建构及其逻辑，教育领域的分配原则只不过是一般正义理论的演绎或应用——事实上，许多有关教育正义的讨论也正是因循了这种取向。另一方面也与正义理论关注的主题有关。例如，罗尔斯在探讨社会正义（social justice）时认为，正义的首要主题是社会的基本结构，"或更确切地说，是社会主要制度分配基本权利和义务，决定由社会合作产生的利益之划分的方式"，也就是政治宪法和主要的经济和社会安排。这种基本结构包含着不同的社会地位，并且决定着出生于不同地位的人们的生活前景。"这类不平等是一种特别深刻的不平等。它们不仅涉及面广，而且影响到人们在生活中的最初机会，然而人们大概并不能通过诉诸功绩或应得来为这类不平等辩护"。① 相对于基本结构或主要制度的平等或正义要求，教育正义问题似乎是"附属性"的或"次生性"的，因为教育在很大程度上受制于这些基本结构或主要制度。在这种意义上，教育本身的正当性问题显得并不是十分紧迫。

设若如此，我们是否还有探讨教育正义的必要呢？显然，这是我们首先

① 罗尔斯著，何怀宏、何包钢、廖申白译：《正义论》（修订版），中国社会科学出版社 2009 年版，第 6 页。

要回答的基本问题。毫无疑问，这种必要性并不是因为罗尔斯、诺奇克或其他人没有系统探讨的缘故，而需要从它本身在道德上的重要性进行辩护。但是，即便它是如此的重要，倘若教育本身并不属于正义的范畴或领域，那么对其提出正义的要求本身就是无效的；或者更进一步说，即便教育属于正义的范畴或领域，具有分配的性质或结构，但它的分配从属于更大的外部社会过程，那么专门探讨它的正义原则也是不必要的。对此，沃尔泽等人给出了正面的回答。他们认为，教育就像成员资格、公职、政治权力、安全与福利、货币与商品等一样，是具有独特社会意义的善物，具有自身目的所内含的分配原则，从而构成一个独立的正义领域。

沃尔泽首先承认教育是一个社会事项，因而对其置身其中的社会具有很大的依赖性。在这种意义上说，随着社会的变迁或差异，教育也会呈现出不同的样态，从而也就具有"相对性"。但是，如果教育只是具有这种相对性，如果教育物品没有什么独特的性质，那么这些物品的分配就没有自身独立的原则，因而就没有必要专门讨论教育物品的分配问题了。在没有学校的时候，类似情况是存在的；但是学校教育就具有了一种中介的性质，它们提供了一个特殊的环境：旨在促进批判性理解的发展，以及社会批判的生产与再生产。值得注意的是，这种社会批判是学校或教育自主的结果。因此，沃尔泽强调学校教育是一种独特的社会物品，因而有独立的分配程序或原则。

但是，教育物品是多样的，有教师职位、学生位子、学校权威、评分和升级以及各种知识等。沃尔泽就说，所有这些物品的分配都不完全是政治或经济的模式，因为它们毕竟是完全不同的物品。尽管学校需要考虑社会的要求，教育正义需要诉诸社会正义，但是我们也必须考虑学校及其教育物品本身的特殊性。根据沃尔泽的观点，学校教育是中介性的。"学校填补了家庭与社会之间的中间地带，同时也填补了幼年向成年过渡的中间时期。"只要学校或教育过程有足够的时间和空间来对学生的现在和未来进行分配，那么它就具有一种规范性的结构（normative structure）。其表现出来的特征就是："成年人的世界是由一群教师代表的，成年人世界的知识、传统以及仪式都是由教师解说的，而这群教师是在一种或多或少封闭的共同体中——即约翰·杜威所说的'特殊社会环境'——面对他们的学生的。"① 在这个封闭的共同体中，师生都不受到外部压力的影响；教师关注的是真理的传递，而且是面向所有学生，而不会考虑学生的社会背景之类的。显然，这些特征不是我们所见到的学校现实，我们可以罗列出一堆例证表明，经济财富、政治权力、文化偏见等因素是如何腐蚀学校这个教育共同体的。假定这种规范性是真实的，而且他相信只有这样，分配的问题才会浮现出来："哪些孩子是被允许进入这些封闭的共同体的？谁上学？上哪种学校？（这种封闭性的力量如何？）学习什么？要学多长时间？与别的什么样的学生一起学习？"②

实际上，沃尔泽所强调的规范性结构涉及三个方面：一是师生处在封闭的共同体中，二是在这里传递的主要是学术性或理智性的学科（intellectual disciplines），三是有胜任这些学科的教师。若是较大共同体中老年人或普通公民都可以从事教职，那么教育所具有的中介性质就会大大削弱，其就不可能实现相对自治。阿兹特克的"年轻人之屋"就是这一点的体现，普通公民担任了教育大多数男童的责任，提供的是"武器的装备、艺术和手工、历史和传统，以及普通的宗教仪式"方面的教育。相比较而言，另一种与修道院和寺庙相关的特殊学校里，教授的是"所有有关时间和国家的知识"："以象形文字阅读和写作、预言、年表、诗歌和修辞学"，而教师也来自僧侣阶层，"其选择只考虑他们的道德水平、他们的行动实践、他们的教义知识和他们生活的纯洁性"。③ 沃尔泽认为，分配问题只会出现在第二种具有中介性质的学校中。

三、教育善物分配的多样性

如果将教育作为一种总体性的社会物品或制度安排，那么正义首先要求的确实是所有孩子是否有平等的权利或机会。但是，一旦学生被分配到某个

---

① 沃尔泽著，褚松燕译：《正义诸领域》，译林出版社 2002 年版，第 263 页。
② 沃尔泽著，褚松燕译：《正义诸领域》，译林出版社 2002 年版，第 264 页。
③ 沃尔泽著，褚松燕译：《正义诸领域》，译林出版社 2002 年版，第 264-265 页。

特定的学校时，学校教育的正义问题就变得更为复杂和敏感。当代学校教育对学生未来的生活机会具有重要的影响，而这些影响主要是通过学校本身所拥有的各种善物来实现的，包括不同班级的位子、课程资源、课堂教学、教师对待学生的方式、学校设施或设备、奖励或资助、学生职位等等。其中，有些物品属于分配正义的范畴，而有些则属于矫正正义范畴。"前者关注的是好处和负担的分配，而不管既往的过错；后者关注的是如何对既往的过错做出反应（如惩罚和补偿）。"① 但无论如何，正义总是在分配某种利益或负担（benefits or burdens）。对学生而言，学校教育并不意味着都是利益，而且存在着与政治社会生活中一样的负担分配（如惩罚）。然而，在学校教育中，究竟什么构成利益或负担，并非那么清晰。即便课程是一种教育的资源，关系到学生的未来发展，但也不意味着任何课程都对学生具有持续的价值，甚至可能对某些学生来说意味着一种负担。

在这里，我们主要从分配正义的角度，关注教育中存在的各种善物或利益。参照罗尔斯有关社会基本善的理论，我国学者金生鈜列出了教育领域的九大基本善物，包括：（1）基本的人权、教育权利；（2）根本的教育自由；（3）多样化的教育机会、活动方式以及发展方式的选择；（4）学校、班级中的各种职权、岗位、资源以及责任；（5）课程和教学提供的知识内容以及学习方式与学校评价结构；（6）自我尊严和自我价值的教育支持；（7）教育制度、学校、教师提供的指导、关怀、承认与重视；（8）教育制度、学校、教师提供的赞赏、奖励和荣誉；（9）教育所提供的闲暇和游戏的时间与机会。这些基本善物都具有教育性的特征，且是所有学生共同需要和正当欲求的。② 萨巴格（Sabbagh，C.）等人从宏观到微观层面对教育善物进行了区分，认为这些善物主要有五个：教育权利；学习位置的分配或遴选；教－学的实践；

①　Vallentyne，P.，Distributive Justice. In Goodin，R. E. et al.，*A Companion to Contemporary Political Philosophy*. Blackwell Publishers，1996，p. 549.

②　金生鈜：《教育与正义——教育正义的哲学想象》，福建教育出版社 2012 年版，第 111—121 页。

教师对待学生的方式；评分。① 瑞希（Resh，N.）等人认为，"这些善物通常是由教师进行分配的：他们对学生进行测验并对他们的表现进行评分；他们对学生的学习努力、家庭作业和课堂行为予以表扬或批评；由此，他们将学生划到不同的班级或能力组；他们传递给学生以关注、尊重和情感，如此等等"。②

根据这些善物的形态，从学生的立场，我们可以将学校教育中可资分配的善物分为三大类：一是工具性善物（instrumental goods），包括所有有助于学生学习或发展、升学或就业等目标实现的课程资源、教师资源、设施设备以及更为潜在的课堂教学时间或空间等。二是关系性善物（relational goods），即教师和学生的互动过程及其关系状态，尤其是良好的、和谐的师生关系不仅本身具有直接的教育价值，而且对学生获得工具性善物具有支持性的作用。与工具性善物不同，这类善物不是静态的、既存的或提供性的，而是动态的、生成的或建构性的。三是象征性善物（symbolic goods），如学校中的标语、口号、标识甚或"标签"（如所谓"快班""慢班"），教师对学生进行的批评、表扬、鼓励、奖励等。

而且，就这些善物是否给拥有者带来社会地位或位置上的优势而言，学校教育中同样存在非位置性的善物（non-positional good）与位置性的善物（positional good）。③ 前者一般不具有排他性，也就是说，一部分人对善物的占有并不妨碍其他人的获取，典型的是课程本身所具有的非工具性的或内在的方面，如对作品的理解、思维的发展、审美的体验等。这些善物是向所有学生开放的，并不存在一部分学生对某个文本的理解会妨碍其他学生的理解，

---

① Sabbagh, C., Resh, N., Mor, M., & Vanhuysse, P., Spheres of Justice within Schools: Reflectionsand Evidence on the Distribution of Educational Goods. *Social Psychology of Education*，2006，（9），97—118.

② Resh, N. & Sabbagh, C., Justice in Teaching. In L. J. Saha & A. G. Dworkin (Eds.), *International Handbook of Research on Teachers and Teaching*. Srpinger，2009，p. 669.

③ Howe, K., Equality of Educational Opportunity. In Denial Philips (Ed.), *The Encyclopedia of Educational Philosophy and Theory*. Sage，2013.

甚至在开放的环境下具有不同理解水平的学生之间的交流或讨论可以让所有学生对文本的理解达到更高的层次。原则上，所有具有内在的育人价值的善物都是非位置性的，它的分配不仅与学生所具有的社会背景无关，甚至与其所具有的主体特征无关。因为在接受教育或获得发展的意义上，任何人都不具有对他人的优先性，甚至在很多时候，我们会要求对那些由先天缺陷或后天伤害所造成的处境不利群体给予更多的关照——如国家或社会需要为那些视听觉障碍的学生建立专门的教育机构，提供更多的经费和人力支持，或在学校教育中给予特殊的关照。但是，位置性的善物则相反，一部分人对某善物（主要是稀缺性的善物）的占有必然会影响其他人对该善物的占有，而且这种占有会造成占有者形成对非占有者的优势地位或处境，典型的如分数、奖励、学生职位、教—学的时间和空间、教师的评价等。但是，这两种善物之间的界限并不是绝对的，实际上有些善物本身既可以是位置性的也可以是非位置性的，比如课程中的知识、学生职位甚至奖励等，既可以帮助某些学生获得对于其他学生的优势地位，但是也可以促进所有学生关注这些善物本身的内在价值。

上述分类只是表明学校教育中善物的多样性和复杂性。它们本身在性质、目的甚至功能上是不尽相同的，这决定着其分配方式及其所应遵循的原则也必然不是单一的。比如，助学金的分配要遵循"需要"的原则，学科课程的分配既要考虑"需要"，又要考虑"平等"，而"优秀学生"荣誉称号则与学生是否需要或平等没有直接关系，而应遵循"卓越"的要求。即便在学科课程层面，必修课程和选修课程的要求也是不同的，前者应该面向所有学生，并期望所有学生在基本的知识或技能方面都达到某个基本的水平，而不管他们个体的兴趣、性向甚至能力有怎样的差异；但是，我们是否可以对后者提出这样的要求？这显然是值得讨论的。至此可以说，学校教育不仅仅在整体上是一个正义领域，而且本身就是一个内含着各种不同善物分配的复杂而多元的领域。由于这些善物本身在性质或目的上是不同的，因此在这一领域，要确立一个适合所有善物分配的统一的或普遍的正义原则，不仅是困难的，而且是不恰当的。

在这种情况下，沃尔泽有关多元正义或复合平等的理论可能为我们思考这个多元领域的正义原则提供了一种重要的视角和路径。这种理论认为，让所有人在所有善物上实现平等不仅是不现实的，而且是非正义的。复合平等所要求的是，不同的善物可以根据其社会意义在人们之间进行不同的分配，当且仅当这种分配满足以下标准："任何一种社会的善 X 都不能这样分配：拥有社会善 Y 的人不能仅仅因为他拥有 Y 而不顾 X 的社会意义占有 X。"① 换句话说，在社会分配体系中，一些人可能通过正当的自由交易拥有更多的财富或政治权力（Y），但是他们不能因此（Y）就可以占有更多的公共教育资源（X）；后者的分配必须面向所有公民，遵循平等或需求的原则。按照这一逻辑，学校教育正义并非要求所有学生在所有善物的获取上都是平等的，而是强调这些善物必须根据其本身内含的不同社会意义进行多元的分配，从而避免具有不同社会意义的善物在分配上的相互支配和僭越。比如，教师在成绩评定时要根据学生表现出的卓越或优异程度分配分数，但是不能因为学生在学业成就上的卓越而使其在获取其他学校资源（如班干部岗位）上具有支配性的优势。

四、善物分配的教育性

根据沃尔泽的多元正义观，我们确实可以考虑根据所要分配的善物的目的或社会意义确定其分配的原则。但问题是，这些善物的目的或社会意义在某种程度上是个体或社会建构的，因此在这里就存在着多元建构的可能。举例来说，在学校教育中，班干部作为一种善物，其社会意义在现实中隐含着五种不同的建构以及相应的分配原则：（1）将其作为协助班主任进行班级管理的职位，因而其分配的依据是胜任原则，即学生是否能具备管理的能力；（2）将其作为具有奖励或肯定功能的物品，因而其往往被分配给那些学业成就或综合表现优异的学生；（3）将其作为一种身份资源，因而它构成了家长

---

① 沃尔泽著，褚松燕译：《正义诸领域》，译林出版社 2002 年版，第 24 页。

或学生努力竞争的重要目标，甚至通过权力或贿赂等非正当手段攫取；（4）将其作为一种具有公共性质的物品，因而其分配可以按照民主的原则（如投票）进行确定；（5）将其作为一种具有教育价值的岗位，因而其分配的原则应该是平等和需要，一方面所有学生都应拥有平等地成为班干部的机会或做班干部的经验，另一方面那些缺乏相应管理能力和经验的学生，应该获得锻炼的机会。

但是这是否意味着，同一物品的不同建构及其内含的分配原则都是正义的呢？倘若如此，讨论教育正义就有点无病呻吟了，而且这种多元论容易陷入相对主义的陷阱。那么，我们需要根据什么确定这些物品的社会意义及其分配原则呢？显然，我们需要回到学校的内在价值或本体功能本身：它是一个社会机构，既是国家或社会建立的，也具有社会过程的特征，也体现出政治、经济、社会—文化的属性，但是更为根本的是，它首先是一个教育机构，以促进个体的身心发展为根本目的；如果它失去了教育的性质或功能，那么它就无独立存在的必要了。事实上，历史上发生的学校崩溃或混乱的局面，往往与学校本身的教育逻辑被政治、经济或社会的逻辑支配或主宰有着内在的关联。如果这一假定是合理的，那么学校教育中各种善物的重要性首先在于它的教育意义，尽管它也存在其他的社会意义，但这些社会意义不应支配或主宰其教育意义。因此，就上述各种有关班干部的社会意义建构及其分配原则来说，胜任原则和教育性原则具有根本的重要性，而教育性原则在学校中具有突出的重要性。

然而，即便教育性的考虑是首要的，也不意味着这些善物的分配原则在不同阶段和类型的学校教育过程中都是相同的。就大多数国家的教育体系来说，至少有两类教育：一类属于面向所有公民的普及义务教育，其目的是培养合格的公民；另一类属于后义务教育阶段，涉及普通教育和职业或专业教育两种类型。对于义务教育阶段而言，学校必须使每个学生获得成为合格公民所必需的基本素养，而不管这些学生原有的背景、性向甚至基础如何，所有学生在义务教育阶段结束时都需要达到某个"基准"。沃尔泽认为，在现代国家，成为公民不仅仅是每个人的义务，而且是一种需要；而且，在成为公民的道路上，没有人是优先于其他人的，也就是说在获得公民资格（citizen-ship）的过程中所有人都是平等的。但是，如第七章所述，这并不意味着只是从平等的角度考虑，而是强调这个基准的优先性，至于基准之上的部分，学校教育应该保有相应的开放性，允许那些表现卓越的学生获得个性化发展的空间。具体到学校教育层面，这意味着义务教育阶段的学校首先应该确保所有学生在毕业时达到某个标准——可能是合格的公民或自主的国民，也可能是通过会考的形式确立的。当然，这并不必然要求所有学生都必须在义务教育阶段学校度过同样的时间、享有同样的资源或获得同样的对待，相反它可能要求学校教育需要面向所有学生，基于学生的多样性和差异性，提供不同的资源或机会。

至于职业或专业教育领域，教育的分配则需要考虑形式机会均等的原则，即它需要向所有人开放，但是在资源有限的情况下需要提供给那些具有相应能力或资质的人。按照沃尔泽的观点，若是专门化或专业训练（specialized or professional training），兴趣甚至和能力加在一起都不能成为分配的标准，这是因为有兴趣和能力的人实在太多了。专门化的学校教育并不能保证所有有兴趣和能力的人都得到充分发展的机会；它所要求的不是教给学生可能学会的一切，而是做到"足够"就可以了，即通过专门化或专业训练，让他们能够胜任特定专业或职业的工作。它不同于公民教育，不是一种公共供给或福利，而是与公职（office）相类似：学生必须具备符合它的资格条件方能进入。学生的兴趣和能力可能达到了这种资格要求，但是这并不必然意味着他们就有接受专门化教育的权利，而是说他们在获取这种教育时拥有获得平等的对待或考虑的机会。毫无疑问，专业教育关注的必定是有才能的人，因此"学校不能避免在学生中做出区分，提高一些学生，同时把一些学生拒之门外；但它们发现并加强的差别应该是工作所固有的，而不是针对工作的地位的。它们应该与成就有关，而不是与成就的经济和政治回报有关；它们应该是本质上内聚的，是学校内然后是职业内的表扬和骄傲"。[①] 换句话说，在专

---

① 沃尔泽著，褚松燕译：《正义诸领域》，译林出版社 2002 年版，第 280 页。

业教育的过程中，有关学生的选拔或甄别，应该根据专业或工作本身所内含的标准及学习者在这个标准上所取得的成就水平。

比如，高校在某些专业对女生进行限招，之所以常常会被指责为性别歧视，表面看来是出于性别平等的道德直觉，其深层的原因却是我们很难证明这种基于性别的区别对待是某些专业或工作本身所内含的。教育部门曾对高校限招女生的专业类别做出说明："目前允许高校确定男女比例招生的特殊专业，包括以下三种类型：一是与特定职业要求紧密相关，且职业对男女比例有要求的专业，如军事、国防、公共安全类专业；二是从保护女性的角度，适当限制女性报考，如航海、采矿等专业；三是个别专业教育资源有限、招生数量有限，且社会需求有一定的性别均衡要求的专业，如果不限制男女比例，则可能产生严重的男女比例失衡，会实质上影响教育的效果和社会效益，有的还会影响国家相关部门的需要，包括部分非通用语种专业、播音主持专业等。"

在这个说明中，可以看到，对女生的限招主要是基于三个不同的原则，即"职业要求""保护女性"和"社会需要"。这三个原则是否真的如它们看起来那样值得辩护呢？首先我们看看第一个原则，它的基本假定是：（1）某些特定的职业对从业者的资质或能力有特殊的要求；（2）男性相对于女性表现出胜任该职业的资质或能力；（3）因此，这些职业需要更多的男性而不是女性。按照这个假定，对女性提出限制的并非仅仅因为她们的性别，而是因为她们缺乏从事这些职业所需的资质或能力。然而，问题在于，是否真的存在这样的资质或能力与男性或女性之间有直接的对应关系？这可能是值得怀疑的。假如存在这种对应关系，我们根本上就不需要对女性做出限招，因为她们本身就达不到这一从业要求。而且，更为重要的是，这个原则在很大程度上违背了形式机会均等的基本原则。假如某些女性达到了这些职业的从业要求，而仅仅为限招而失去了进入该专业的机会，这是否就是公平的呢？第二个原则多少带有点"道德家长主义"（moral parentalism）的色彩。我们是出于对女性的保护而对她们的某些自由或选择做出限制。假如一些女生达到甚至超过了专业录取的标准，且有意愿也能充分了解从业的要求，那么我们是否有充分的理由将她们排斥在外呢？第三个原则主要是出于社会需要或功利的考虑，同样忽略了女生的自由选择问题。而且，假如这个原则是可辩护的，那么在一些男性占多数或主导的行业领域，对男生进行限招就可能是同样合理的。反驳的意见也许是，这需要根据职业的性质和特征来定。这似乎又回到我们要辩护的观点上了，即在专业或专门化的教育上，只有根据职业或专业所内含的特征对人们进行区分或甄别才是正当的。从这种意义上说，限招的标准不是性别，而是职业或专业的要求本身。

五、教育正义：超越分配范式

至此，我们讨论的仍然是教育领域的分配正义问题，考察的是教育善物如何在不同群体或个体之间进行分配的问题。但是，这并不意味着教育正义只涉及教育善物的分配问题。实际上，在罗尔斯、诺奇克、沃尔泽等人之外，还存在着不同于分配正义的其他理论传统或范式，比如霍耐特（Honneth，A.）等人提出的"作为承认的正义"（justice as recognition）、杨（Young，M. I.）主张的"关系正义"等具有社会批判特征的建构。① 这些范式都对分配正义提出了批评，开始将正义理论的重心从对"物"的分配转向对"人"或"结构"的关注。

在承认正义方面，霍耐特（Honneth，A.）、弗雷泽（Fraser，N.）等人就认为，分配仅仅是理解正义的一个维度，主体间的承认同样是重要的。因为，他们拒绝经济主义的观点，把承认简化为分配的一个附庸。② 在社会正义领域，"不是消除不平等，而是避免羞辱或蔑视代表着规范目标；不是分配平

①　霍耐特著，胡继华译：《为承认而斗争》，上海人民出版社2005年版；弗雷泽、霍耐特著，周穗明译：《再分配，还是承认？——一个政治哲学对话》，上海人民出版社2009年版；Young, I. M., *Justice and the Politics of Difference.* Princeton University Press, 1990.
②　弗雷泽、霍耐特著，周穗明译：《再分配，还是承认？——一个政治哲学对话》，上海人民出版社2009年版，第3页。

等或物品平等，而是尊严或尊敬构成了核心范畴"。① 在他们看来，承认即意味着正义，羞辱和蔑视是对承认的拒绝或否定，是不正义的表现。从主体间的视角来看，存在爱、法权和成就三个承认领域。在这些领域，呈现的承认形式分别是情感关怀、法律承认、社会尊重，遵循的承认原则是需要原则、平等原则和贡献原则，同时对应着不同的个性维度和实践自我关系以及相应的蔑视形式、蔑视对象和蔑视后果等（见下表8.1）。根据这种正义观，教育应该避免对学生个体尊严或价值的羞辱和蔑视，在各教育主体之间建立承认的关系。这种承认要求教育要关爱儿童，以满足他们情感承认的需要；要平等儿童的权利，以使他们获得法律的承认；要发展学生的独立人格与品质，以促进社会承认。②

表8.1　社会承认关系结构表③

承认领域	爱	法权	成就
承认形式	情感关怀（爱）	法律承认（法权）	社会尊重（团结）
承认原则	需要原则	平等原则	贡献原则
个性维度	情感需要	道德责任能力	能力与特质
实践自我关系	自信	自尊	自豪
蔑视形式	强暴	剥夺权利	侮辱
蔑视对象	身体完整性	完全成员资格	自我实现方式
蔑视后果	摧毁自信，"心理死亡"	伤害自尊，"社会死亡"	剥夺自豪，"心灵伤害"

与承认正义一样，关系正义也对分配正义提出了批评，认为它只是寻求

① 霍耐特著，胡大平、陈良斌译：《承认与正义——多元正义理论纲要》，载《学海》，2009年第3期。
② 金生鈜：《承认的形式以及教育意义》，载《教育研究》，2007年第9期。
③ 王凤才：《蔑视与反抗——霍耐特承认理论与法兰克福学派批判理论的"政治伦理转向"》，重庆出版社2008年版，第383页。

某种单一的模式或原则，使每个人得到他所应得的物品，不仅"忽视了决定物质分配的制度背景"，而且"无法处理非物质物品和资源的问题"。① 在杨看来，社会正义要求的是一种关系性的自主，它意味着消除制度性的限制或约束，实现人的自我发展和自我决定，而任何妨碍自我发展和自我决定的社会关系或结构都是不正义的。与这两者对应的不正义即是压迫和支配，"其中，压迫是对自我发展的制度性约束，而支配是对自决的制度性约束"。② 在当代社会中，这种压迫和支配主要有"五副面孔"（five faces），即剥削（exploitation）、边缘化（marginalization）、无权（powerlessness）、文化帝国主义（cultural imperialism）和暴力（violence）。③ 在杨看来，教育以及各种标准化考试都是社会不正义结构的代理人，它们在很大程度上都是维持社会压迫或支配的工具。④ 这种观点在其他批判教育理论（如再生产理论、抵制理论）那里都得到了支持。要实现社会正义，就需要根除包括教育在内的各种制度性限制或约束，改变社会结构或关系存在的压迫与支配。

最后，需要说明的是，尽管承认正义和关系正义试图超越分配正义的限制，但是这并不意味着它们就可以取代分配正义。严格来说，所有正义都是以人为对象的，只是它们调节或规范的是人所具有的不同关系：分配正义处理的是人与"物"的关系，旨在确证每个人是否拥有了他应得的东西，或者说社会善物是否在人们之间得到了正当的分配；承认正义处理的是人与人之间的关系，关心的是每个人是否在善物分配或其他社会安排中获得了应有的尊严或承认（而没有遭到羞辱或蔑视）；关系正义处理的是人与结构的关系，

---

① Young，I. M.，*Justice and the Politics of Difference*. Princeton University Press，1990；钟景迅、曾荣光：《从分配正义到关系正义——西方教育公平探讨的新视角》，载《清华大学教育研究》，2009 年第 5 期。

② 艾丽斯·杨著，彭斌、刘明译：《包容与民主》，江苏人民出版社 2013 年版，第 38 页。

③ Young，I. M.，*Justice and the Politics of Difference*. Princeton University Press，1990，p. 48—62.

④ Young，I. M.，Education in the Context of Structural Injustice：A Symposium Response. *Educational Philosophy and Theory*，38（1），2006.

侧重的是每个人是否在社会结构中受到了支配或压迫。其实，包括教育在内的所有社会领域，都存在某些有待分配的善物或负担，都涉及人与人之间的交往与互动，都必定涉及个人与社会结构之间的平衡和冲突。这意味着三种正义都有各自适用的领域和可以调节的关系。而且，这些正义之间并非彼此孤立、不可通约的，一种非支配性或压迫性的社会结构并不必然导致分配正义或承认正义，但至少使分配正义或承认正义的实现更有可能；同样，维持一个社会的分配正义或承认正义未必带来关系正义，但没有分配正义或承认正义的关系正义同样是不可想象的。从这种意义上说，教育正义的实现，需要立足教育本身的特殊性和多样性，以学生及其面临的教育关系为中心，审慎地运用上述三种正义的原则进行思考和实践，从而走向一种多元而综合的正义之路。

第九章　教育中的民主

在当代社会中，民主（democracy）不仅仅是一种政体形式，而且意味着在特定群体中各成员平等地进行集体决策的程序或方法。科恩（Cohen，J.）就说："民主是一种社会管理体制，在该体制中社会成员大体上能直接或间接地参与或可以影响全体成员的决策。"[1] 尽管在现实中很多国家或社会都竞相以"民主"为名，但其中"民主"的所指却是不尽相同甚至完全不同的东西。反过来，这种情形似乎也折射出民主是个"好东西"[2]，已然构成了现代国家或社会的重要目标和基本价值（譬如，我国明确将民主作为国家层面的核心价值观）。在任何一个民主社会中，无论是作为社会生活的准备，还是作为社会生活本身，学校教育都被寄予了民主的期望和要求：一方面我们希望学校应该致力于造就民主社会的公民，另一方面我们也要求学校的组织架构和管理机制更加民主化，同时也希望校长、教师、学生、家长等主体之间的关系趋向平等化（而不是支配性的）。然而，民主及其在教育中的适应性是否真的就是当然的呢？毕竟学校生活不同于一般的社会或政治生活，它内含自身的教育目的和逻辑。为了讨论的便利，这里主要聚焦在学生在学校的群体或集体生活层面——特别是班级生活，探讨民主在学校教育中面临的某些限制，以及超越这些限制的备择路径，最终返回中国语境重新思考中国班级的特性

---

[1]　科恩著，聂崇信、朱秀贤译：《论民主》，商务印书馆 1988 年版，第 10 页。

[2]　俞可平：《民主是个好东西》，社会科学文献出版社 2006 年版。但是，也有对这种民主的规范分析提出了质疑。见王绍光：《民主四论》，生活·读书·新知三联书店 2014 年版。

及其民主意义。

一、雷梦佳事件：何为民主？

为了说明学校教育中民主问题的复杂性，我们先回到 2010 年发生的一起真实事件——"雷梦佳事件"。雷梦佳是洛阳市某中学的初一学生（15 岁）。她在学校很不受欢迎，高年级男生认为她"打起架来比男生都厉害"，以前的校长甚至称她为"惹事妖精"。邻班一位女生不想上学，原因是雷梦佳总欺负她。听到这个消息，雷梦佳就跑过去打了这个女生。第二天，对方家长找到学校。为此，班主任周老师决定组织全体同学投票决定雷梦佳的去留。在投票之前，周老师让雷梦佳先回避。他先历数了雷梦佳以前犯过的错，包括晚上和男生一起喝酒，在宿舍里打同寝室的同学。他希望全班同学"根据以前的行为"进行选择：是留下来给她一次改正错误的机会，还是让家长将其带回教育一周。结果 26 个同学选择让她回家接受教育一周，12 个同学选择再给她一次机会。听说投票结果后，雷梦佳偷偷跑出学校，最后投河自尽了。这个事件在媒体上引起了广泛的关注，也确有很多层面值得反省。

从直觉上来说，我们倾向于认为，周老师即便不负有全部责任，至少也需承担部分的责任。尽管我们不能在周老师的做法与雷梦佳的自尽之间进行直接的责任推断，但是我们仍然相信，周老师的做法至少构成了雷梦佳自尽的一个诱因。显然，这里的责任推断涉及司法层面的技术问题，不应妄断，也不是这里讨论的重点。我们可以设想一下，假如雷梦佳没有死，而且回家接受教育一周后发生了积极的变化，或者说从此不再与同学打架、变成了一个各方面表现都很优异的学生，我们又该如何评判周老师的做法呢？在这种情况下，我们可能不仅不会对周老师的做法提出质疑，而且可能因为这个"问题学生"的转变而对他的做法大加赞赏甚或积极宣传。这不仅符合我们日常生活中的经验，而且也符合道德哲学领域中结果论的思维方式——从行为的结果层面来对行为的对错进行判断。但是，我们很快发现，即便周老师的做法带来了雷梦佳的积极转变，这也不意味着周老师的行为本身在道德上就是正确的。事实上，周老师的做法构成了对雷梦佳的教育权利的侵犯。根据《教育法》的规定，每个学生都享有接受正常的教育教学的权利。让雷梦佳回家一周，即是人为地剥夺了她的这一基本权利。然而，这里涉及的还不仅仅是雷梦佳应有的权利问题，因为权利还可以诉诸拥有者及其监护人的同意而让渡或放弃，但雷梦佳及其监护人并无让渡或放弃这项权利的自由，因为在义务教育阶段接受正常的教育教学既是一种权利更是一项义务。

姑且不论这里的权利和义务问题，再退一步来说，周老师的做法果真是"民主"的吗？要回答这个问题，就必须考虑一个民主的程序究竟需要什么要件。首先，民主作为一种公共决策程序，通常适用于公共的事务。我们不能通过民主或多数原则来确定何为真理，不能诉诸公众的投票来决定火箭的技术问题，甚至我们也很难由此确定某个群体或个体是否拥有某项权利的问题（比如美国黑人的公民权利或同性恋的权利）。严格来说，雷梦佳的受教育权并不属于民主决策的范围，否则我们随时可能利用多数人的偏好或选择否决一个人的基本权利，从而出现"多数人的暴政"。在班级生活中，只有集体决策涉及所有学生的公共事务时才可以诉诸民主的程序，比如班干部可以通过全体班级成员选举产生，集体活动方案可以通过集体投票决定。由此可以说，周老师是将民主的程序用在了错误的地方。

其次，民主的程序要求每个人的平等参与，要求"一人一票"，但这一票的有效性在很大程度上依赖于参与投票的人是否都对所要投票的事有基本的了解或认知。之所以很多的学术或技术问题并不能诉诸公众的投票，根本原因在于很多公众对学术或技术问题缺乏有效决策所需要的基本信息或知识。倘若一群人对自己并不了解的事情进行投票，我们很难说这种民主的程序在道德上是可接受的。雷梦佳的同学作为未成年人，未必清楚投票让雷梦佳回家一周究竟意味着什么，而且也未必具有进行公共决策所需要的基本能力——因为无论是在法律上还是在道德上，我们并不要求他们对自己的决策和行动负有完全的责任。

再次，民主要求每个参与投票的人是自由或自主地进行选择的。严格来说，在来自内部或外部不可控因素的强制或威胁下做出的选择，并不具有民主的意义。周老师在投票之前历数雷梦佳以前的种种，尽管也可以理解为给学生提供决策所需的充分信息，但也在一定程度上给学生强烈的暗示，从而左右了学生的自由选择。

综上所述，可以看到，民主并非没有限制，它主要适用于特定群体中公共事务的决策，而且要求参与者具有基本的理知和自主——这一点对于作为未成年人的青少年儿童来说尤具挑战。从这些要件来看，我们很难说周老师的做法是真正"民主"的。

二、走向审议民主

从民主的要件出发质疑周老师做法的正当性，确有其合理性，但同时也可面临新的挑战：这些问题并非周老师个体层面，而是所有民主程序固有的"缺陷"。在公共事务的处理上，我们究竟应该对所要决策的事情了解到何种程度，才能确保我们的投票是有实质性意义的？而且，即便我们对这些事情有充分的了解，我们就会搁置我们的偏好、成见或私利，一味关注公共或共同的利益而做出理性的选择吗？这些不只是针对未成年人在班级层面的集体决策，而且涉及社会生活各层面的公共决策的正当性基础。在现实中，我们可能发现，除了公共的要求之外，每个参与者的理知和自主作为民主的基础显得都不是那么的稳固。在一个民主社会中，我们确实期望每个公民都具备参与公共生活所必需的读、写、算的基本能力，但是我们也不因此就否定那些缺乏相应能力但心智健全的成年公民具有参与民主的权利，同样也不因为他们基于自己的偏见、成见或私利而投的一票就是毫无意义的。事实上，个体的公共决策都在一定程度上建立在个体偏好的基础上。至于自主的要件，就更为复杂了。我们很容易确定由遗传、药物或某些外部威胁决定的选择并非真正的自主，但是我们很难确定某些家庭或社会环境对个体自主选择的潜在影响或限制达到何种程度。如此一来，民主在青少年儿童层面面临的限制，同样也未能在成人社会中得到合理的解决。

既然我们确实很难保证每个人对公共事务都有充分的了解且会做出理性

的选择，我们也很难保证每个人在进行选择时不会受到某些潜在的、不自知的某些因素的影响，那么民主的问题就变成了我们如何尽可能克服这种限制，而使我们的决策程序具有更为实质的意义。一些民主理论家提出了审议（deliberation，或译协商）的概念。科恩认为，民主制度的核心是通过审议而不仅仅是通过个体偏好的表达来进行集体决策。① 根据菲什金（Fishkin, J. S.）的观点，审议民主意味着"在理论上和实践上为协调审议价值（value of deliberation）和其他核心的民主原则如政治平等（political equality）和避免'多数人的暴政'而做出的努力"，其中审议意味着"通过面对面的讨论，参与者开诚布公地提出并回应对立的观点，以便就公共难题的解决方案达到深思熟虑的判断"。②

在这里，审议同样意味着一种程序。根据库恩的观点，一个理想的审议程序具有几个方面的特征：首先，这个程序是自由的，所有参与者只接受他们审议的前提条件和结果的制约，而且预想着他们可以按照审议结果来行动；其次，这个程序是理性的，参与者在提出建议，或支持、反对某些建议时都要陈述或提供理由；再次，这个程序是平等的，所有参与者无论在形式上还是在实质上都是平等的；最后，这个程序旨在达成基于理性基础之上的共识——"所有参与者作为平等的公民都承诺对各种替代性方案进行自由而理性的评估，并按照评估的结果行动，理想的审议就是要寻找对他们来说具有说服力的理由"。③ 这种审议一方面就像哈贝马斯或罗尔斯等人所主张的那样，通过对话达成共识，形成理性同意，而非简单的妥协或屈从，另一方面让参

① 库恩：《审议与民主的合法性》，载谈火生编：《审议民主》，江苏人民出版社 2007 年版，第 182—183 页。

② 西蒙主编，陈贵喜译：《社会政治哲学》，中国人民大学出版社 2009 年版，第 245、247 页。译文略有修改。

③ 库恩：《审议与民主的合法性》，载谈火生编：《审议民主》，江苏人民出版社 2007 年版，第 177—178 页。

与的过程本身就具有教育或改造的意义。①

　　尽管人们对这种民主在现代社会中的广泛运用仍然存在争议，但是很多人认为它至少适合某些小规模的社会群体。在学校生活中，班级是最适合这种审议民主的所在，它的成员相对固定且人数不多，而且拥有相对稳定的边界、公共的目的和群体的认同。按照审议的原则，假如周老师在投票之前让学生围绕雷梦佳的问题行为进行充分的讨论，对各自可能的选择进行相互的辩论或辩护，那么学生就有可能在这种讨论、辩论或辩护中接触到除了自身观点和立场以外的其他观点和立场，认识到自身观点和立场的优势和不足，进而修正自己的观点和立场，甚至达成某些共识。在这一过程中，也许学生甚至教师就可能发现让雷梦佳回家一周究竟意味着什么，辨清其中的是非或利弊，以至达成某种共识。值得注意的是，这里仅仅表明审议是可以在一定程度上弥补简单民主程序的缺陷，而不意味着用审议可以矫正周老师将民主用在决定雷梦佳权利问题上的错误。

　　假如民主用在学生的公共事务上，那么这里的审议对于个体而言，就可能具有重要的教育意义。学校或教育的存在恰恰是因为受教育者是处在发展之中的，是未完成的或未成熟的。在班级生活中实行民主的方式，并非仅仅为了管理或自主管理的考虑，而且更为重要的是在青少年儿童身上发展民主参与所必需的知识、技能和态度。因此，与成人社会不同，班级生活中的民主不是以青少年儿童具备某些民主知识和能力为前提或基础的，相反是让他们在参与这一过程中逐渐习得民主的知识和能力。相对于简单的投票或多数原则，学生在参与审议的过程中更有可能形成对公共目的或利益的认知，学会公共辩论或讨论的方法，实现对班级乃至更大社会共同体的认同和归属。

---

　　①　Elster，J.，The Market and the Forum：Three Varieties of Political Theory. In R. E. Goodin et al. （Eds.），*Contemporary Political Philosophy：An Anthology*. Black-well Publishers，1996.

三、教师权威的在场

增加审议的环节，可以弥补简单民主的不足，可以扩展学生的民主能力。但是我们仍然没有解决的问题在于：我们是否可能或者究竟在多大程度上可以在班级中将民主完全托付给我们的孩子？换句话说，教师究竟应该在学生的民主或自我管理中发挥怎样的作用？许多对儿童持积极看法的人相信儿童在学校生活中具有自主管理或自我引导的能力，特别是欧陆"新教育"和"进步教育"的倡导者和追随者。

然而，美国政治哲学家阿伦特对此提出了严厉的批评。在《教育的危机》中，阿伦特对当时美国进步教育对儿童世界的假定提出了质疑。其中，第一个就是"假定存在着一个儿童的世界，一个儿童组成的社会，它本身是自主的，必须尽可能地把它留给儿童自己去管理，成年人只能在旁边帮助他们"。[①] 由此，儿童群体本身就构成了决定儿童做什么和不做什么的权威。阿伦特认为，这种假定会带来两个后果：

第一，儿童与成人之间的真实、正常的关系被破坏了。严格来说，教育意味着要将儿童——这个世界的新来者——带入这种既定的世界，而这个既定的世界是以成人的世界为代表的。在这种看似自由或民主的学校或班级生活中，实际上割裂了儿童生活与成人生活之间的关联性，而且拒绝了成人对于这个世界的责任和对于儿童的权威。

第二，在群体的压力下，儿童个体的情形可能变得更加糟糕。"因为一个群体的权威总是比最严厉的个人的权威都来得强大和专横，哪怕是个孩子群体。从孩子个人的角度看，他反抗大人或特立独行的能力实际为零；他发觉自己无法跟一个绝对比他强大的人势均力敌地抗衡，除非依靠跟他一样的其他孩子的联盟，要不然他就仿佛是站在少数的位置上，与一个绝对的多数抗

---

① 阿伦特著，王寅丽、张立立译：《过去与未来之间》，译林出版社 2011 年版，第 169 页。

衡。假如没有外在强制手段的支持，成人都很少能忍受这种情形；孩子更是彻彻底底地对此无能为力。"① 由此，从成人的权威中解放出来的儿童并没有真正获得自由，反而屈服于更加可怕和专横的多数的权威。"孩子被驱逐出成人的世界，他们要么被抛回到自身，要么落入自己所属群体的暴政手中，后者在数量上的优势是他们无法反抗的，因为他们是孩子，他们不能理论一番；他们也不能逃离到其他世界，因为成人的世界对他们是关闭的。孩子们对此压力的反抗要么趋向顺从主义，要么引发青少年犯罪，多数情况下则是这两者的混合。"②

乍看起来，"新教育"或"进步教育"中儿童可以摆脱成人世界的控制，拥有更多自由或自主的权利，也出现了类似成人世界那样的民主的公共生活。阿伦特认为，"在那里，在儿童的同龄伙伴中间出现了一种公共生活，虽然不是真正的公共生活而只是某种伪装，但它对儿童的杀伤力却是同样的，从而儿童，即未定型的处在变化过程中的人，也被迫把自己暴露在公共存在的光天化日之下"。③ 在她看来，学校是一个介于作为私人领域的家庭和作为公共领域的"世界"之间的机构，其目的在于顺利地让孩子完成从家庭到"世界"的过渡。"上学不是家庭要求的，而是国家要求的，也就是公共世界要求的。这样，对孩子来说，学校在一定意义上代表着世界，尽管它还不是真正的世界。在这个教育阶段，成年人再次对孩子承担起了一种责任，不过这时不是对一个生命体生长发育的责任，而是我们通常所谓的对个性和天赋自由发展的责任。所谓个性和天赋，从一般的和根本的角度来说，就是把每个人和其他人区别开来的独特性（uniqueness），这些特质使他不再只是来到世界上的

---

① 阿伦特著，王寅丽、张立立译：《过去与未来之间》，译林出版社 2011 年版，第 170 页。

② 阿伦特著，王寅丽、张立立译：《过去与未来之间》，译林出版社 2011 年版，第 170 页。

③ 阿伦特著，王寅丽、张立立译：《过去与未来之间》，译林出版社 2011 年版，第 174 页。

一个陌生人，而是成为世界上从未有过的那么一个人。"① 按照阿伦特的观点，现代意义上的学校基本上是一个私人领域和公共领域相互混杂的社会领域——"在那里，私人的变成了公共的，公共的反过来变成了私人的"。② 在这个混杂的领域，阿伦特认为儿童不同于成人，而不能完全让他们被抛弃在公共生活中，他们仍然需要私人领域的保护，需要成人的关心帮助、指导和引领。儿童和成人之间确实存在分界线，但我们不能用这条线把儿童世界和成人世界隔开，而应该看到儿童和成人生活在同一个世界的事实。③

事实上，阿伦特的反应并非仅仅是理论上的，也并非心理上的，而是实践的或社会政治意义上的。由此可以解释在现实中一些儿童"亚文化群体"及其对儿童个体的压力，以及由此产生的严重后果。其根源在于儿童的世界既没有成人世界的基本规范，而又失却了成人的监督和控制。英国小说家戈尔丁在《蝇王》中直接对这种对儿童（或人性）的浪漫情绪给予了回应。在未来的一场战争中，一群 6 到 12 岁的英国男孩在疏散的过程中因飞机失事被困在一座世外桃源般的海岛，从最初彼此和睦到最终互相残杀，尽显人性中恶的一面。④ 之所以以儿童为主角，实际上与戈尔丁的教书生涯有关。在与青少年学生的接触中，他发现，如果不是教师的教育或干预，如果没有制度的约束，许多孩子就会打架斗殴，做出野蛮的举动。在这些未成年的孩子身上，人性中的恶会自然地流露出来。⑤ 这本社会政治寓言小说的叙事并非只是文学的想象，当下我们在媒体或生活中不时看到或听到的发生在儿童之间的极端事件，即是明证；其中一些孩子的行为确实超出成人社会可以容忍的限度。同样，我国纪录片《请投我一票》描述了三年级学生选举班长的历程。从民

---

① 阿伦特著，王寅丽、张立立译：《过去与未来之间》，译林出版社 2011 年版，第176 页。

② 阿伦特著，王寅丽、张立立译：《过去与未来之间》，译林出版社 2011 年版，第175 页。

③ 阿伦特著，王寅丽、张立立译：《过去与未来之间》，译林出版社 2011 年版，第181 页。

④ 戈尔丁著，龚志成译：《蝇王》，上海译文出版社 1985 年版。

⑤ 杨静：《戈尔丁〈蝇王〉中人物的象征意义》，载《前沿》，2012 年第 8 期。

主程序上来说，与公开的政治竞选相似，包括竞选演说、才艺表演、公开辩论、集体投票等，但是结果却是出人意料的，现任班长罗雷最初因暴力管理而不受支持，却因为带同学轻轨游览、中秋送贺卡，击败成成而再次当选。尽管其中存在贿选、诋毁等与民主精神相悖的方面，但是其所展现的班级民主的尝试却是严肃的。然而，这个纪录片一方面直接激发了我们对民主的重新思考，另一方面也驱使我们认真地考量班级生活中纯然的学生民主所面临的风险和限制——罗雷的当选本身就意味着对学生自治或民主的某种反讽。如果教师没有在这一过程中进行有效的干预和指导，结果可能走向民主的对立面。

然而，无论是雷梦佳的案例还是这部纪录片，似乎都不缺少成人的干预或介入——周老师在投票前的"引导"、三位竞选者的家长构成了各自竞选的"智囊团"。这种干预或介入并未真正引发民主的过程，相反让我们重新思考在班级生活中民主究竟需要教师或其他成人怎样的干预或介入。要回答这个问题，就需要回到教育本身，厘清它的性质和边界。尽管我们可以从社会或组织的层面对学校和班级进行界定，但是它的首要性质或功能都应是教育的。阿伦特将这一性质定位在诞生性上，认为每个教育者都对儿童——这个世界的"新来者"——负有基本的责任，即将这些"新来者"带入这个旧世界的同时创造一个新世界。教师对儿童的权威是由这一责任决定的，而不仅仅因为他作为成人这个事实。为了保护每一个孩子的全新性和革命性，教育就必须是保守的，它要求教育者对过去有一种异乎寻常的尊重，并把旧的东西和新的东西联结起来。① 但是，这里的保守并不意味着固守传统或重返"美好的过去"。阿伦特认为，从保存的意义上说，保守主义是教育的根本特征，它的任务总是珍视和保护某些东西：保护孩子免受世界的伤害，保护世界以防新来者的侵犯，抵御旧的来保护新的，抵御新的来保护旧的。这意味着教师应该帮助新来者更好地介入世界，进而创造一个更人性化的社会。她认为，这

---

① 阿伦特著，王寅丽、张立立译：《过去与未来之间》，译林出版社 2011 年版，第 178—180 页；Gordon, M., *Hannah Arendt and Education：Renewing Our Common World*. Westview Press，2001，p.19.

种教育关系是建立在成人权威和保护世界与儿童的愿望之上，正是权威关系及其相应的保守态度为重建和革新世界提供了空间。

四、民主即教育

对于民主作为一种程序及其在教育中所面临的限制，可以通过促进每个学生参与审议和强化教师的权威和责任，而获得某种程度的补救和完善。但从根本上说，这种意义上的民主仍然可能只是一种合理或正当的决策程序——尽管它也可以具有教育意义。是否存在一种民主的观念使民主本身就变成是一项教育的事业呢？如果存在，那么每个学生在班级生活中拥有这种民主的同时也获得了个体的发展或成长。从这种意义上说，这种教育性质既是对政治或社会生活中民主概念提出的一种限制，同时也对民主提出了一种要求。

值得注意的是，民主有很多形式，但并非所有的民主形式在道德上都是可以接受的。一些富有精英意识的人对普遍民主并非都是支持的。比如柏拉图，他并不认为民主意味着一种好的生活，而是认为一个正义的社会应该由少数精英群体——即哲人——来管理。霍布斯（Hobbs，T.）、熊彼特（Schumpeter，J. A.）都有类似的看法。[①] 这意味着，民主本身并非就是值得欲求的，因此对其提出教育上的要求不仅不必要也无可能。但是，这种观点遭到了杜威的批评。他不仅认为民主在政治或道德上是可欲的，而且为这种民主寻找了新的基础和意涵，即民主不仅仅是一种政府形式，而且是一种联合的生活方式。相比较其他人类联合的方式，在由这种联合方式所构成的共同体中，群体成员不仅有数量更大和种类更多的共同利益，而且基于对这种共同利益的认识和关切来调整和指导自己的特殊行动；同时，群体之间的相互影响也更为自由和充分，也更能促进社会习惯的不断调整。他说："倘有一

---

① Christiano，T.，Democracy. In E. N. Zalta（Ed.），*The Stanford Encyclopedia of Philosophy*（Spring 2015 Edition）. http://plato. stanford. edu/archives/spr2015/entries/democracy/.

个社会，它的全体成员都能以同等条件，共同享受社会的利益，并通过各种形式的联合生活的相互影响，使社会各种制度得到灵活机动的重新调整，在这个范围内，这个社会就是民主主义的社会。"①

在这里，杜威推崇的民主不完全是一个"政治概念"、国家形式或政治程序，它首先是一个"社会概念"，"是一种联合的生活方式，是一种共同交流经验的方式"。他认为，"民主不是其他联合生活原则的替代，它就是共同体生活的观念本身"，而"对于共同生活的明确意识，在其全部意义上就构成了民主的观念"。② 这种社会意义上的民主概念在本质上意味着个体与群体的一致性："从个体的角度来看，民主就在于根据能力负责地分担形成和引导他所在群体的活动，同时根据需要参与群体所要维持的价值观；从群体的角度来看，民主要求该群体每个成员的潜能解放与共同的利益和善和谐一致。"③ 在杜威看来，只有在民主的共同体中，个体才有可能在更为丰富而多样的共同利益和更为广泛而持续的共同参与中实现自身各种能力的解放，获得自身经验的不断改组和改造。

在《民主主义与教育》中，杜威明确指出，与其他共同体相比，民主共同体也更为关注审慎而系统的教育，因为这种共同体更为关注的是其成员的"自愿的倾向和兴趣"而不是诉诸外部的权威原则，依赖的是他们将民主作为个人的生活方式而不只是一种政治的安排，而这种倾向、兴趣以及个人生活方式本身都需要依赖教育的力量。在这一点上，杜威走得更远，他甚至将教育看作是评估各种社会生活形式的重要标准或尺度。他说："人类联合的每一种方式，它的长远意义在于它对改进经验的品质所做出的贡献。"④ 在杜威看来，一切社会制度的安排，包括政府、实业、艺术、宗教等，都有一个目的，那就是"不问种族、性别、阶级或经济地位，解放和发展各个人的能力。这就和说它们的价值的检验标准就是它们教育各个人使他的可能性充分发展的

---

① 杜威著，王承绪译：《民主主义与教育》，人民教育出版社 2001 年版，第 109 页。
② Dewey, J., *The Public and Its Problems*. Alan Swallow, 1927, p. 148, 149.
③ Dewey, J., *The Public and Its Problems*. Alan Swallow, 1927, p. 147.
④ 杜威著，王承绪译：《民主主义与教育》，人民教育出版社 2001 年版，第 14 页。

程度，是完全一致的。民主主义有许多意义，但是，如果它有一个道德意义，那末这个意义在于决意做到：一切政治制度和工业安排的最高的检验标准，应该是它们对社会每个成员的全面发展所作出的贡献"。① 就此而言，一个杜威意义上的民主共同体必定是"道德的"，也必然是"教育性的"；或者更进一步说，民主的即教育的。如果回到班级层面，那么依据杜威的这一立场，当学生之间（以及学生与教师之间）建立起这种联合生活的方式，所有人都致力于共同的目的，通过平等的沟通，了解和关心这个目的，并以这个目的指导和调节自己的行动时，学校或班级生活就是"民主的"和"教育的"。

但是，我们可能对杜威的这一立场提出挑战：毕竟学校及其班级不可避免地是处在特定的社会结构中，如果这一结构尚且没有趋向于民主这种联合方式，那么学校及其班级如何可能成为民主的？实际上，杜威也注意到这个问题。在 1939 年一个题为"创造性的民主"的演讲中，杜威重申民主作为一种生活方式的理想，并强调"只有当我们在思想和行动中理解到民主是个人生活的一种私人方式时，我们才能摆脱这种表面的思维方式；民主意味着对某些态度的拥有和持续使用，这些态度在各种生活中形成个人的性格，并决定了个人的愿望和目的"。② 而这种私人或个人化的生活方式的形成，杜威一方面诉诸他对人性的信念，即"相信普通人的理智能够根据常识对那些通过有效地保障自由研究、自由机会和自由交往而获得的事实和观念的自由发挥做出反应"，另一方面相信通过教育的手段"使人的经验能够产生一些用以使未来的经验有序地增长的目标和方法"。③ 实际上，杜威是将民主的概念看作是重构社会生活的工具和方法，而不是某种既定的不变的价值或理想。这种作为生活方式的民主是一项"永无止境"的事业。改变学校及其他社会机构

---

① 赵祥麟、王承绪选编：《杜威教育论著选》，华东师范大学出版社 1981 年版，第 250 页。

② 杜威：《创造性的民主》，载涂纪亮选编：《杜威文集》，社会科学文献出版社 2006 年版，第 415 页。

③ 杜威：《创造性的民主》，载涂纪亮选编：《杜威文集》，社会科学文献出版社 2006 年版，第 418 页。

的非民主状态，唯一的办法就是让它们变得更加民主。

五、教育民主的中国语境

尽管我们讨论的起点是一个发生在中国语境中的真实案例，但是我们对这起案例的讨论并没有局限在中国语境，而是试图立足学校或班级生活中儿童的特性和教育的目的，反省一般的民主观念或理论在教育领域应用的限制及其超越路径。若是从"中国语境"出发，我们就会发现，当前中国学校中的班级具有多重而复杂的特征，这些特征同样会塑造我们对民主的认知和选择。

首先，无论是从描述的意义上还是在规范的意义上，中国的班级都是一个"集体"（如我们常常使用"班集体"这个词讨论班级生活的问题），而不单纯是由个体组成的"社会"，也不是杜威意义上的"共同体"。这种"集体"并不否认学生个体的权利和多样性，但尤为强调组织层面的"集体目的"。就此而言，简单的民主观点在这里的运用更有可能造成对少数个体权利或利益的漠视，而且对个体的选择造成更为严重的压力——这就让民主变成了实现"集体目的"的手段。

其次，在这个"集体"中存在着正式的或非正式的权力结构，既包括班主任对全体学生的管理，也包括班干部（以及大队干部）对其他同学的影响。尽管我们可能认为班主任与学生之间、班干部与其他同学之间在道德上是平等的，但实际上这是一种非对等的关系。因此，很多人对班级生活中民主的理解常常停留在"上"对"下"的权利赋予甚或施与上，即班主任或班干部赋予学生参与班级管理的机会。然而，就像在杜威那里一样，民主似乎意味着更多。

正是这种集体特征和权力结构，使中国的班级在很大程度上只是工具性的。初看起来，我们的班级更像是"学生的"，而不是"教师的"（尤其是与美国学校的情形相比）。但从实质看来，这种师生稳定和场所固定的班级设置有利于学校或教师的管理，有利于让学生形成对班集体的认同。因此，在很多时候，班级生活是服务于"集体目的"的，它本身并不具实体的意义。

在当前我国学校的结构中，要走出这种工具性的民主观，就需要在班级生活中将民主的教育意义和教育的民主目的结合起来。

首先，学校及其班级生活应该在个体与集体之间寻求平衡，凸显自身的教育性质和公共目的。特别是在基础教育阶段，学校及其班级生活应该是面向所有学生的，使他们都在相互的分享和共同的参与中实现自我的成长，更为重要的是习得作为未来社会合格公民所必需的知识、技能和态度。这将有助于班级生活从集体（collective）目的向共同（common）或公共（public）目的转变。这种转变意味着班级作为一个组织的存在，并没有简单地预设一个先在的集体目的，而是让学生在分享、沟通或参与过程中逐步建构和达成共识的——这并非否认集体目的的必要性，而是强调促进学生对集体目的认知和认同的方式可以更具公共性。

其次，采取这种公共的目的和方式，从根本上说是基于今天学校及其班级中儿童背景和经验的多样性。在一个流动频繁、文化多元的社会中，学校面对的不再是像传统乡土社会中那样较为单一的学生群体，而是来自不同社会群体的学生，而这些学生本身在进入学校时就是带着不同的背景，具有不同的利益诉求。如果学校仅仅只是让这些学生进入学校空间，而没有任何机制促进这些来自不同群体的学生进行沟通，那么社会中存在的种种冲突或矛盾同样会真实地出现在学校生活中。因此，学校必须"平衡社会环境中的各种成分，保证使每个人有机会避免他所在社会群体的限制，并和更广阔的环境建立充满生气的联系"。[①] 作为一个公共的教育所在，学校需要平衡和协调这些不同的社会文化群体及其利益。唯其如此，这些具有不同背景和经验的儿童才可能通过学校及其班级生活建立有关公共利益的观念和参与公共生活的能力。

再次，这种公共的目的和方式有赖于这些具有不同背景和经验的学生的共同参与和建构。希金斯（Higgins，C.）和阿伯维茨（Abowitz，K. K.）主

---

① 杜威著，王承绪译：《民主主义与教育》，人民教育出版社 2001 年版，第 27 页。

张学校不只是一个实现共同体既定的公共利益的工具或手段，而且它本身肩负着为儿童提供公共生活、为社会建构公共生活的责任。他们认为，"如果我们认为公共是一个共同的世界，那么公共就不是教师给予或导入学生的某种东西。相反，课程是为了寻求缄默的事实和嘈杂的意见背后那些共同关心的问题。教学就是试图召唤公众听取这些共同关心的问题，试图促进他们判断的能力"。因此，他们认为，"当且仅当学校促成了共同的世界，它们才是公共的。无论公立学校未来采取何种形式和具有何种内容，它们都是独特的空间，在这里，教育的可能性和关系都给予我们创造这种共同世界的机会"。①在这里，引入审议或参与的原则和方法也许是极为重要的，因为它在很大程度上有助于促进这些背景和经验多样的儿童从个体层面转向公共层面，从而习得作为参与和建构民主社会的公民品格。

---

① Higgins, C. and Abowitz, K., What Makes a Public School Public? A Framework for Evaluating the Civic Substance of Schooling. *Educational Theory*，61（4），2011.

结　语

对于教育中伦理现象或问题的探究，我们主要采取的是最具伦理学特征的规范性方法，试图建构一种规范意义上的教育伦理学，或者更直接地说是"教育的道德哲学"，而不是描述意义上的教育伦理学。为此，我们初步确立了教育伦理学的内在立场和思维方式，从整体上考察了教育所内含的道德性质、道德目的和道德要求，同时对教育领域中涉及的自由、平等、正义、民主等重要伦理议题进行了具体的讨论。在这些探讨中，我们一方面力图阐明一些主要的伦理理论或学说及其分歧对教育领域产生的实质性影响，另一方面又注意呈现教育领域的独特性和复杂性对这些伦理理论或学说提出的限制或做出的修正，由此展现出"教育"这个对象域与"伦理学"这个知识体之间的双向互动和相互滋养。

正是基于这个定位，我们并没有像其他一些"教育伦理学"论著那样集中讨论教师专业伦理（或"教师职业道德""师德"）的具体规范和实践问题，而只是探讨了教育作为专业所内含的道德维度。但是，这并不意味着我们就没有观照教师专业伦理的具体规范和实践问题；相反，它们直接或间接地整合在有关教育的道德要求（或程序原则）以及四个伦理议题的讨论中。在教育这个复杂的领域，教师不是唯一的道德主体，却是最为主要的专业力量。毫无疑问，教师专业伦理规范是重要的，它们为教师处理和调节教育中的各种伦理关系提供了基本的规约和指引。但是，这些规范不是独断的，我们同样需要寻求和确证它们自身的正当性基础。而且，面对复杂的专业实践情境，教师需要的也不仅仅是专业伦理规范，还必须具有道德上的敏感性和判断力。

所有这些，似乎都要求教师（及其他教育工作者）具有最低限度的伦理知识和伦理思维。事实上，我们对教育中伦理议题的探讨，就是为教师（及其他教育工作者）提供进行教育伦理思考或辩护的参酌。

不过，这里只是选择了自由、平等、正义和民主四个伦理议题。这并不是因为其他伦理议题在教育上是不重要的，而是因为这四个议题相对来说更为基本，其他伦理议题的讨论或多或少都需要回归或回应这四个议题。值得注意的是，这四个议题之间也并非完全并列的，仍然涉及理论或实践上的优先性问题。我们的选择是从自由开始，进而是平等，再是正义，最后是民主；这种安排确有从"个人"转向"他人"，再到"社群"或"共同体"的逻辑考虑，但这种考虑并不意味着我们最看重自由。从前面的论述中，可以看到，相比较其他议题，自由在教育领域面临的挑战是根本性的，因为任何教育形式都需要对儿童或受教育者的自由进行限制。在现实中，很多人倾向于教育更加平等、更加公正、更加民主，但对于让教育更加自由，却是谨慎甚或警惕的。相对于自由和平等来说，正义是自足的，而民主作为一种社会或教育组织的理想形式，内在地要求尊重每个人的自由和平等，且体现对正义的追求。当然，对于这些伦理议题，我们也完全可以有其他的选择和安排。

要探寻教育的道德基础，廓清教育的道德维度及相关的伦理议题，教育伦理学就不能不关注或诉诸哲学伦理学（或理论伦理学）在道德问题上进行的基础性思考。因此，在前面的讨论中，我们常常返回功利主义、康德的义务论、亚里士多德及麦金太尔的德性伦理学那里找寻伦理的根基，同时也在其他与伦理议题有关的社会政治哲学中获取思想的资源。在这些纷繁复杂的理论或学说中，我们并没有（也不可能）面面俱到，而是重点考察了那些已经与教育有直接关联或对教育有直接思考的更为基础性的伦理理论或学说。如此一来，这里就不是从"我"认同或接受的某种或某些伦理理论或学说出发进行"我"的推演或演绎，而是试图回到这些伦理理论或学说及其阐发的教育观本身进行综合和评析。即便如此，这些伦理理论或学说还是极其丰富的，在它们之间进行选择仍是不可避免的。特别是中国，有着与西方不同的本土伦理思想传统，其中也有诸多有关伦理教育和"师道"的深刻洞见和宏阔思想①，而且它们至今仍在直接或间接地影响了当代中国教育的观念和实践。如何从中国本土伦理思想出发，积极与西方伦理学传统进行"合作式对话"②，为"现代教育"的制度安排和主体行动提供规范的指引和理论的辩护？这确实是一个值得我们深入思考的问题。在这里，我们还不能对这一问题做出有说服力的回答，只能留待后续研究了。

幸而，这只是一个教育伦理学的"引论"。我们尝试提出了一些有待教育伦理学探究的问题，并对这些问题进行了初步的回答，但就像这些问题本身一样，我们给出的回答也是开放性的。倘若这里提出的问题和给出的回答，能够引起人们对教育中伦理问题的些许关切和批判性对话，那么这本"引论"就实现了它的目的。

---

① 参见萧承慎：《师道征故》，台湾师大书苑有限公司 2000 年版；贾馥茗著：《教育伦理学》，江苏教育出版社 2008 年版。

② 参见桑德尔：《从"比较式对话"到"合作式"对话——对陈来等教授的回应与评论》，载《华东师范大学学报》（哲学社会科学版），2016 年第 3 期。

主要参考书目

一、中文部分

阿伦特著，王寅丽、张立立译：《过去与未来之间》，译林出版社，2011。

阿玛蒂亚·森、威廉姆斯主编，梁捷等译：《超越功利主义》，复旦大学出版社，2011。

阿普尔著，黄忠敬译：《意识形态与课程》，华东师范大学出版社，2001。

艾德勒著，郝庆华译：《六种观念》，生活·读书·新知三联书店，1998。

艾丽斯·M. 杨著，彭斌、刘明译：《包容与民主》，江苏人民出版社，2013。

彼彻姆著，雷克勤等译：《哲学的伦理学》，中国社会科学出版社，1990。

彼得斯著，邬冬星译，李玢校：《道德发展与道德教育》，浙江教育出版社，2000。

边沁著，时殷弘译：《道德与立法原理导论》，商务印书馆，2006。

柏拉图著，郭斌和、张竹明译.：《理想国》，商务印书馆，1986。

柏拉图著，王晓朝译：《柏拉图全集》（第一卷），人民出版社，2002。

伯林著，胡传胜译：《自由论》（《自由四论》扩充版），江苏人民出版社，2003。

布尔克著，黄蔚愿译：《西方伦理学史》，华东师范大学出版社，2016。

布莱克本著，梁曼莉译：《我们时代的伦理学》，译林出版社，2013。

布列钦卡著，胡劲松译：《教育科学的基本概念：分析、批判和建议》，华东师范大学出版社，2001。

陈桂生、范国睿、丁静主编：《教育理论的性质与研究取向》，华东师范大学出版社，2006。

德沃金著，信春鹰、吴玉章译：《认真对待权利》，上海三联书店，2008。

德沃金著，冯克利译：《至上的美德——平等的理论与实践》，江苏人民出版社，2012。

邓正来、郝雨凡主编：《转型中国的社会正义问题》，广西师范大学出版社，2013。

蒂洛、克拉斯曼著，程立显、刘建等译，周辅成审阅：《伦理学与生活》（第 9 版），世界图书出版公司，2008。

杜威著，许崇清译：《哲学的改造》，商务印书馆，1989。

杜威著，王承绪译：《民主主义与教育》，人民教育出版社，2001。

杜威著，赵祥麟、任钟印、吴志宏译：《学校与社会·明日之学校》，人民教育出版社，2005。

杜威著，杨小微、罗德红等译：《杜威全集·早期著作（1882－1898）》（第五卷），华东师范大学出版社，2010。

樊浩、田海平等：《教育伦理》，南京大学出版社，2000。

范寿康：《教育哲学大纲》，福建教育出版社，2007。

冯建军：《教育公正：政治哲学的视角》，福建教育出版社，2008。

弗兰肯纳著，吴键译：《伦理学》，生活·读书·新知三联书店，1987。

弗雷泽、霍耐特著，周穗明译：《再分配，还是承认？——一个政治哲学对话》，上海人民出版社，2009。

古德莱德、索德、斯特罗尼克主编，汪菊译：《提升教师的教育境界：教学的道德尺度》，教育科学出版社，2012。

古特曼著，杨伟清译：《民主教育》，译林出版社，2010。

何怀宏：《伦理学是什么》，北京大学出版社，2002。

怀特著，李永宏等译：《再论教育目的》，教育科学出版社，1997。

黄济：《教育哲学通论》，山西教育出版社，2008。

黄向阳：《德育原理》，华东师范大学出版社，2000。

霍耐特著，胡继华译：《为承认而斗争》，上海人民出版社，2005。

贾馥茗：《教育伦理学》，江苏教育出版社，2008。

教育部师范教育司编：《教师专业化的理论与实践》，人民教育出版社，2001。

金里卡著，刘莘译：《当代政治哲学》，上海译文出版社，2011。

金生鈜主编：《教育：思想与对话》（第2辑），教育科学出版社，2007。

金生鈜：《教育与正义——教育正义的哲学想象》，福建教育出版社，2012。

卡尔著，黄藿、但昭伟总校译：《教育意义的重建——教育哲学暨理论导论》，学富文化事业有限公司，2007。

坎普贝尔著，王凯、杜芳芳译：《伦理型教师》，华东师范大学出版社，2011。

康德著，苗力田译：《道德形而上学原理》，上海世纪出版集团，2005。

康德著，赵鹏、何兆武译：《论教育学》，上海世纪出版集团，2005。

科恩著，聂崇信、朱秀贤译：《论民主》，商务印书馆，1988。

克里滕登著，秦惠民、张东辉、张卫国译：《国家、父母与教育权》，教育科学出版社，2009。

李春秋主编：《教育伦理学》，北京师范大学出版社，1993。

卢坡尔著，陈燕译：《伦理学导论》，中国人民大学出版社，2008。

陆有铨：《现代西方教育哲学》，北京大学出版社，2012。

罗尔斯著，何怀宏、何包钢、廖申白译：《正义论》（修订版），中国社会科学出版社，2009。

麦金太尔著，宋继杰译：《追寻美德》，译林出版社，2003。

麦克·F·D·扬主编，谢维和、朱旭东译：《知识与控制——教育社会学新探》，华东师范大学出版社，2002。

密尔著，许宝骙译：《论自由》，商务印书馆，2007。

米勒著，李里峰译：《政治哲学与幸福根基》，译林出版社，2008。

米勒、邓正来主编：《布莱克维尔政治思想百科全书》（新修订版），中国政法大学出版社，2011。

穆勒著，徐大建译：《功利主义》，上海人民出版社，2008。

诺奇克著，姚大志译：《无政府、国家和乌托邦》，中国社会科学出版社，2008。

帕尔默著，任钟印、诸惠芳译：《教育究竟是什么》，北京大学出版社，2008。

钱焕琦主编：《教育伦理学》，南京师范大学出版社，2009。

丘景尼：《教育伦理学》，世界书局，1932。

瞿葆奎主编，丁证霖、瞿葆奎选编：《教育学文集·教育目的》，人民教育出版社，1989。

瞿葆奎主编，瞿葆奎、沈剑平选编：《教育学文集·教育与教育学》，人民教育出版社，1993。

瞿葆奎主编，施良方、唐晓杰选编：《教育学文集·智育》，人民教育出版社，1993。

瞿葆奎主编：《元教育学研究》，浙江教育出版社，1999。

瞿葆奎编著：《教育学的探究》，人民教育出版社，2004。

石中英：《教育哲学》，北京师范大学出版社，2007。

萨托利著，冯克利、阎克文译：《民主新论》，东方出版社，1998。

施良方：《课程理论：课程的基础、原理与问题》，教育科学出版社，1996。

斯宾塞著，胡毅、王承绪译：《斯宾塞教育论著选》，人民教育出版社，2005。

斯普林格著，贾晨阳译：《脑中之轮：教育哲学导论》，北京大学出版社，2005。

斯特巴著，程炼等译：《实践中的道德》，北京大学出版社，2006。

斯特赖克、莫斯著，鞠玉翠主译：《伦理学与大学生生活的案例研究》（第三版），北京大学出版社，2012。

斯特赖克、索尔蒂斯著，洪成文、张娜、黄欣译：《教学伦理》（第四版），教育科学出版社，2007。

斯特赖克、伊根著，刘世清、李云星等译：《伦理学与教育政策》，北京大学出版社，2013。

斯威夫特著，萧韶译：《政治哲学导论》，江苏人民出版社，2006。

宋希仁：《西方伦理思想史》（第 2 版），中国人民大学出版社，2010。

孙彩平：《教育的伦理精神》，山西教育出版社，2004。

檀传宝：《教师伦理学专题——教育伦理范畴研究》，北京师范大学出版社，2010。

谈火生编：《审议民主》，江苏人民出版社，2007。

唐钺、朱经农、高觉敷主编：《教育大辞书》，商务印书馆，1930。

王本陆：《教育崇善论》，广东教育出版社，2001。

王承绪、赵祥麟选编：《西方现代教育论著选》，人民教育出版社，2001。

王正平、郑百伟：《教育伦理学：理论与实践》，上海教育出版社，1998。

沃尔泽著，褚松燕译：《正义诸领域：为平等与多元主义一辨》，译林出版社，2002。

吴俊升：《教育哲学大纲》，福建教育出版社，2011。

西蒙主编，陈喜贵译：《社会政治哲学》，中国人民大学出版社，2009。

萧承慎：《师道征故》，台湾师大书苑有限公司，2000。

谢富勒著，林逢祺译：《教育的语言》，桂冠图书股份有限公司，1994。

辛格著，顾肃译：《实践伦理学》，东方出版社，2005。

徐向东编：《自由意志与道德责任》，江苏人民出版社，2006。

徐向东编：《美德伦理与道德要求》，江苏人民出版社，2007。

亚里士多德著，吴寿彭译：《政治学》，商务印书馆，1965。

亚里士多德著，廖申白译：《尼各马可伦理学》，商务印书馆，2003。

杨昌勇：《新教育社会学：连续与断裂的学术历程》，中国社会科学出版社，2004。

应奇、刘训练主编:《第三种自由》,东方出版社,2006。

应奇、刘训练主编:《后伯林的自由》,江苏人民出版社,2007。

詹栋梁:《教育伦理学导论》,五南图书出版公司,1997。

张人杰主编:《国外教育社会学基本文选》(修订版),华东师范大学出版社,2009。

张人杰、王卫东主编:《20世纪教育学名家名著》,广东高等教育出版社,2002。

赵祥麟、王承绪选编:《杜威教育论著选》,华东师范大学出版社,1981。

周兴国:《教育与强制——教育自由的界限》,福建教育出版社,2012。

朱益明主编:《普通高中学生发展指导研究》,华东师范大学出版社,2012。

Wolfgang Brezinka 著,彭正梅、张坤译:《信仰、道德和教育:规范哲学的考察》,华东师范大学出版社,2008。

二、英文部分

Baily, R., *The Philosophy of Education*: *An Introduction*. Continuum, 2010.

Barrow, R., *Moral Philosophy for Education*. Routledge, 2014.

Brezinka, W., *Philosophy of Educational Knowledge*: *An Introduction to the Foundations of Science of Education*, *Philosophy of Education and Practical Pedagogics*. Trans. by J. S. Brice & R. Eshelman. Kluwer Academic Publishers, 1992.

Brezinka, W., *Belief*, *Morals*, *and Education*. Trans. by J. S. Brice. Avebury, 1994.

Bridghouse, H., *On Education*. Routledge, 2006.

Callan, E., *Creating Citizens*: *Political Education and Liberal Democracy*. Oxford University Press, 2004.

Campbell, E., *The Ethical Teacher*. Open University Press, 2003.

Carr, D., *Professionalism and Ethics in Teaching*. Routledge, 2000.

Carr, D. and Steutel, J. (Eds.), *Virtue Ethics and Moral Education*. Routledge, 2003.

Carr, D. and Harrison, T., *Educating Character Through Stories*. Imprint Academic, 2015.

Dewey, J., *The Public and Its Problems*. Alan Swallow, 1927.

Dewey, J., Moral Principles in Education. In *The Middle Works of John Dewey*, vol. 4. Southern Illinois University Press, 1977.

Dewey, J. , Educational Ethics: Syllabus of a Course of Six Lecture-Studies. In *The Early Works of John Dewey*, vol. 4. Southern Illinois University Press, 1977.

Dewey, J. , Moral Principles in Education. In *The Middle Works of John Dewey*, Vol. 5. Southern Illinois University Press, 1977.

Fenner, D. E. (Ed.), *Ethics in Education*. Carland, 1999.

Goodin, R. E. et al. (Eds.), *A Companion to Contemporary Political Philosophy*. Blackwell Publishers, 1996.

Goodlad, J. , Soder, R. , &-Sirotnik, K. A. (Eds.), *The Moral Dimensions of Teaching*. Jossey-Bass, 1990.

Hansen, D. F. , *Exploring the Moral Heart of Teaching: Toward a Teachers Creed*. Teachers College Press, 2001.

Hess, D. E. &McAvoy, P. , *The Political Classroom: Evidence and Ethics in Democratic Education*. Routledge, 2015.

Howe, K. *Understanding Equal Educational Opportunity: Social Justice, Democracy, and Schooling*. Teachers College Press, 1997.

Jackson, P. W. , Boostrom, R. E. and Hansen, D. T. , *The Moral Life of Schools*. Jossey-Bass, 1993, 1998.

Peters, R. S. , *Ethics and Education*. George Allen&Unvin Ltd. , 1966.

Peters, R. S. (Ed.), *The Philosophy of Education*. Oxford University Press, 1973.

Philips, D. (Ed.), *The Encyclopedia of Educational Philosophy and Theory*. Sage, 2013.

Rich, J. M. , *Professional Ethics in Education*. Charles C. Thomas, 1984.

Sockett, H. , *The Moral Base of Teacher Professionalism*. Teachers College Press, 1993.

Strike, K. A. &Soltis, J. F. , *The Ethics of Teaching*, 5th ed. Teachers College Press, 2009.

Strike, K. A. , Haller, E. J. &Soltis, J. F. , *The Ethics of School Administration*, 2nd ed. Teachers College Press, 2005.

Young, I. M. , *Justice and the Politics of Difference*. Princeton University Press, 1990.

Zubay, B. & Soltis, J. F. , *Creating the Ethical School: A Book of Case Studies*. Teachers College Press, 2004.

附录

1. "教育伦理学"的内容框架

丘景尼:《教育伦理学》(1932)	贾馥茗:《教育伦理学》(2004)
前编　理论问题	导言
第一章　教育伦理学的意义及其范围	第一章　道德伦理的是与非
第二章　教育伦理学的新体系问题	第二章　当前社会现象中令人担忧的表征
第三章　教育伦理学的根本原理	第三章　伦理道德的起源与意义
第四章　教育伦理学的效能及其限界	第四章　从人性看伦理道德
第五章　教育伦理学上的训练问题（一）	第五章　我国伦理道德教育的先例
第六章　教育伦理学上的训练问题（二）	第六章　伦理道德教育的实质
第七章　教育伦理学上的训练问题（三）	第七章　道德伦理教育的实施计划
后编　实际问题	第八章　道德伦理教育者的素养
第一章　近代伦理运动问题	第九章　伦理道德教育的确实做法
第二章　道德教育与感化教育	结语
第三章　道德教育与犯罪问题	
第四章　道德教育与性欲教育问题	
第五章　道德教育与禁酒问题	
第六章　道德教育与体育问题	
第七章　道德教育与文艺美术问题	

王正平主编：《教育伦理学》(1988)	施修华、严缘华主编：《教育伦理学》(1989)
第一章　绪论	第一章　教育伦理学概述
第二章　教育伦理思想历史发展概述	第二章　中国教育伦理思想简史
第三章　教师道德的社会本质	第三章　教师道德的特点
第四章　社会主义教师道德基本特征和职能	第四章　教师道德的作用
	第五章　教师道德的原则和规范
第五章　社会主义教师道德原则	第六章　教师道德的范畴
第六章　教师与学生关系中的道德	第七章　教师与本身职业关系的道德要求
第七章　教师与教学劳动关系中的道德	第八章　教师与学生关系中的道德要求
第八章　教师集体中的道德	第九章　教师与学生集体关系中的道德要求
第九章　教师与其他关系中的道德	第十章　教师与学生家长关系中的道德要求
第十章　教师道德范畴	第十一章　教师与教师关系中的道德要求
第十一章　教育行为选择和道德评价	第十二章　教师与校长关系中的道德要求
第十二章　教师道德个性的自我完善	第十三章　教师与社会关系中的道德要求
	第十四章　教师道德的评价
	第十五章　教师道德教育
	第十六章　教师道德修养

李春秋主编:《教育伦理学新编》(1993)	詹栋梁:《教育伦理学导论》(1997)
第一章 绪论	第一章 绪论
第二章 教育伦理思想的历史发展	第二章 教育中的伦理问题
第三章 教育的伦理道德价值	第三章 教育伦理学的概念
第四章 道德教育在教育中的地位与功能	第四章 教育伦理学的理论
第五章 教育伦理学的基本原则	第五章 教育伦理学理论的建构
第六章 教师道德要求的形成、特点和社会作用	第六章 教师的专业道德
第七章 教师道德要求的本质与构成	第七章 教师道德与教育规范
第八章 教师道德要求的基本内容	第八章 师生关系的建立
第九章 教师言表风纪的道德要求	第九章 师生关系的落实
第十章 教师道德要求的内化	第十章 结论:教育伦理学综观与应用
第十一章 教师个体道德品质	
第十二章 教师个体高尚人格的塑造	
第十三章 教师道德行为的选择	

钱焕琦主编：《教育伦理学》（2009）	檀传宝：《教师伦理学专题——教育伦理范畴研究》（2000）
第一章　概论	专题一　教师伦理学与师德范畴论
第二章　教育的伦理基础	专题二　教师幸福论
第三章　教育伦理的核心范畴	专题三　教师公正论
第四章　教育目的的德性	专题四　教师仁慈论
第五章　教育管理伦理	专题五　教师义务论
第六章　学校行政管理中的道德	专题六　教师良心论
第七章　教学的道德	专题七　教师人格论
第八章　教育中的人际伦理	
第九章　家庭教育伦理	
第十章　教育伦理评价	
第十一章　教育道德修养	

樊浩：《教育伦理》（2000）	黄向阳：《教育伦理学》（未刊稿）
绪论　教育与伦理	第一章　导论："教育伦理学"辨
一、教育的伦理内涵与伦理问题	第二章　教育与伦理的历史与逻辑联系
二、教育人伦关系	第三章　课程价值及其辩护
三、教育人伦原理	第四章　教育的程序原则
四、教育的人道理念	第五章　教师权威的伦理问题
五、教育德性体系	第六章　学校纪律的伦理问题
六、教育德性修养	第七章　学校惩罚的伦理问题
七、教育伦理训练	第八章　学校德育的伦理学思考
八、教育人生	第九章　教育评价的伦理问题
九、教育精神	第十章　教育专业及其道德建设
结语　教育伦理与现代道德教育的哲学	第十一章　教育研究的伦理问题
理念	第十二章　结论："教育伦理学"辩

2. 中小学教师职业道德规范

（2008 年修订）

一、爱国守法。热爱祖国，热爱人民，拥护中国共产党领导，拥护社会主义。全面贯彻国家教育方针，自觉遵守教育法律法规，依法履行教师职责权利。不得有违背党和国家方针政策的言行。

二、爱岗敬业。忠诚于人民教育事业，志存高远，勤恳敬业，甘为人梯，乐于奉献。对工作高度负责，认真备课上课，认真批改作业，认真辅导学生。不得敷衍塞责。

三、关爱学生。关心爱护全体学生，尊重学生人格，平等公正对待学生。对学生严慈相济，做学生良师益友。保护学生安全，关心学生健康，维护学生权益。不讽刺、挖苦、歧视学生，不体罚或变相体罚学生。

四、教书育人。遵循教育规律，实施素质教育。循循善诱，诲人不倦，因材施教。培养学生良好品行，激发学生创新精神，促进学生全面发展。不以分数作为评价学生的唯一标准。

五、为人师表。坚守高尚情操，知荣明耻，严于律己，以身作则。衣着得体，语言规范，举止文明。关心集体，团结协作，尊重同事，尊重家长。作风正派，廉洁奉公。自觉抵制有偿家教，不利用职务之便谋取私利。

六、终身学习。崇尚科学精神，树立终身学习理念，拓宽知识视野，更新知识结构。潜心钻研业务，勇于探索创新，不断提高专业素养和教育教学水平。

3. 美国全国教育协会教育专业伦理规范①

(1975 年美国教育协会代表大会通过)

序　言

教育工作者相信每一个人的价值和尊严，从而认识到追求真理、力争卓越和培养民主信念，具有至高无上的重要性。这些目标的根本，在于保障学和教的自由，并且确保所有的人享有平等的教育机会。教育工作者接受这种职责，以恪守最高的伦理标准。

教育工作者认识到教学过程固有责任之重大，渴望同事、学生、家长以及社区成员的尊重和信任，勉力从事，藉以取得并保持最高程度的伦理品行。《教育专业伦理规范》表明全体教育工作者的抱负，并提供据以判断品行的标准。

对违反本规范任何条款的纠正措施，应仅由全国教育协会和/或其分会制订；本规范的任何条款，都不得以全国教育协会或其分会特别规定之外的任何形式强加推行。

原则一：对学生的义务

教育工作者力争帮助每个学生实现其潜能，使之成为有价值而又有效率的社会成员。因而，教育工作者为激发探究的精神、知识和理解力的获得以及对有价值的目标深思熟虑的构想而工作。

在履行对学生的义务时，教育工作者——

1. 不得无故压制学生求学中的独立行动。

2. 不得无故阻止学生接触各种不同的观点。

3. 不得故意隐瞒或歪曲与学生进步有关的教材。

---

① 美国全国教育协会：《教育专业伦理规范》（*Code of Ethics of the Education Profession*，1975）。承华东师范大学教育学系黄向阳博士翻译并慨允重印。

4. 必须作出合理的努力保护学生，使其免受有害于学习或者健康和安全之环境的影响。

5. 不得有意为难或者贬低学生。

6. 不得以种族、肤色、信条、性别、原有国籍、婚姻状况、政治或宗教信念、家庭、社会或文化背景或性别取向为由，不公正地：

（1）排斥任一学生参与任何课程；

（2）剥夺任一学生的任何利益；

（3）给予任一学生以任何有利条件。

7. 不得利用与学生的专业关系谋取私利。

8. 如非出于令人信服的专业目的或者出于法律的要求，不得泄漏专业服务过程中获得的关于学生的信息。

原则二：对本专业的义务

公众赋予教育专业以信赖和责任，以冀其怀有专业服务的最高理想。

教育专业的服务质量直接影响国家和国民，基于这种信念，教育工作者必须竭尽全力提高专业标准，促进鼓励运用专业判断力的风气，争取条件以吸引值得信赖者步入教育生涯，并且帮助阻止不合格者从事教育专业。

在履行对本专业的义务时，教育工作者——

1. 不得在申请某一专业职位时故意作虚假的陈述或者隐瞒与能力和资格有关的重要事实。

2. 不得出具不符事实的专业资格证明。

3. 不得帮助明知在品格、教育或其他有关品质上不合格者进入本专业。

4. 不得在有关某一专业职位候选人的资格的陈述上故意弄虚作假。

5. 不得在未经准许的教学实践中帮助非教育工作者。

6. 如非出于令人信服的专业目的或者出于法律的要求，不得泄露专业服务过程中获得的关于同事的信息。

7. 不得故意作有关同事的虚假的或恶意的陈述。

8. 不得接受任何可能损害或影响专业决定或行动的馈赠、礼品或恩惠。

后　记

　　写这本小书的想法，由来已久。现在，终于算是勉力完成了。

　　接触教育伦理学这个领域，算来也有十个年头。2006 年，得幸留在华东师大教育学系工作，即在教育伦理学这个新设的二级学科点。根据系里的安排，参与开设面向研究生的教育伦理学课程。正是这个安排，真正促动了自己走进这个原本并不熟悉的领域。这些年来，除了参与课程建设，也有课题的研究、专题的组织、论文的发表。虽然断断续续、零零散散，但对这个领域的学术志趣从未动摇，研究热情也没有丝毫减退。

　　这本书所呈现的，其实就是自己在这个领域教学和研究的一点所得。事实上，即便是这点所得，也离不开很多人的指导和帮助。特别是陆有铨教授和杜成宪教授在教育伦理学学科建设上的整体筹划和推进，为我们搭建了开放的学术平台，提供了充分的研究支持。在这一过程中，黄向阳老师分享了他有关教育伦理学的思考，指示了这个领域的重要文献，甚至给予了开展具体研究的建议。本书有关教育伦理学形成和发展的观点，在很大程度上就得益于他。在教育伦理学的课程建设中，曾与卜玉华老师合作，常有主题的讨论和观点的碰撞，我也从中获益良多。此外，杨小微老师和鞠玉翠老师也给予了多方面的支持，使我对学校变革及其关涉的主要伦理议题有了更为深入的认识。这些都是我应该感谢和铭记的！

　　这本书的许多观点都是在开设《教育伦理学》《政治哲学与教育》以及《教育原理》等课程的过程中形成的。参与这些课程的研究生们提出的问题、进行的讨论、给予的反馈，都促使我不断重新思考各种伦理议题。刘素玲、赵冬冬、许继伟、郭淑豪、陈悦、吴煌等协助整理了相关材料，对书稿进行了认真的校阅。在此一并深致谢意。

但是，交出书稿的那一刻，内心并不是那么笃定。以前有这种踌躇，就会向瞿葆奎先生请益，而先生总是不断鼓励、循循教诲。先生离开已经四年了，我们对先生的这种"依赖"却还存在。陪伴他的那张桌子和椅子依然在那里，我们依然在他工作过的办公室，分明他也没有走远。想念先生！在这里，特别感谢我的导师郑金洲老师。每每我们有困难、有困惑、有需要的时候，他都会给予无私的帮助和悉心的指导。

对于每个人来说，每天的时间都是个常量。这本书的写作是漫长的，自然牺牲了许多陪伴家人的时间。没有我爱人和女儿的理解和支持，就不可能集中时间潜心处理如此广泛而复杂的议题。

最后，需要特别感谢的是福建教育出版社社长兼总编黄旭先生和教育理论编辑室主任成知辛先生。没有他们的关怀、勉励和帮助，这本书就不可能如此顺利地付梓。

对我来说，这本"引论"既是对过去的一个小结，也意味着一个新的开端。错讹、疏漏之处，敬希批评指正！

程　亮

2016 年 8 月于华东师范大学